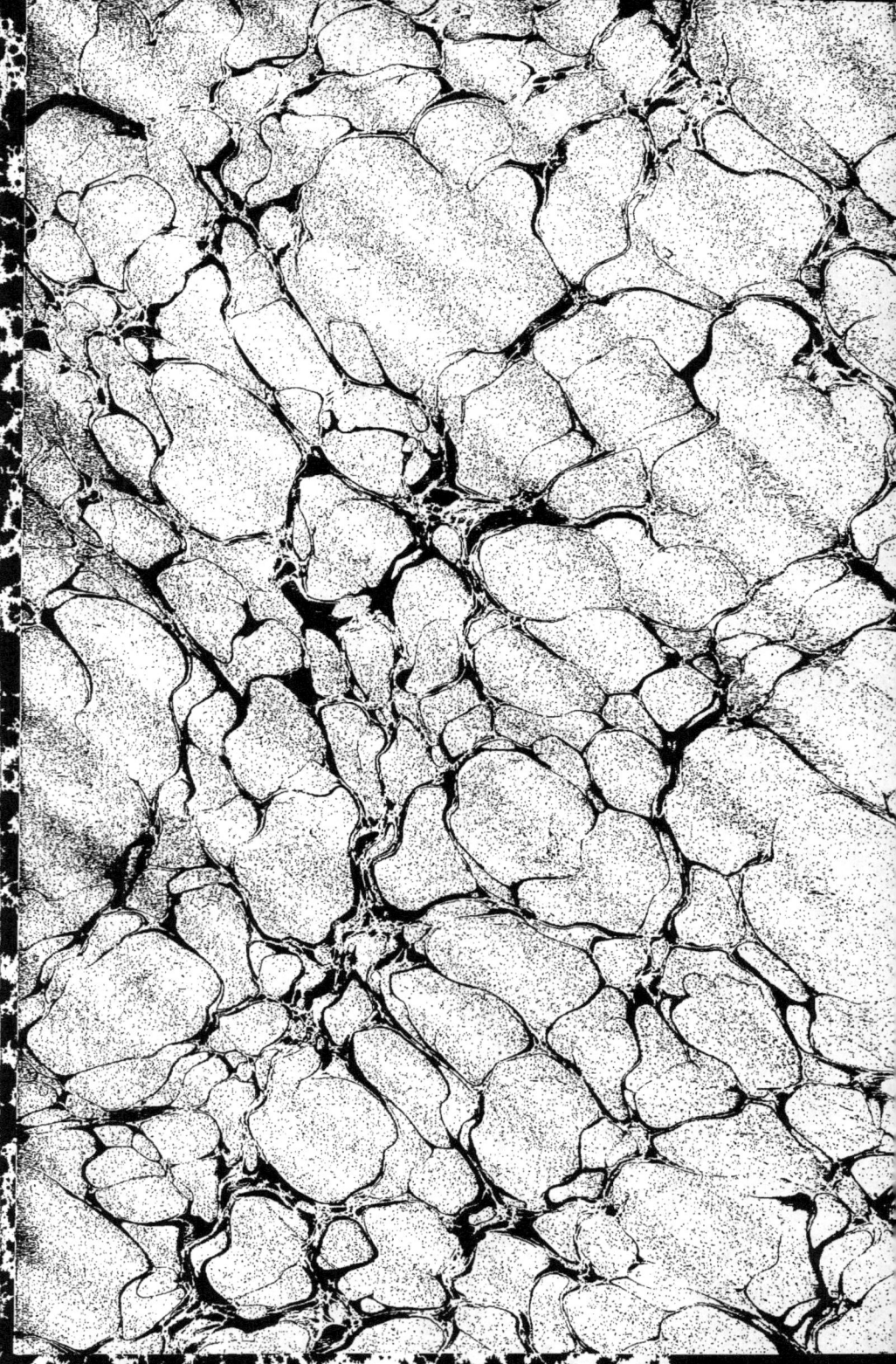

MÉMOIRES
DE
SAINT-HILAIRE

PUBLIÉS
POUR LA SOCIÉTÉ DE L'HISTOIRE DE FRANCE

PAR

Léon LECESTRE

TOME SIXIÈME
1711-1715

A PARIS
LIBRAIRIE RENOUARD
H. LAURENS, SUCCESSEUR
LIBRAIRE DE LA SOCIÉTÉ DE L'HISTOIRE DE FRANCE
RUE DE TOURNON, N° 6

M DCCCC XVI

Exercice 1916.
1ᵉʳ volume.
(*Voir au verso.*)

VOLUMES RÉCEMMENT PARUS :

Exercice 1914.

1er vol. — n° 368. Mémoires de Saint-Hilaire, t. V. } Distribués en avril 1915.
2e vol. — n° 369. Rapports et notices sur les Mémoires de Richelieu, fasc. V.
3e vol. — n° 370. Campagnes de J. de Mercoyrol de Beaulieu. } Distribués en octobre 1915.
4e vol. — n° 371. Journal de Cl. de Fauquembergue, t. III.
n° 372. Annuaire-Bulletin, 1914.

Exercice 1915.

1er vol. — n° 373. Mémoires du comte de Brienne, t. I.
2e vol. — n° 374. Lettres du duc de Bourgogne, t. II. } Distribués en juillet 1916.
3e vol. — n° 375. Grandes Chroniques de France. Hist. de Jean II et de Charles V, t. II.
4e vol. — n° 376. Dépêches des ambassadeurs milanais en France sous Louis XI, t. I.
n° 377. Annuaire-Bulletin, 1915.

MÉMOIRES
DE
SAINT-HILAIRE

IMPRIMERIE DAUPELEY-GOUVERNEUR

A NOGENT-LE-ROTROU.

MÉMOIRES
DE
SAINT-HILAIRE

PUBLIÉS

POUR LA SOCIÉTÉ DE L'HISTOIRE DE FRANCE

PAR

Léon LECESTRE

TOME SIXIÈME

1711-1715

A PARIS
LIBRAIRIE RENOUARD
H. LAURENS, SUCCESSEUR

LIBRAIRE DE LA SOCIÉTÉ DE L'HISTOIRE DE FRANCE

RUE DE TOURNON, N° 6

M DCCCC XVI

EXTRAIT DU RÈGLEMENT.

Art. 14. — Le Conseil désigne les ouvrages à publier, et choisit les personnes les plus capables d'en préparer et d'en suivre la publication.

Il nomme, pour chaque ouvrage à publier, un Commissaire responsable, chargé d'en surveiller l'exécution.

Le nom de l'éditeur sera placé en tête de chaque volume.

Aucun volume ne pourra paraître sous le nom de la Société sans l'autorisation du Conseil, et s'il n'est accompagné d'une déclaration du Commissaire responsable, portant que le travail lui a paru mériter d'être publié.

Le Commissaire responsable soussigné déclare que le tome VI des Mémoires de Saint-Hilaire, *préparé par* M. Léon Lecestre, *lui a paru digne d'être publié par la* Société de l'Histoire de France.

Fait à Paris, le 3 novembre 1915.

Signé : Noël VALOIS.

Certifié :

Paris, 1ᵉʳ décembre 1916.

Le Secrétaire de la Société de l'Histoire de France,

R. DELACHENAL.

MÉMOIRES
DE
SAINT-HILAIRE

TROISIÈME PARTIE

(Suite et fin.)

Année 1711. — Campagne de Flandre. — Notre armée de Flandre, cette année 1711, fut d'abord fort nombreuse, et étoit commandée par le maréchal de Villars. Celle des ennemis, qui ne lui cédoit pas en nombre, agit sous les ordres du duc de Marlborough seul. L'une et l'autre de ces deux armées furent bientôt affoiblies, sur les nouvelles qu'on reçut de la mort de l'empereur Joseph, qui arriva le 17 avril, sans laisser aucuns enfants mâles[1]. Cet incident fut cause que le prince Eugène resta en Allemagne et rappela sur le Rhin les troupes impériales qui avoient servi en Flandre dans l'armée des Alliés la campagne précédente. Cette conjoncture obligea notre cour d'envoyer sur le Rhin au maréchal d'Harcourt, qui y commanda

---

1. Il succomba à une attaque de petite vérole; il n'avait que trente-deux ans (*Gazette*, p. 231-232 et 243-244).

l'armée de France, de gros détachements, tellement que cette armée devint fort nombreuse.

Celles de Flandre se contentèrent d'abord de se poster avantageusement. Le maréchal de Villars tâcha de prendre sur les Alliés le poste de Vimy[1] et n'y réussit pas; ceux-là s'emparèrent de celui d'Arleux. Le prince de Tingry fut envoyé pour le reprendre, et le manqua, ayant trouvé à l'appui de ce poste un petit corps des ennemis plus fort que le sien. [Le maréchal le reprit après un assaut de quelques heures qu'il y fit donner; mais ce ne fut que le 24 juillet.] Sur l'avis qu'il eut que ce corps, commandé par le général Hompesch, gouverneur de Douay[2], étoit venu camper sa droite à Férin[3], sur le ruisseau d'Arleux, pour soutenir ce poste, et sa gauche au glacis de Douay, il résolut d'en faire au moins enlever une partie par le chevalier de Gassion[4], à qui il donna trente-deux escadrons, et prit son chemin par Bouchain, où il passa l'Escaut sans être découvert en chemin. Il tomba sur les escadrons de la droite des ennemis vers le minuit; mais il arriva que ses hussards, qui marchoient à l'avant-garde, se pressèrent un peu trop d'arriver pendant la nuit, sans réfléchir que les escadrons ne pouvoient arriver aussitôt qu'eux. Ils se trouvèrent sur l'ennemi plus tôt qu'ils ne croyoient, et, amorcés d'ailleurs par le gain du pillage, ils se jetèrent sur le campement des escadrons

1. Vimy est entre Arras et Lens.
2. Reinhart-Vincent Van Hompesch (1660-1744) était général major dans les troupes de Hollande et avait déjà le gouvernement de Namur.
3. Férin est un village au sud de Douay dans la direction d'Arleux.
4. Jean, chevalier de Gassion : tome II, p. 236.

de la droite, et entrèrent dans les rues du camp avant que le chevalier de Gassion eût fait les dispositions pour l'environner. Ils coupèrent d'abord les licols des chevaux, qui étoient au piquet, ce qui réveilla les cavaliers et les fit sortir de leurs tentes, les uns nus, et les autres moitié habillés. Il y eut là un chamaillis qui donna le temps aux autres escadrons de se jeter sur leurs chevaux avec leurs armes et étendards le mieux qu'ils purent, et de se retirer sur leur infanterie, qui eut le temps de se former et de prendre les armes. On ouvrit les portes de la ville; l'infanterie se jeta dans le chemin couvert pour favoriser l'entrée du résidu de cette cavalerie rompue, qui en fut presque quitte pour la perte de ses équipages et de deux ou trois cents hommes qui furent moins diligents à se sauver[1]. Immédiatement après ceci, le maréchal de Villars, qui s'étoit avancé avec quelques troupes du côté d'Arleux, pour être plus à portée de savoir plus tôt des nouvelles du chevalier de Gassion et pour favoriser sa retraite en cas de besoin, fit sommer celui qui commandoit dans ce poste pour les Alliés de le lui rendre, n'ayant plus à espérer de secours, puisque le petit corps de Hompesch venoit d'être défait. Mais il lui répondit qu'il étoit résolut de le défendre jusqu'à la dernière extrémité. Sur cela, le maréchal alla rejoindre son armée; Gassion en fit autant, et ce ne fut que le 24 juil-

1. Ce petit succès eut lieu le 11 juillet. D'après les autres récits (*Gazette*, p. 357-360; *Mémoires de Sourches*, tome XII, p. 152-154; *Journal de Dangeau*, t. XIII, p. 441) et d'après les relations données dans les *Mémoires militaires*, tome X, p. 409-411 et 621-626, il fut plus important que ne le dit notre auteur. Les ennemis auraient perdu quatorze ou quinze cents hommes et douze cents chevaux.

let que le maréchal se rendit maître de ce poste, après un assaut de quelques heures qu'il y fit donner.

Le gros de l'armée ennemie, aussi bien que celui de la nôtre, étoit campé l'un vers Béthune et l'autre à l'appui d'Arras, quand le duc de Marlborough entreprit, par une marche forcée et très rapide, de venir sur la Sensée, près de Pont-à-Bacheul[1], et même passa cette rivière. Le maréchal fut promptement averti du mouvement des ennemis, marcha avec la même célérité, et se trouva en bataille à vue d'eux sur le midi, ayant Cambray derrière lui. Tout le monde croyoit alors qu'il y auroit bataille ce jour-là, et on fut étonné de voir le duc tirer à l'Escaut sur Étrun[2] et y passer impunément cette rivière à notre vue, sans qu'il y ait rien qui pût empêcher de tomber au moins sur son arrière-garde avec un avantage certain. On en pressa même inutilement le maréchal, qui naturellement n'est pas d'un caractère à ne rien entreprendre; ce qui fit juger que des raisons très fortes, qu'on ne pénétroit pas, l'en empêchoient[3].

Siège de Bouchain par les Alliés. — Les ennemis, ayant ainsi passé l'Escaut, vinrent assiéger Bouchain. Le général Fagel[4] en fit le siège avec un gros déta-

1. Saint-Hilaire veut sans doute parler d'Aubencheul-au-Bac, à l'ouest d'Arleux.

2. Étrun est sur l'Escaut un peu en amont de Bouchain et au nord de Cambray.

3. Le chevalier de Quincy, témoin oculaire, a raconté (*Mémoires*, tome III, p. 75-83) la marche audacieuse de Marlborough et a expliqué pourquoi Villars, malgré les instances de toute son armée, resta inactif; c'est qu'il avait ordre de la cour de n'engager aucune action pour ne pas nuire aux négociations secrètes entamées alors en Angleterre.

4. Tome III, p. 123.

chement, pendant que le duc de Marlborough le couvroit avec le gros de son armée. Le maréchal de Villars trouva pourtant le moyen d'en renforcer la garnison et d'y jeter quelques vivres. La place se rendit le 12 août et ne fut pas trop bien défendue[1]. La garnison fut conduite à Tournay; on laissa les équipages aux officiers et les habits aux dragons et aux soldats.

Il y eut à cette occasion une dispute entre le maréchal et le duc. Le premier prétendit que la garnison n'avoit pu être arrêtée prisonnière et produisit un mémoire par lequel les assiégés déclaroient que, après les otages donnés de part et d'autre, le mylord duc avoit déclaré qu'il vouloit avoir toute la garnison prisonnière de guerre et que sur cela, les hostilités ayant recommencé, un colonel des Alliés, qui avoit été un des otages, étoit venu, dans le temps du pourparler, dire aux assiégés, de la part du général Fagel, qu'il avoit trouvé un tempérament convenable aux deux partis; savoir, que la garnison seroit simplement sujette à être échangée et qu'elle sortiroit avec armes et bagages, enseignes déployées, pour être conduite à Cambray, avec liberté de continuer, sans interruption, ses services dans les armées et places du Roi; que l'officier des Alliés, en étant venu deman-

---

1. Il est étonnant que Saint-Hilaire ne parle pas plus en détail de ce siège de Bouchain, dont la prise fut considérée comme un désastre. La place était bonne, bien approvisionnée et avait une forte garnison; Villars avait conservé à travers les marais une communication au moyen de laquelle il pouvait la ravitailler. Les ennemis la coupèrent par une négligence d'Albergotti, et Ravignan, qui commandait dans Bouchain, se rendit peu après, à la stupéfaction générale. Voyez les *Mémoires de Saint-Simon*, t. XXII, p. 128-132.

der l'ordre au général Fagel, en avoit rapporté le consentement et amené un major pour otage de la parole qu'il portoit; que cet officier, ayant été depuis désavoué, avoit protesté publiquement avoir eu ordre de porter cette parole et qu'il étoit au désespoir qu'on la révoquât, en emmenant la garnison prisonnière de guerre. Le maréchal concluoit et prétendoit qu'il n'étoit pas vraisemblable qu'une garnison aussi forte eût consenti à rendre honteusement une place qui n'étoit pas en état d'être emportée et dont les ennemis n'avoient pas encore les demi-lunes, ni commencé le passage du fossé.

A ce mémoire, le mylord duc en opposa un autre du général Fagel, qui nioit d'avoir promis rien de pareil à la garnison; bien au contraire, il assuroit avoir dit à un des otages qu'il souhaitoit que la garnison se défendît jusqu'à l'extrémité et refusât la condition que le duc présentoit, afin qu'il eût la gloire de l'emporter d'assaut.

Le colonel Pagnier, qui étoit le même qu'on prétendoit avoir porté la parole du général Fagel, protesta, par un autre écrit, que celui du général étoit conforme à la vérité et qu'il n'avoit fait que promettre ses bons offices pour empêcher que la garnison ne fût prisonnière de guerre[1]. Mais le plus grand mal qu'il y eut à tout cela, c'est que le commandant de Bouchain avoit déjà laissé les ennemis se rendre maîtres des portes et même, à ce qu'on a dit, de sa

---

1. Cette contestation est relatée dans le *Journal de Dangeau*, p. 481, et dans les *Mémoires de Sourches*, p. 195-196. Il y a des mémoires de Ravignan et du maréchal de Villars et une réponse de Marlborough dans les *Mémoires militaires*, t. X, p. 667-673, et dans ceux de *Lamberty*, t. VI, p. 549-551.

personne, ayant sorti hors de la place pour soutenir son prétendu bon droit. Cet exemple doit servir d'une bonne leçon à tout gouverneur de ne se prêter à aucune capitulation équivoque, mais de la traiter, quand il y est contraint, avec toute sorte de précaution et de prudence, sans sortir de la place.

Après la prise de Bouchain, le comte d'Albemarle[1] s'en alla à la Haye pour savoir si les États-Généraux seroient d'avis qu'ils entreprissent encore quelque siège et, en ce cas, de leur en donner les moyens. Il y a grande apparence qu'ils ne le jugèrent pas à propos, puisque, peu de temps après son retour, qui ne fut pas fort diligent, les armées se séparèrent pour aller prendre leurs quartiers d'hiver.

Campagne d'Allemagne, 1711. — Le maréchal d'Harcourt commanda notre armée d'Allemagne et eut celui de Bezons pour collègue. On s'attendoit de ce côté-là à quelques événements remarquables dans la conjoncture de la mort toute récente de l'empereur Joseph et celle de l'élection d'un nouvel empereur, pour laquelle favoriser selon son intention le prince Eugène s'étoit tenu en Allemagne et avoit fait venir de bonne heure sur le Rhin les troupes autrichiennes et les palatines destinées pour la Flandre; ce qui fut cause que notre armée se tint close et couverte dans les lignes de Wissembourg tout le mois de juin et une partie de juillet, jusqu'à l'arrivée des troupes que le maréchal de Villars avoit eu ordre d'y envoyer de Flandre. Alors notre armée passa le Rhin à Sellingen[2],

1. Arnold-Just Keppel, titré comte d'Albemarle par Guillaume III, dont il avait été le fidèle compagnon, servait en Flandre depuis 1704.
2. Tome V, p. 20.

à Kehl et à Rheinau et vint camper à Offenbourg dans le mois d'août. Cette marche et cette campagne se terminèrent à consumer les fourrages jusqu'au Brisgau; puis il repassa le Rhin pour aller prendre ses quartiers d'hiver.

Campagne de Dauphiné, 1711. — La reine d'Angleterre ayant envoyé le comte de Peterborough à la cour de Turin pour exciter le zèle du duc de Savoie dans une crise qui sembloit décisive pour la cause commune des Alliés, le duc se mit à la tête d'une armée de beaucoup supérieure à la nôtre, qui fut commandée par le maréchal de Berwick. Il avoit promis de faire de grands progrès; mais ce général, en chicanant le terrain et évitant, par sa prudence, d'en venir à une action générale, dont le succès auroit peut-être trop exposé le Dauphiné, lui abandonna toute la Savoie et se vint camper sous le fort de Barraux, sa droite à l'Isère et sa gauche à la montagne. Il se retrancha parfaitement et l'arrêta tout court, faisant toutefois garder les passages des Échelles et de l'Arc par de bons détachements, sous des officiers généraux. Dans cette situation, le duc envoya ordre à la cavalerie qu'il avoit laissée en Piémont de le venir joindre et fit un mouvement qui parut être le prélude d'une bataille. Mais l'avantage du poste que notre armée occupoit, où sa cavalerie ne pouvoit agir, fit changer son dessein.

Sur ces entrefaites, le maréchal reçut un renfort de troupes et en attendoit encore d'autres qui marchoient avec diligence. Le duc se trouvant indisposé, alla prendre les eaux à Saint-Maurice en Savoie[1].

---

1. Saint-Maurice-de-Rotherens, dans l'arrondissement actuel de Chambéry.

Cependant, son armée souffroit beaucoup dans un pays naturellement stérile, et les pluies continuelles retardoient fort les voitures qui portoient les vivres à son armée. Ces raisons, et de plus ayant jugé qu'il ne pouvoit faire hiverner ses troupes en deçà des monts, où il n'avoit aucune place forte pour s'y maintenir, furent cause qu'il envoya ordre à son armée de repasser les monts, avant que les neiges en fermassent les passages.

Le maréchal, ayant appris que cette armée se retiroit, se mit en marche pour tâcher de joindre l'arrière-garde. Il ne put que leur faire tirer quelques coups de canon de quelques petites pièces qu'il avoit fait guinder sur des montagnes et qui ne leur firent pas grand mal, se trouvant hors de portée. Il n'y eut qu'un petit corps qui fut attaqué et perdit quelque monde; mais le comte de la Roque[1], qui le commandoit, ne laissa pas de s'échapper avec la plus grande partie.

Campagne d'Espagne, 1711. — Du côté de l'Espagne, le duc de Noailles vint assiéger Girone au commencement de janvier, quoique la saison ne le permît guère; aussi l'armée pensa-t-elle y être submergée; car il plut fort, et le Ter se déborda si prodigieusement et si promptement, qu'il fallut que les troupes se sauvassent sur les montagnes, sans vivres, sans fourrages et sans communication des unes aux autres; ceci dura trois jours. L'armée pâtit

---

1. Ce seigneur, qui avait le grade de lieutenant général dans les troupes de Savoie, était grand maître d'hôtel de Madame royale; il fut plus tard gouverneur de la citadelle de Turin et chevalier de l'Annonciade; il mourut le 13 janvier 1724 à soixante-trois ans.

beaucoup et auroit couru grand risque de se perdre si les pluies et l'inondation avoient duré davantage[1]. Girone se prit et fut expédié en peu de temps, quoique la place fût passablement bonne et la garnison assez nombreuse[2]. L'armée alla se rafraîchir pendant un peu de temps dans la plaine de Vich[3]; je dis pour un peu de temps, car le duc de Noailles eut ordre d'en envoyer une bonne partie en Dauphiné et se retira avec le reste vers Girone.

En Espagne, le duc de Vendôme s'étoit bien promis de profiter des avantages récents qu'il avoit eus sur l'ennemi l'année précédente; mais la mauvaise disposition des affaires intérieures du royaume ne lui permit pas de se rendre d'assez bonne heure en campagne pour exécuter ses desseins, qui ne tendoient pas à moins que d'assiéger Barcelone et d'en chasser l'Archiduc. Pendant ce temps précieux qu'il perdit malgré lui, les Catalans, qui craignoient fort de retomber sous la domination du roi d'Espagne, firent des efforts extraordinaires pour tâcher de l'éviter. Ils prirent presque tous les armes et se régimentèrent. Les Alliés, qui en connoissoient bien la conséquence, leur envoyèrent par mer de grands secours de troupes du Portugal, d'Angleterre, de Hollande et d'Italie, qui les mirent en état de reformer une armée capable de s'opposer aux progrès de M. de Vendôme, avant que ce général fût en état de se pouvoir mettre en

1. La *Gazette* de 1711 (p. 59) relata ces pluies et cette inondation.
2. La basse ville fut emportée d'assaut le 23 janvier, et la haute ville et les forts capitulèrent le 30.
3. Vich est à l'ouest de Girone.

campagne; ce qui n'arriva que vers le commencement de septembre. Tout ce qu'il put faire avant ne consista qu'à faire reprendre de petits postes par des détachements, dont le principal étoit de cinq mille hommes, qu'il confia à Arpajon, maréchal de camp[1], avec lequel il alla reprendre le château de Benasque[2], que les ennemis avoient fortifié comme un poste important[3]. Après ces petits exploits, mais pourtant difficiles, à cause de leurs situations et des Miquelets qui les soutenoient, M. de Vendôme, ayant formé son armée, se mit à la tête et la fit marcher sur Prats-del-Rey[4], dans le dessein d'occuper ce poste important, qui lui donnoit la facilité de faire assiéger Cardone[5], dont le château, assez bon, étoit gardé par mille ou douze cents hommes; mais M. de Stahrenberg, qui avoit prévu ce dessein et prévenu M. de Vendôme, se trouva lui-même à Prats-del-Rey avec son armée; et même il y avoit déjà quelques-unes de ses troupes qui avoient passé le ruisseau et le repassèrent quand il vit arriver l'avant-garde de l'armée espagnole. M. de Vendôme, qui la suivoit de près, après avoir aperçu les ennemis dans cette situation, les fit aussitôt

1. Louis, marquis d'Arpajon, maréchal de camp depuis 1709, reçut la Toison d'or comme récompense du fait d'armes qui va être raconté; il devint gouverneur de Berry en 1718.
2. Benasque (ou Venasque) était une petite place forte dans l'extrême nord de la province de Huesca, au fond d'une vallée aboutissant au massif de la Maladetta.
3. La prise de cette petite place eut lieu le 16 septembre.
4. En Catalogne, entre Cervera et Manresa, près de Calaf.
5. Cardona, sur le Cardoner, au nord de Manresa, était le chef-lieu d'un duché que Louis XIII avait donné naguère au maréchal de la Motte-Houdancourt.

canonner, à quoi ils ne répondirent pas, leur artillerie ne les ayant pas encore joint, parce qu'elle avoit été retardée par la difficulté des chemins, et fit retirer, à coups de fusil, ceux des ennemis qui bordoient le ruisseau, et il y établit un poste. [Le camp des ennemis étoit sur des hauteurs escarpées, au bas desquelles ce ruisseau coule.]

Le lendemain, M. de Stahrenberg voulut faire attaquer notre poste par quatre bataillons anglois qui descendirent des montagnes. M. de Vendôme le fit soutenir. Il y eut là quelque perte de part et d'autre; mais les ennemis se retirèrent.

Ceci étant fini, M. de Vendôme fit canonner le camp des ennemis pendant plusieurs jours et ne leur fit pas grand mal non plus qu'au bourg de Prats-del-Rey, où il fit jeter quelques bombes; car ils y avoient pourvu par de bons épaulements; de sorte que, désespérant de les faire décamper et d'ailleurs manquant d'eau, il alla camper à Calaf.

Dans cette situation, les généraux, ne pouvant rien entreprendre l'un sur l'autre et chacun voulant faire parler de soi, formèrent deux entreprises. Le général Stahrenberg sur Tortose, qu'il voulut surprendre par un détachement de son armée et pensa réussir; car, étant arrivé sur cette place, il avoit déjà passé le chemin couvert et le fossé d'une demi-lune dont il s'étoit emparé; mais celui qui y commandoit, ayant été averti à temps, fit tirer force coups de canon à cartouche sur eux, et, faisant agir sa garnison, leur tua ou prit trois ou quatre cents hommes et les obligea de se retirer.

L'autre entreprise ne fut pas plus heureuse à M. de

Vendôme : il avoit détaché Muret, lieutenant général[1], avec des troupes et du canon pour aller prendre Cardone. D'abord il se rendit maître de la ville sans résistance; mais pour le château, où il y avoit mille ou douze cents hommes, ce fut tout autre chose; il n'en put venir à bout, manquant de tout et même de pain. De plus, un gros détachement de l'armée du général Stahrenberg, plus fort que le sien, vint le secourir et l'obligea de lever le siège et de se retirer un peu hâtivement; je crois même qu'il y laissa son canon[2]. Il n'en arrive guère autrement quand les entreprises ne sont pas bien concertées.

Dans ce temps-là, l'Archiduc passa en Italie et de là en Allemagne[3], où il avoit été élu empereur, ainsi que je crois l'avoir déjà dit, et fut couronné empereur à Francfort au commencement du mois de janvier suivant[4]; l'archiduchesse, sa femme[5], resta encore à Barcelone pour y maintenir son parti. Ce qui se

1. Le comte de Muret (tome V, p. 108) était lieutenant général depuis 1710 et venait d'arriver en Espagne avec des détachements de l'armée de Dauphiné.

2. Muret, arrivé devant Cardone le 14 novembre, s'empara de la ville dès le 17; mais il dut faire le siège du château, qu'il fut forcé de lever le 22 décembre, et se retira avec une perte appréciable.

3. L'archiduc, élu empereur sous le nom de Charles VI, eut beaucoup de peine à quitter Barcelone, les Catalans voulant le retenir. Il réussit enfin à s'embarquer le 27 septembre et débarqua le 7 octobre à Vado, près de Gênes, d'où il s'achemina vers l'Allemagne.

4. Il fut couronné à Francfort, non pas en janvier, mais le 22 décembre 1711 (*Mémoires de Lamberty*, t. VI, p. 664-668).

5. C'était Élisabeth-Christine de Brunswick-Wolfenbüttel, mariée à l'archiduc en 1708.

passa cette année du côté du Portugal est si peu de chose qu'il ne vaut presque pas la peine d'en parler.

Je viens à présent à un plus long narré qui est celui des négociations pour la paix pendant cette année, qui eurent bientôt après une issue plus heureuse que celles des précédentes.

Reprise des négociations en Angleterre pour la paix.
— Le maréchal de Tallard, prisonnier de guerre en Angleterre[1], y avoit jeté peu à peu quelques semences de paix ; mais plus que cela, le changement de ministère qui y étoit survenu, joint à des intrigues souterraines, y avoit conduit les choses à un point qu'il n'y avoit plus qu'un pas à faire pour détacher l'Angleterre de ses alliés. Le mauvais succès qu'ils venoient d'avoir en Espagne porta le Parlement à rechercher la conduite de ceux de la nation qu'il croyoit y avoir beaucoup donné lieu, et un parti très puissant y excita un nuage qui éclipsa tout d'un coup la grande faveur du duc de Marlborough et de la duchesse sa femme[2], dont les hauteurs indiscrètes avoient commencé à rebuter la reine à un point que les froideurs pour elle la chassèrent de la cour et lui firent quitter ses charges[3]. Le duc même put reconnoître que cette princesse ne le considéroit plus que par politique et

1. Depuis la bataille d'Hochstedt en 1704.
2. Sarah Jennings, compagne d'enfance de la princesse Anne et devenue sa dame d'honneur en 1683, avait épousé Jean Churchill en 1678 et jouissait d'une grande faveur depuis que sa maîtresse était montée sur le trône.
3. C'est à la fin de 1711 que Marlborough et sa femme tombèrent en disgrâce ; ne se croyant plus en sûreté en Angleterre, ils obtinrent la permission de passer sur le continent en janvier 1712.

pour mieux cacher aux Alliés les mesures qu'elle prenoit pour se pouvoir bientôt passer de ses services, quoiqu'elle l'eût renvoyé faire la campagne de Flandre, sur les instances des États-Généraux, [à qui même elle écrivit une lettre fort honorable pour ce général.] Mais d'un autre côté, Saint-Jean, secrétaire d'État[1], tout à fait en faveur, prenoit toutes les mesures nécessaires pour lui dérober la connoissance de la négociation qu'il avoit comme résolue avec la France. Un incident survenu acheva de la déterminer. [Ce fut la mort de l'empereur Joseph que la petite vérole avoit emporté le 17 d'avril, sans avoir laissé, comme je l'ai déjà dit, aucuns enfants mâles ; ainsi la couronne impériale revenoit, en cas d'élection qu'on jugeoit ne pouvoir manquer, à l'archiduc son frère, à qui les États de la monarchie d'Espagne étoient dévolus par le consentement des Alliés.] Le secrétaire Saint-Jean et le ministère surent bien profiter de cette conjoncture et n'eurent pas de peine à faire comprendre à la reine et à une nation jalouse de sa liberté et de celle de l'Europe qu'on ne prendroit pas le meilleur parti en ôtant la monarchie d'Espagne à un prince de la Maison de France, très distinct de celui qui devoit régner en France et qui se brouilleroit peut-être bientôt avec lui, pour la donner à un prince qui alloit joindre la couronne impériale à tant de royaumes et de provinces héréditaires.

1. Henri Saint-John (1678-1751) est plus connu sous le nom de vicomte Bolingbroke, titre que lui donna la reine Anne en 1712 ; il était secrétaire d'État de la Guerre depuis 1704. Il fut destitué à l'avènement de Georges Ier et dut s'enfuir en France.

Depuis que les négociations secrètes avoient été entamées avec l'Angleterre par de nouvelles propositions que le marquis de Torcy y envoya de la part du Roi, les affaires avoient pris une autre face, en ce que le secrétaire d'État Saint-Jean les fit communiquer aux États-Généraux des Provinces-Unies et les fit assurer par mylord Raby[1], au nom de la reine, qu'elle vouloit agir de concert avec eux, tant pour faire la paix que pour continuer la guerre. Il est aussi à présumer que cet ambassadeur fut mis dans le secret intime, afin qu'il pût calmer les inquiétudes que causoient les voyages de Prior[2] en France et ceux de Mesnager[3] en Angleterre. Le premier avoit été secrétaire d'ambassade au traité de Ryswyk et avoit eu le même titre en France sous le comte de Portland[4], ambassadeur d'Angleterre, et y avoit été disgracié,

1. Thomas Wentworth (1662-1739), devenu baron Raby en 1694, servait en Flandre depuis 1707 dans les troupes anglaises comme lieutenant général ; il fut créé comte de Strafford en 1711 et fut nommé ambassadeur en Hollande et chargé de diverses négociations préliminaires aux traités d'Utrecht.

2. Mathieu Prior (1664-1721), d'abord gentilhomme privé de la chambre du roi, avait eu une mission à La Haye et était venu en France en 1699 ; il siégea au parlement anglais de 1701 à 1711 et fut alors envoyé en mission secrète à Paris pour entamer des négociations ; il fit à ce sujet plusieurs voyages, et enfin fut nommé ambassadeur en France en 1713.

3. Nicolas Mesnager (1658-1714) était un gros négociant de Rouen, qui avait été élu député au Conseil de commerce en 1700 ; ses relations avec la Hollande et l'Angleterre le firent choisir par Torcy pour les négociations secrètes qui s'engageaient ; il fut troisième plénipotentiaire de la France au congrès d'Utrecht.

4. Il a été parlé de ce diplomate et de son ambassade dans nos tomes II, p. 411, et III, p. 1, 15-16, etc.

tant que le grand crédit du duc de Marlborough et du mylord Godolphin[1] avoit duré; mais, celui du secrétaire Saint-Jean ayant succédé, il l'employa dans le secret de l'intrigue. Mesnager étoit député du commerce de la ville de Rouen et avoit servi utilement à la nouer et en étoit très capable. Pour ce qui est de Prior et pour donner un échantillon de son caractère, j'en raconterai un trait : « La Grande-Bretagne, écrivit-il au secrétaire Saint-Jean, n'a que trop entrelacé ses intérêts avec ceux du continent et il ne sera pas aisé de les démêler sans déchirure. » Dans le premier sens, le marquis de Torcy avoit d'abord proposé de traiter conjointement avec les deux puissances maritimes; mais le ministre anglois trouva mieux son compte d'en exclure la Hollande, et la France, qui ne perdoit rien à cette disposition, y donna facilement les mains. Lorsqu'il survenoit quelques difficultés, le maréchal de Tallard, qui étoit toujours en Angleterre, travailloit de son côté à les aplanir.

Les affaires étant dans cette situation, Mesnager passa dans ce royaume, où il signa, au nom de Sa Majesté, les préliminaires, par lesquels le Roi s'engageoit : 1° à reconnoître la reine de la Grande-Bretagne en cette qualité et la succession de cette couronne dans l'état présent; 2° il consentoit qu'on prît toutes les mesures justes et raisonnables pour

---

1. Sydney, comte Godolphin (1645-1713), d'abord chambellan de Charles II et membre du Conseil privé, devint commissaire de la trésorerie en 1684 et se rallia à Guillaume d'Orange, qui lui conserva sa charge. La reine Anne le nomma en 1702 grand trésorier d'Angleterre; il fut disgracié en 1710.

empêcher que les couronnes de France et d'Espagne soient jamais réunies en la personne d'un même prince ; 3° que tous les princes et États engagés dans cette guerre, sans aucune exception, trouvassent une satisfaction raisonnable dans le traité à faire ; 4° que les Hollandois fussent, par le traité, mis en possession de diverses places fortes, pour leur servir de barrière ; 5° que l'on formât aussi une barrière sûre et convenable pour l'Empire et la maison d'Autriche ; 6° que Dunkerque fût démoli après la conclusion de la paix, à condition qu'on donneroit au Roi un équivalent pour les fortifications, à la satisfaction de Sa Majesté, dont la discussion seroit remise aux conférences ; 7° et qu'enfin, lorsque les conférences pour la paix seroient formées, on y discuteroit de bonne foi et à l'amiable toutes les prétentions des princes et des États engagés dans cette guerre et qu'on ne négligeroit rien pour les terminer à la satisfaction des parties intéressées.

Au par-dessus de ces sept articles, il y en eut encore deux autres secrets : le premier regardoit le duc de Savoie ; l'autre devoit être gardé secret inviolablement et le fut. Il y a bien de l'apparence qu'il regardoit le Prétendant ; car, outre le maréchal de Tallard et Mesnager, qui conduisirent cette négociation, il y eut encore un chanoine de Saint-Germain-en-Laye, nommé Gaultier[1], qui s'en mêla sans caractère et qui connois-

1. L'abbé François Gaultier avait été d'abord, non pas chanoine de Saint-Germain-en-Laye, mais prêtre sacristain de cette paroisse. Ayant accompagné le maréchal de Tallard dans son ambassade en Angleterre en 1693, il y entra en relation avec le comte de Jersey et se fixa à Londres ; c'est par lui que le gouvernement anglais fit connaître à Torcy son désir d'en-

soit fort une femme de chambre de la reine d'Angleterre, qui étoit sa favorite[1].

Quoique les préliminaires dont je viens de parler fussent signés à Londres le 8 d'octobre par mylord Dartmouth[2] et le secrétaire Saint-Jean, le ministère ne laissa pas d'écrire au lord Raby, ambassadeur en Hollande, qui fut fait peu après comte de Strafford, de représenter aux États-Généraux que le grand principe de tous les Alliés devoit être de se tenir très étroitement unis ensemble; mais l'arrivée du maréchal de Tallard à Paris le 12 novembre[3], et qu'on n'y attendoit pas, contribua beaucoup à confirmer les bruits qui s'étoient déjà répandus d'un accommodement prochain[4], dont on ne douta plus quand on vit distribuer à tous les bâtiments anglois, à l'exclusion de la Hollande, des passeports pour venir négocier en France. Ce ne fut plus un secret pour les Alliés quand ils eurent reçu des lettres de Sa Majesté britannique, par lesquelles elle les invitoit d'envoyer leurs plénipotentiaires à Utrecht, lieu qu'elle avoit choisi pour les conférences, dont elle avoit fixé l'ouverture au 12 janvier prochain.

L'ambassadeur de l'Empereur en Angleterre y fit à

gager des pourparlers, et il fut employé dans ces négociations jusqu'au traité d'Utrecht.

1. Cette assertion est particulière à notre auteur.

2. William Legge (1672-1750), secrétaire d'État en 1710, comte de Dartmouth en 1711, lord du sceau privé en 1713.

3. *Dangeau*, t. XIV, p. 24, et *Sourches*, t. XIII, p. 236, annoncent son arrivée à Versailles.

4. « Ce retour sans échange, sans rançon et sans queue fut les prémices publiques de la bonne volonté de la reine Anne », disait Saint-Simon.

ce sujet des plaintes si vives et si hautaines qu'il eut ordre d'en sortir. C'étoit l'Archiduc qui avoit été élu Empereur sous le nom de Charles VI et avoit été couronné le 22 décembre[1]. Ce prince, dis-je, prévoyant qu'il alloit perdre le reste de ses conquêtes en Espagne, si l'Angleterre l'abandonnoit, fit partir le prince Eugène pour Londres, afin de tâcher de rompre la négociation. Mais il n'étoit plus temps; les engagements étoient trop forts. Il n'en rapporta que des promesses de contribuer à procurer une paix avantageuse à l'Empereur et à l'Empire, la reine étant déjà devenue médiatrice, d'alliée qu'elle étoit auparavant. Les États-Généraux envoyèrent aussi à cette reine, pour l'exhorter à ne point perdre les fruits d'une longue guerre par une paix précipitée. Tout cela fut inutile; au contraire, ils furent fort surpris lorsqu'on leur déclara que l'Angleterre étoit lasse d'un fardeau dont on lui avoit laissé porter presque tout le poids. Le ministre anglois prétendit que les Alliés n'avoient pas satisfait à leurs engagements, ni contribué selon la proportion dont ils étoient convenu d'abord. Cette discussion produisit de part et d'autre de longs mémoires justificatifs, qui achevèrent d'éloigner les esprits, et la cour de Londres s'en servit pour mettre dans ses sentiments le peuple, que le parti opposé à la paix ne cessoit d'animer par des écrits [d'autant plus libres qu'ils avoient envie de réussir].

Les Hollandois, dès lors, jugèrent qu'il étoit temps de songer à leurs affaires et d'accepter le congrès, [et sauter entièrement le bâton,] si les événements de

---

1. Ainsi qu'il a déjà été dit ci-dessus, p. 13.

la campagne suivante n'étoient pas favorables à leurs autres alliés.

Cession des Pays-Bas à l'électeur de Bavière. — Pendant cette année, le roi d'Espagne céda et transporta à l'électeur de Bavière les Pays-Bas espagnols, tels que Charles II les avoit possédés, pour lui servir de gages de tous les efforts que les deux Couronnes feroient pour la restitution dans sa dignité et ses États, qu'autrement on jugeoit bien qu'on seroit obligé d'abandonner à l'Autriche[1]. Après cet abandon bien scellé et bullé[2], comme on dit communément, ce prince partit dans le mois de juin pour aller prendre possession du comté de Namur et du duché de Luxembourg, les deux seules provinces des Pays-Bas qui restoient aux deux Couronnes.

Mort de M. le Dauphin le premier[3]. — Louis Dauphin de France, le seul fruit du mariage du Roi avec Marie-Thérèse d'Autriche, infante d'Espagne, mourut de la petite vérole en son château de Meudon, le 14 avril, âgé de quarante-neuf ans et demi[4]. Ce prince avoit toujours été fort soumis au Roi son père; il

1. L'acte officiel de donation est daté du 2 janvier 1712; il a été imprimé par Du Mont dans son *Corps universel diplomatique*, t. VIII, première partie, p. 288-290.
2. Le *Dictionnaire de Trévoux* dit qu'on employait familièrement cette expression par allusion aux actes de concession de bénéfices faits par le pape, qui étaient authentiqués par un sceau en plomb appelé bulle.
3. Saint-Hilaire l'appelle ainsi pour le distinguer du duc de Bourgogne, qui porta aussi le titre de Dauphin à partir de la mort de son père.
4. Sur la maladie et la mort du grand Dauphin, voyez les *Mémoires de Saint-Simon*, t. XXI, p. 5 et suivantes.

laissa une haute idée de sa bonté, par les espérances qu'il donnoit d'un règne paisible, après celui d'un roi guerrier[1], et fut regretté universellement.

Mort des maréchaux de Boufflers et de Catinat. — Les maréchaux de Boufflers et de Catinat, l'un jugé plus grand capitaine que l'autre, payèrent aussi cette année le tribut commun[2]; et entre les gens de distinction, le célèbre Boileau-Despréaux[3].

Le duc d'Albe, ambassadeur d'Espagne, mourut aussi à Paris[4], et le marquis de Leganès, qui étoit exilé depuis du temps à Vincennes[5]; pareillement le duc de Medina-Cœli, dont j'ai parlé ci-devant[6].

Année 1712. — *Ouverture des conférences à Utrecht pour la paix.* — Quoique les plénipotentiaires des potentats souverains et république d'Hollande inté-

---

1. Saint-Simon (t. XXI, p. 45 et suivantes) a donné un portrait détaillé du caractère de Monseigneur.

2. Boufflers mourut à Fontainebleau le 22 août 1711, âgé de soixante-huit ans. Quant au maréchal de Catinat, il ne mourut que le 22 février 1712, à soixante-quatorze ans, bien oublié depuis qu'il ne servait plus.

3. Nicolas Boileau-Despréaux mourut le 13 mars 1711 dans sa maison du cloître Notre-Dame et fut inhumé à la Sainte-Chapelle.

4. Il mourut le 28 mai, à trente-neuf ans, après une assez longue maladie; il était à Paris depuis 1703.

5. M. de Leganès, soupçonné de conspiration en 1705, comme il a été dit dans le tome IV, p. 215, avait été arrêté et emprisonné à Bordeaux au Château-Trompette, puis transféré à Vincennes; en 1709, on l'avait remis en liberté, sous condition qu'il demeurerait à Paris. C'est dans cette ville, et non à Vincennes, qu'il mourut le 28 février, et il fut enterré aux Minimes de la place Royale.

6. Tome V, p. 202. Il mourut dans la citadelle de Pampelune le 26 janvier, et sa mort parut suspecte.

ressés dans cette guerre se fussent presque tous rendus à Utrecht, lieu désigné pour le Congrès, dans le mois de janvier, et que les conférences y eussent été ouvertes le 29 du même mois, on se préparoit de part et d'autre à une vigoureuse campagne en Flandre, où les armées furent très nombreuses. Le prince Eugène y commanda celle des Alliés, dont les troupes angloises faisoient partie sous le duc d'Ormond[1], substitué par le nouveau ministère au duc de Marlborough, qui fut tout à fait disgracié. Ce nouveau général, étant arrivé à la Haye, demanda, conformément à ses instructions, au pensionnaire de Hollande, la communication du plan dont on étoit convenu pour les opérations de la campagne, à quoi il ajouta que la reine étoit dans la résolution de pousser la guerre, afin d'obtenir une paix solide. Sur cet article on lui répondit qu'on n'avoit projeté aucun plan particulier et qu'on s'en étoit remis à la prudence des généraux et des députés, qui, étant sur les lieux, pouvoient mieux juger de ce qui seroit le plus expédient pour le bien de la cause commune. On le renvoya aux députés et au prince Eugène, qui étoient déjà partis pour Tournay, quand ce duc arriva à la Haye. Le président de semaine[2] lui fit quelques excuses sur ce qu'on avoit déféré le commandement général au prince Eugène et ajouta que le prince et lui, duc d'Ormond, seroient considérés comme égaux en autorité. En arrivant à l'armée, il trouva que les Alliés vouloient prendre poste à Oisy[3], sur la Sensée, et avoient projeté de

1. Jacques Butler : tome II, p. 297.
2. La présidence des États-Généraux de Hollande changeait chaque semaine.
3. Oisy-le-Verger, entre Marquion et Arleux.

faire le siège de Cambray ; mais les délais qu'ils apportèrent à l'exécution de ce dessein, occasionné par quelques irrésolutions des députés des États-Généraux qu'ils ont toujours dans leur armée, donnèrent le temps au maréchal de Villars, qui commandoit la nôtre, d'éventer ce dessein, et, en les prévenant, de se saisir du poste d'Oisy et de tous les autres sur la Sensée, qui furent soutenus par toute l'armée.

Siège du Quesnoy par les Alliés. — Les ennemis, voyant ainsi leur dessein sur Cambray rompu, songèrent à faire investir le Quesnoy. A cette occasion, ils allèrent passer l'Escaut à Bouchain, et, ayant partagé l'armée, la principale partie sous le prince Eugène et l'autre sous le duc d'Ormond, qui campèrent encore sur le même front de bandière, ils investirent le Quesnoy[1]. Le prince Eugène en entreprit le siège, et, avant d'en venir là, ce prince, qui vouloit rompre la paix à quelque prix que ce fût et étoit beaucoup plus fort que nous, avoit dessein de venir attaquer notre armée, qui avoit été obligée de changer de poste par le mouvement des ennemis, avant qu'elle eût achevé de se retrancher ; mais il y trouva bien des oppositions de la part du duc d'Ormond, qui avoit reçu ordre de la reine d'Angleterre d'éviter adroitement les occasions, sans pourtant se déclarer. Les choses en cet état, le lord Strafford, qui accompagnoit le duc, s'en alla subitement en Angleterre rendre compte de ce qui se passoit ; mais le duc, se trouvant de plus en plus pressé par les Alliés, ne put dissimuler que jusqu'au 28 de mai, et prit le

---

1. La ville fut investie le 20 mai, mais la tranchée ne fut ouverte qu'un mois plus tard.

prétexte du départ de ce mylord pour s'opposer au Conseil qui se tenoit, représentant que le voyage subit de ce lord lui donnoit lieu de croire qu'il falloit qu'il y eût quelque affaire de la dernière importance sur le tapis, dont on en seroit éclairci dans quatre ou cinq jours; qu'ainsi il prioit qu'on remît cette entreprise jusqu'à ce qu'il eût reçu de nouveaux ordres d'Angleterre. Quoique le prince Eugène jugeât bien à quoi il devoit s'en tenir, il ne laissa pas de faire ouvrir la tranchée devant le Quesnoy[1], et tout ce qu'il put obtenir du duc pour ce siège consista en sept bataillons et neuf escadrons de son armée, qui étoient à la solde de l'Angleterre et de la Hollande. Le maréchal de Villars lui écrivit pour lui en demander l'explication, et, du depuis, ces deux généraux eurent ensemble une correspondance plus intime.

Prise du Quesnoy par les Alliés. — Le Quesnoy capitula le 4 juillet et se défendit assez mal, quoique la garnison, commandée par un ancien lieutenant général[2], fût bonne et assez nombreuse [et qu'il n'y manquât rien]; elle fut faite prisonnière de guerre. Après cette expédition, le prince d'Anhalt-Dessau[3] fut détaché, avec trente-quatre bataillons et autant d'escadrons, pour aller investir Landrecies[4], dont il devoit

1. Dans la nuit du 20 au 21 juin.
2. Le commandant du Quesnoy était Charles d'Espalungue de la Badie, lieutenant général depuis 1704. Il fut en effet accusé d'avoir mal défendu sa place et fut mis à la Bastille. Il fut relâché au bout de deux mois, après avoir écrit plusieurs lettres justificatives (*Archives de la Bastille*, t. XIII, p. 20-23); mais il fut exilé dans ses terres.
3. Léopold, prince d'Anhalt-Dessau : tome IV, p. 305.
4. Landrecies était une petite place forte entre Cambray et Avesnes, au sud du Quesnoy, sur la Sambre.

faire le siège et, pour en être à l'appui, le prince Eugène, étant obligé de faire un mouvement (quoique bien informé des intentions de l'Angleterre et de ce qu'elle avoit médité), ne laissa pas d'envoyer un aide de camp au duc d'Ormond pour lui faire savoir qu'il avoit dessein de marcher le lendemain.

Le duc répondit qu'il étoit d'autant plus surpris de ce message qu'il n'avoit rien concerté avec Son Altesse, qui ne lui mandoit pas même de quel côté, ni pour quel dessein on marcheroit; qu'ainsi il ne pouvoit se résoudre à l'accompagner et l'avertissoit en même temps qu'elle devoit encore moins s'attendre à aucun secours de l'armée de la reine, et que, quand la sienne marcheroit, il seroit obligé de son côté de changer aussi de camp pour la sûreté des troupes qu'il commandoit. Le prince Eugène marcha effectivement, et toutes les troupes allemandes et hollandoises à la solde de ces deux États, qui faisoient partie de l'armée du duc, suivirent celle du prince, et il n'y eut qu'un bataillon d'Holstein, quatre escadrons de cavalerie et deux de dragons qui demeurèrent attachés aux Anglois.

Les Anglois se séparent de l'armée des Alliés. — Le duc d'Ormond décampa de Cateau-Cambrésis le 17 juillet et vint à Avesnes-le-Sec[1], où il fit publier une suspension d'armes avec la France pour quatre mois[2]. Les Alliés lui ayant refusé passage dans les villes où ils avoient garnison, il se hâta d'arriver à Gand, où les Anglois étoient les plus forts; il s'en rendit maître, aussi bien que de Bruges, et campa avec son armée le long du canal qui va à Ostende.

1. Avesnes-le-Sec est un village au sud-est de Bouchain.
2. Le texte de cette suspension d'armes est donné dans l'*Histoire militaire* de Quincy, t. VII, p. 60-61.

Les Anglois prennent possession de Dunkerque en attendant la paix et la démolition des fortifications qui fut stipulée. — Quinze vaisseaux de guerre anglois, avec plusieurs bâtiments de transport, sur lesquels il y avoit cinq mille hommes, sous le général Hill, ne tardèrent pas d'arriver à Dunkerque, où ils débarquèrent et prirent possession de la ville et de la citadelle. Le comte de Lomont[1], qui y commandoit, en sortit avec la garnison, qui s'en alla à Bergues-Saint-Winocq[2]; mais la marine et les vaisseaux du Roi, avec les galères, restèrent toujours à Dunkerque, où les magistrats continuèrent leurs fonctions.

Le prince Eugène se dispose pour faire le siège de Landrecies. — Le prince Eugène, qui se trouva délivré de l'inquiétude où les Anglois l'avoient tenu, s'approcha de Landrecies et posta avantageusement son armée pour faire tête à la nôtre et se conserver la communication avec Denain sur l'Escaut, où il avoit mis le comte d'Albemarle, avec dix-huit bataillons retranchés et un corps de cavalerie, pour faciliter le passage des convois qui venoient de Marchiennes[3] à l'armée entre une double ligne [fortifiée, depuis Marchiennes jusqu'à Denain, d'où ils les passoient à leur armée]. Ils appeloient cette double ligne le Chemin de Paris[4]. Effectivement, s'ils avoient pris Landrecies, il

1. Florent du Châtelet, comte de Lomont, était lieutenant général depuis 1702.
2. Bergues ou Bergues-Saint-Winocq était une petite place forte à deux lieues au sud de Dunkerque.
3. Marchiennes est un gros bourg sur la Scarpe entre Douay et Saint-Amand.
4. Cette double ligne, établie entre Marchiennes sur la Scarpe et Denain sur l'Escaut, avait été faite pour protéger les convois, d'une part contre les incursions des partis de l'armée

n'y avoit plus de place qui les arrêtât, que le château de Guise, en mauvais état[1], qui ne les auroit pas occupés deux jours. C'étoit là leur grand projet, qui auroit changé toute la face des affaires. Ce prince, se persuadant que le maréchal de Villars, en connoissant toute la conséquence, mettroit tout en usage pour l'en empêcher, fit parfaitement retrancher toutes les avenues de son armée et son front de bandière. Le prince d'Anhalt se retrancha aussi devant Landrecies.

Bataille de Denain[2]. — Cependant le maréchal, s'appliquant à dérober son véritable dessein au prince Eugène par des mouvements qui le trompèrent en effet, envoya ses gros équipages sous Saint-Quentin, passa l'Escaut au-dessus et au-dessous de Cambray, et, traversant le lendemain le ruisseau de l'Escouvette[3], alla camper dans une petite plaine qu'on y trouve, sur quatre lignes. Le lendemain, dès la pointe du jour, son armée marcha sur sept colonnes, étendant sa

française qui tenaient le pays vers Cambray et Bouchain, et d'autre part contre celles de la garnison de Valenciennes, commandée par le prince de Tingry.

1. Ce château, dont les fortifications dataient du xvie siècle, n'avait point été remis en état par les ingénieurs de l'école de Vauban.

2. Les récits de la bataille de Denain et des mouvements qui la précédèrent sont très nombreux. Le capitaine Sautai a donné, ces années dernières, sous le titre : *la Manœuvre de Denain*, un exposé très complet des diverses phases de l'événement. Pour les relations contemporaines, on peut consulter particulièrement les *Mémoires de Villars*, t. III, p. 154-158, ceux *du chevalier de Quincy*, témoin oculaire, t. III, p. 136-163, le *Journal de Dangeau*, t. XIV, p. 190-192, les *Mémoires de Sourches*, t. XIII, p. 456-458, et les correspondances de la *Gazette* et de la *Gazette d'Amsterdam*.

3. Petit torrent qui sort des bois d'Esne et va se jeter dans l'Escaut à Crèvecœur.

gauche vers Cambray et sa droite vers Landrecies. Et le lendemain à midi, elle passa la Selle[1], près le Cateau-Cambrésis, et vint camper à la vue de l'ennemi, sa droite à la Sambre [vis-à-vis de l'abbaye de Fesmy[2]], et sa gauche se prolongeant jusqu'à la Selle, au même endroit où il avoit passé cette rivière[3].

Les ennemis appuyoient par leur gauche les troupes destinées pour faire le siège de Landrecies, qui étoient dans les retranchements au delà de la Sambre [au-dessous de Landrecies], contre l'abbaye de Maroilles[4], [où leurs retranchements de la gauche aboutissoient, et la droite des retranchements aussi à la Sambre, au-dessus de Landrecies, vis-à-vis le village d'Ors[5].]

Le prince Eugène, [convaincu qu'on vouloit secourir Landrecies à quelque prix que ce fût, fit travailler toute la nuit à augmenter et à fortifier ses retranchements, et se confirma dans cette croyance lorsqu'on l'avertit] qu'un gros corps de nos troupes, ayant passé la Sambre [vis-à-vis Fesmy], paroissoit [devant leurs retranchements de Landrecies]. En effet, le comte de Coigny, qui le commandoit, [passa la Sambre avec trente escadrons, la plupart dragons, et,] s'étant avancé jusqu'à une demi-lieue du retranchement des assiégeants, faisoit toutes les démonstrations comme si on eût dû les attaquer cette même nuit[6].

1. Affluent de droite de l'Escaut.
2. L'abbaye de Fesmy, de l'ordre de Saint-Benoît, avait été fondée vers 1080.
3. L'armée française se plaçait ainsi au sud de Landrecies comme pour couvrir Guise et la route de Paris.
4. Abbaye bénédictine à l'ouest de Landrecies, dans la direction d'Avesnes.
5. Ce village est entre Landrecies et le Cateau.
6. Voyez les *Mémoires du chevalier de Quincy*, t. III, p. 142.

Ce manège obligea le prince de tirer à lui ses troupes de l'aile droite, qui s'étendoit vers l'Escaut jusque près le village de Querenaing[1], pour tenir la communication avec les retranchements de Denain, et remplacer les vides que la retraite des troupes angloises avoit laissés dans la ligne et renforcer la droite. Le maréchal de Villars, dans la joie de son cœur de lui voir prendre ces fausses mesures selon lui, le fortifia dans son erreur, en disant le soir, à l'ordre, que la retraite serviroit de signal pour aller à l'ennemi, ne doutant pas que le prince n'en fût bientôt averti par les espions qu'il avoit dans notre armée. Mais au lieu de cela, il fit partir dès le soir même le marquis de Vieuxpont[2], lieutenant général, avec trente bataillons, une brigade d'artillerie et des bateaux [de cuivre[3]], pour aller faire faire des ponts sur l'Escaut, entre Bouchain et Denain, [vis-à-vis les villages d'Hauterive et de Neuville[4].] Il eut la précaution, pour empêcher que sa marche ne fût découverte par les ennemis, d'envoyer tous les housards battre les plaines entre Cambray, Bouchain et leur armée, et empêcher qu'aucun ne pût passer à eux pour leur donner des nouvelles. Le comte de Broglio, avec sa

1. Querenaing est un village du canton moderne de Valenciennes, entre le Quesnoy et Denain. Le manuscrit porte *Kereim*, forme reproduite par l'édition de 1766.

2. Guillaume-Alexandre, marquis de Vieux-Pont, avait été fait maréchal de camp en 1704, après la bataille d'Hochstedt, et lieutenant général en 1710.

3. Les pontons qui servaient aux équipages de ponts étaient en cuivre.

4. Neuville-sur-Escaut est entre Bouchain et Denain, mais il n'y a dans le voisinage aucune localité du nom d'Hauterive; notre auteur est d'ailleurs seul à en faire mention.

réserve, étoit chargé de couvrir la marche de l'infanterie et de border tous les passages de la Selle, afin qu'aucun avis ne passât à l'ennemi. Trente autres bataillons sous Albergotti, avec quarante escadrons, suivirent de près le premier détachement, puis toute l'armée, et le comte de Coigny, qui avoit eu ordre de se retirer de devant les retranchements des ennemis de Landrecies et de repasser la Sambre, fut chargé de faire l'arrière-garde avec ses troupes. Cette marche nocturne de l'armée se fit sans aucune traverse. Les ponts sur l'Escaut furent construits avec une diligence extrême et sans être reconnus par les Impériaux, on peut dire par la faute du comte d'Albemarle, qui ne tenoit ni partis, ni batteurs d'estrade de ce côté-là, quoique fort près de son camp, et ne s'opposa point au passage, quoiqu'il l'eût pu faire avec avantage, la rive de l'Escaut de son côté étant fort spongieuse et très difficile à traverser à un grand corps de troupes; tellement qu'il auroit fallu peut-être se réduire à se servir seulement d'un chemin de charroi solide, qui aboutissoit au village d'Hauterive et Neuville, par lesquels il auroit fallu défiler avec lenteur, en cas que le comte d'Albemarle, étant averti à temps, eût envoyé au débouché d'icelui la cavalerie, qui consistoit en quinze ou vingt escadrons, avec lesquels il auroit vraisemblablement pu disputer le terrain et donner le temps à l'armée du prince d'arriver pour lui prêter la main.

Après cette courte réflexion, bonne ou mauvaise, je dirai que Vieuxpont, ayant achevé ses ponts, passa la rivière et le défilé diligemment avec ses troupes, et, sans aucune opposition, les mit en bataille au delà. Il en passa encore d'autres avec les maréchaux de Villars et de Montesquiou.

Le prince Eugène, averti de la marche de notre armée sur Denain, y accourut vite, en retira la cavalerie, qui devenoit inutile à la défense des retranchements, et y ayant donné tous les ordres nécessaires pour la défense dans cette extrémité, il repassa l'Escaut et se tint sur une hauteur d'où il envoyoit aide de camp sur aide de camp pour diligenter la marche de son armée.

Cependant, le maréchal de Villars reconnoissoit et envoyoit reconnoître la double ligne des ennemis, au moyen de laquelle ils se communiquoient avec Marchiennes et leur retranchement, qui se trouva trop grand et trop spacieux pour être bien défendu par les dix-huit bataillons qui en étoient chargés; on trouva même qu'il étoit construit avec peu de précaution.

Le maréchal, qui avoit envoyé ordre au prince de Tingry de sortir de Valenciennes avec la meilleure partie de sa garnison et de venir occuper les hauteurs d'Hurtebise, donnoit encore plus d'inquiétude aux ennemis qui le voyoient.

Enfin, le maréchal ayant fait toutes les dispositions pour l'attaque de la ligne et des retranchements, on commença par la première, qui fut forcée après une légère résistance. On trouva dedans un convoi de cinq cents charriots chargés de pain, sous une escorte de cinq cents chevaux et de six cents hommes de pied. Le convoi fut pris et l'escorte faite prisonnière de guerre; ensuite, le retranchement[1], qui se prolongeoit dans la campagne, fut attaqué en tête et par les flancs. Nos troupes essuyèrent, à demi portée de fusil, sans

---

1. C'est le retranchement de la ville même de Denain dont Saint-Hilaire veut parler; son récit manque un peu de clarté.

tirer, un assez long feu de canon et trois décharges de mousqueterie, sans qu'aucun soldat branlât; les piquets et les grenadiers, soutenus des bataillons, se jetèrent dans le fossé, qui se trouva si mauvais qu'on n'eut pas besoin de le combler avec des fascines. Il étoit encore plus mauvais par les flancs, aussi bien que le retranchement. La cavalerie l'éboula facilement et entra dedans. Alors les bataillons ennemis qui défendoient la tête de l'ouvrage, se voyant pris par les flancs, ne firent plus de résistance et abandonnèrent leur terrain pour se sauver par l'unique pont de Denain au delà de l'Escaut, les ennemis n'ayant pas eu la précaution d'en jeter d'autres sur cette rivière. Encore se trouva-t-il si mauvais qu'il se rompit, étant surchargé de monde et d'équipages, et, comme ils étoient poursuivis chaudement, tout ce qui n'avoit pu échapper au feu et à l'épée fut noyé ou pris prisonnier. Le comte d'Albemarle, leur général, fut du nombre des derniers, avec plusieurs princes et officiers généraux[1].

Le combat étant fini, Albergotti, lieutenant général, et le marquis de Nangis, maréchal de camp, allèrent s'emparer du pont du village de Prouvy[2], hors des retranchements, près de Denain, que les ennemis gardoient avec une redoute qu'ils y avoient construite, ce qui fut une précaution très utile, en ce qu'on aperçut au delà de l'Escaut les colonnes de l'armée du prince Eugène, qui, posté sur une hauteur en les attendant, avoit été spectateur du combat de Denain. Dès qu'il vit arriver son armée, il voulut se ressaisir

1. La bataille de Denain fut gagnée le 24 juillet.
2. Prouvy est sur l'Escaut, en aval de Denain.

de la redoute du pont de Prouvy, tant il étoit irrité de sa disgrâce et incapable de se rebuter par les obstacles. Il ne s'étonna point du péril qu'il y avoit d'attaquer un poste défendu par l'armée de France et l'Escaut, bordé de beaucoup d'infanterie. Mais les députés des États-Généraux qui l'accompagnoient, plus prudents que lui en cette occasion, lui représentèrent que c'étoit exposer visiblement l'armée à une défaite totale, qui les auroit livrés à la discrétion de la France, dans un temps qu'on travailloit à la paix. Mais il parut à plusieurs qu'il y eut un coup très important à faire, qu'il manqua faute d'être averti à temps de notre marche : c'étoit de faire attaquer en deçà de la Selle la partie de notre armée qui n'auroit pas pu encore la passer, [à quoi il auroit eu un succès certain et favorable, à en juger par toutes sortes d'apparences.] Mais le retour de la bonne fortune à la France ne permit pas qu'il prît le parti de nous suivre pendant une marche si périlleuse et de nous attendre au passage de la Selle ou de l'Escaut. Il préféra prendre Landrecies brusquement, cette petite place, [qui n'est pas bonne,] se trouvant alors la clef de la France, d'où il auroit au moins répandu la terreur dans la Picardie, la Champagne et même jusqu'à Paris et au delà, dont on auroit bien eu de la peine de le chasser. Ainsi, dans cette pensée flatteuse d'une vengeance éclatante de l'affront qu'il venoit de recevoir et de trouver une abondance de vivres dans des provinces toutes neuves, il ramena son armée en son vieux camp, dans la résolution de prendre Landrecies.

Le maréchal fait attaquer Marchiennes et le prend.
— Mais il n'avoit pas compté avec le maréchal, qui ne

perdit pas un moment à faire attaquer Marchiennes, petite ville mal fortifiée, sur la Scarpe, où ils avoient tous leurs vivres, une bonne partie de leur grosse artillerie et de leurs munitions de guerre, qui y arrivoient de Hollande par eau[1]. Ainsi l'armée du prince manqua de vivres dans peu de jours, principalement dans son camp devant Landrecies. La désertion s'y mit, et il se vit contraint de lever le siège. Cependant, le maréchal prit brusquement Marchiennes, sans qu'il le pût sauver, avec cinquante à soixante pièces de canon, quantité de munitions de guerre et tous les vivres de l'armée, qui y étoient gardés par une garnison de six ou sept bataillons et trois escadrons qui servoient aux escortes. Tout cela fut fait prisonnier de guerre. On prit encore quelques grosses pièces d'artillerie dans des bateaux à Saint-Amand et la garnison qui gardoit ce poste[2]; [on noya tous ceux qu'ils occupoient dans des abbayes et châteaux, le long de la Scarpe.]

Le maréchal de Villars fait investir Douay. Le général Hompesch, qui y étoit gouverneur, se jette dedans avec quatre bataillons. — Ces deux expéditions ayant fait tourner la fortune de notre côté, le maréchal fit investir Douay, où il y avoit très peu de monde[3]; mais le général Hompesch, qui en étoit gouverneur, y suppléa en se jetant dedans avec quatre bataillons qu'il ramassa dans les postes et places les plus voisines. On a dit que, si on avoit bien pensé et

1. C'est le comte de Broglie qui, envoyé par le maréchal, s'empara de Marchiennes par capitulation dès le lendemain de la bataille, 25 juillet.
2. Saint-Amand-les-Eaux fut enlevé par Albergotti le 26 juillet.
3. Douay fut investi le 1er août par Albergotti.

usé d'un peu plus de prévoyance, ces troupes n'y seroient pas entrées; mais on ne le fit pas.

Le maréchal de Villars fait ouvrir la tranchée devant Douay et le prend, et en même temps le fort de Scarpe. Pendant ce siège, la trêve avec les Anglois est encore renouvelée pour quatre mois. — Le maréchal, ayant fait toutes ses dispositions pour le siège, y fit ouvrir la tranchée et en même temps au fort de Scarpe, afin d'ôter aux ennemis toute facilité d'introduire par ce fort du secours dans la ville. Il disposa son armée le long de la Scarpe et fortifia si bien les passages, que les ennemis qui se présentèrent ne purent rien tenter sur lui pour secourir la place et furent obligés, malgré les grands préparatifs qu'ils avoient faits pour y réussir, d'abandonner leur dessein et d'aller camper à Seclin, d'où ils couvroient Lille, après avoir mis le feu à leurs claies, fascines et gabions, dont ils avoient fait une très grande provision. Le fort de Scarpe fut bientôt réduit; il n'y avoit que trois cents hommes, qui furent faits prisonniers de guerre[1].

Quant à la ville de Douay, Hompesch la défendit autant bien qu'il le put, avec une garnison médiocre, par rapport à la contenue de la ville et à la quantité des grands ouvrages extérieurs qu'ils y avoient ajoutés, depuis qu'ils en étoient en possession. La garnison fut faite prisonnière de guerre; [le maréchal n'en voulut rien rabattre; ceci se passa le 8 septembre[2].]

1. Ce fort capitula le 27 août.
2. Le chevalier de Quincy, qui assista à ce siège, en a fait un long récit (ses *Mémoires*, t. III, p. 165-184); voyez aussi les *Mémoires militaires*, t. XI, p. 92-110.

Quelques jours avant, le maréchal, ayant appris que le prince Eugène, après avoir pourvu à Lille, se disposoit à aller passer l'Escaut à Tournay et ensuite couvrir Mons et tâcher de retirer la grosse artillerie du Quesnoy, envoya ordre à Saint-Frémond[1], lieutenant général, qui étoit avec un petit corps à l'appui de Marchiennes et de Saint-Amand, d'aller passer cette même rivière à Valenciennes, [aux premières nouvelles du passage des ennemis vers Tournay, pour aller se camper ensuite à la pointe de la Haine et de l'Honneau,] et lui donna ordre de bien faire garder tous les passages, en attendant qu'il s'y rendît lui-même, avec la plus grosse partie de l'armée, jugeant bien que Douay ne pouvoit plus lui échapper[2], comme il arriva en effet peu de jours après.

Le maréchal de Villars fait assiéger le Quesnoy et le prend. — Les troupes qu'il avoit laissées pour finir ce siège le joignirent. Il fit investir le Quesnoy, et, sans perdre aucun temps, la tranchée y fut ouverte la nuit du 17 au 18 septembre. Ivoy, réfugié françois[3] et major général dans leur armée, le défendit. [Au pardessus d'une garnison assez nombreuse et l'artillerie destinée pour la défense de la place,] il y avoit dedans cinquante à soixante pièces de gros canon, plusieurs mortiers, bombes, boulets et autres attirails en dépôt pour le siège prétendu de Landrecies que le prince Eugène n'avoit pu retirer, tellement qu'il y eut en ce

---

1. Tome II, p. 186.
2. C'est Albergotti qui commandait au siège de Douay et qui reçut la capitulation de la place.
3. Il était né à Genève et avait pour père un protestant français. On orthographiait son nom *Ivoy* ou *Yvoy*.

siège un feu effroyable d'artillerie de part et d'autre; mais, [la place ayant été attaquée par le bon endroit, que nous connoissions bien,] et nos attaques menées brusquement, elle ne tint que quinze jours de tranchée. La garnison fut faite prisonnière de guerre[1].

Le maréchal de Villars fait assiéger Bouchain par le marquis d'Alègre, qui le prend. — Ce siège fini, le maréchal envoya le marquis d'Alègre, lieutenant général[2], assiéger Bouchain avec un corps de troupes suffisant, et observoit avec le reste de l'armée celle des ennemis, sans laisser toutefois de venir de jour à autre donner ses ordres au siège. La tranchée y avoit été ouverte la nuit du 9 au 10 octobre, et la place se rendit le 19. La garnison eut le même sort que celle des autres places conquises[3].

Pendant ce siège et celui du Quesnoy, le prince Eugène se tint dans l'inaction, se contentant de couvrir Mons, et les armées se séparèrent pour aller prendre leurs quartiers d'hiver. C'est ainsi que le maréchal de Villars, comblé de fortune et de gloire, reprit en moins de quatre mois presque toutes les places que les ennemis avoient conquises sur nous en trois campagnes et leur fit quarante-quatre bataillons prisonniers de guerre.

Pendant que tout ceci se passoit, un détachement des Alliés de la garnison d'Ostende nous surprit le

1. Le Quesnoy capitula le 4 octobre; la place était investie depuis le 8 septembre (*Mémoires militaires*, t. XI, p. 116; *Mémoires du chevalier de Quincy*, t. III, p. 183-197).

2. Tome IV, p. 144.

3. Sur le siège et la prise de Bouchain, on peut voir les correspondances de la *Gazette*, p. 539 et 549-550, le *Journal de Dangeau*, t. XIV, p. 238-244, et les *Mémoires de Sourches*, t. XIII, p. 508-516.

fort de la Kenoque, près d'Ypres, par la faute de celui qui y commandoit et par son peu de vigilance[1].

[Je n'ai pas remarqué qu'il se soit rien passé de considérable en faits militaires du côté d'Allemagne, du Dauphiné ni de l'Espagne, où l'armée du roi fut occupée assez vainement au blocus de Gibraltar.]

[*Mort de M. de Vendôme.* — Le 10 de juin de la présente année, M. de Vendôme, qu'on peut appeler le libérateur de l'Espagne, mourut à Vinaroz[2], en Espagne, à l'âge de cinquante-huit ans, pour avoir mangé trop de coquillages et de mauvais poissons, pour lesquels il avoit un goût tout particulier. Le prince avoit séjourné trois semaines à Grano[3], sur le bord de la mer, où il s'en étoit donné à cœur joie, ce qui lui causa une furieuse indisposition, dont il fut mal traité et ne put réchapper[4]. Ce prince avoit un grand courage et plusieurs belles qualités[5].]

1. C'est le 6 octobre qu'un parti sorti d'Ostende profita de ce que l'aide-major avait fait ouvrir la porte du fort sans reconnaître auparavant les environs pour s'en emparer sans coup férir. Il a été parlé de ce fort ci-dessus, tome V, p. 209.
2. Petit port entre Valence et Tarragone.
3. Grano est un village voisin de Vinaroz.
4. Vendôme, venu à Madrid à la fin de janvier 1712, à l'issue de la campagne de Catalogne, y était resté jusqu'au 9 avril. Il s'était alors rendu dans le royaume de Valence pour inspecter différents postes et remontait vers le nord pour rejoindre son armée. Saint-Simon (*Mémoires*, t. XXIII, p. 80 et suivantes) a raconté les circonstances de cette mort, et il y a ajouté les couleurs que lui suggérait sa haine pour Vendôme. Saint-Hilaire ne parle pas des bruits de poison qui coururent alors et dont les *Mémoires de Mathieu Marais*, le *Journal de Pierre Narbonne* et Madame, dans sa *Correspondance*, se sont faits l'écho, comme Saint-Simon.
5. Malgré sa paresse, ses défauts et ses vices ignobles, Ven-

[*Expéditions maritimes*. — Entre quelques exploits maritimes de cette campagne, je commencerai par celui de Duguay-Trouin, excellent officier de mer, et, pour mieux mettre au fait, je me sens obligé de reprendre cette affaire de plus haut. En 1710, Du Clerc[1], capitaine de vaisseau, eut une commission d'aller en course avec quelques bâtiments vers les côtes du Brésil et y rencontra les ennemis plus forts que lui, car il fut défait et pris avec presque tout son monde, et conduit à la ville de Rio-de-Janeiro appartenant aux Portugais, où, loin d'être traités comme des prisonniers de guerre, ils furent presque tous massacrés, et Du Clerc lui-même dans le logis que le gouverneur lui avoit donné pour prison[2]. Cette action barbare engagea le Roi à venger le sang de ses sujets. Une escadre fut armée à La Rochelle et à Saint-Malo; Duguay-Trouin fut chargé du commandement et mit à la voile le 11 juin. Il arriva le 11 septembre suivant à l'embouchure du fleuve nommé Rio-Janeiro[3], dont la ville

dôme fut très regretté dans l'armée; le chevalier de Quincy (*Mémoires*, t. III, p. 120-122) est certainement sur ce point l'interprète du sentiment général. Les *Mémoires de Sourches* prétendent que Louis XIV fut si affecté qu'il en pleura.

1. Jean-François Du Clerc avait commencé par servir aux Antilles de 1691 à 1701; il passa en France en 1703 et devint capitaine de brûlot en 1705 et capitaine de frégate en 1710.

2. Il y a dans le volume B⁴ 35 des archives de la Marine divers documents sur cette expédition, notamment une liste des officiers de Du Clerc blessés et faits prisonniers par les Portugais. Une note des archives de la Marine dit que Du Clerc et ses compagnons furent massacrés, non pas à Rio-de-Janeiro, mais à la baie de Tous-les-Saints, au sud de Bahia.

3. Notre auteur fait erreur; il n'y a pas de cours d'eau qui porte ce nom.

prend le nom. L'intrépidité avec laquelle il méprisa le feu de quatre gros vaisseaux de guerre portugais obligea celui qui leur commandoit de les mener échouer sous les batteries de la ville pour éviter l'abordage, et ensuite de les faire sauter en l'air. Ensuite, Duguay-Trouin fit son débarquement. La ville fut prise, et, ce qui y restoit encore des gens de Du Clerc enseignant les maisons les plus riches, le soldat y fit un butin considérable, et qui l'auroit été davantage si la garnison, en se sauvant de la ville, n'eût pas mis le feu à un des principaux magasins et emporté l'or en des lieux de sûreté. Les forts et les batteries qui défendoient cette ville ne firent que peu de résistance. Duguay-Trouin obligea le gouverneur à racheter la ville de l'incendie ; il encloua et jeta dans la mer l'artillerie qu'il ne pouvoit rapporter et fit mettre le feu à ce que les habitants refusèrent de racheter[1]. Il reprit ensuite la route de Brest, où il arriva le 6 février 1712.]

[Un armateur françois nommé Cassart[2], avec sept vaisseaux de guerre et deux frégates, s'étant mis en mer, alla mouiller le 4 de mai de la présente année devant le fort de la Praia, à trois lieues de la ville de Santiago, capitale de toutes les îles du cap Vert

1. On trouvera dans les registres B⁴ 35 et 36 des archives de la Marine des documents et des relations sur cette expédition de Duguay-Trouin ; voyez ci-après à l'Appendice.
2. Jacques Cassart, né à Nantes en 1672, avait fait d'abord la course pour les armateurs de cette ville et avait reçu du Roi, en 1710, une commission de capitaine de frégate ; il fut nommé capitaine de vaisseau en 1713, mais tomba par la suite dans la misère. Ses attaques contre le cardinal de Fleury le firent emprisonner au fort de Ham, où il mourut en 1740.

appartenant aux Portugais[1]. Il débarqua avec mille hommes et attaqua le fort, dont il se rendit facilement le maître ; il marcha ensuite pour assiéger la ville de Santiago et son château. Ceux de dedans se rendirent à discrétion ; il traita pour racheter la ville du pillage et convint d'une somme d'argent avec le gouverneur, qui lui demanda trois jours pour la rassembler ; mais, au lieu de cela, il s'enfuit dans les montagnes avec l'évêque. Cassart, l'ayant attendu six jours sans recevoir aucune de ses nouvelles, fit sauter toutes les fortifications et piller la ville, où il fit mettre le feu, puis se rembarqua avec un butin considérable[2]. De là, il vint à l'île de Montserrat[3], où il fit descente avec trois mille hommes. Il la ravagea et y fit un grand butin. Après cette expédition, il vint à la ville de Saint-Christophe[4], dont les habitants ne furent pas plus ménagés, et remplit de terreur toutes les autres îles Antilles voisines. Voilà à peu près toutes les expéditions maritimes de cette année.]

Mort de Madame la Dauphine. — Au commencement de cette année 1712, le Roi fut frappé de l'affliction la plus vive dont il pût être atteint. La mortalité se mit dans la famille royale et commença ses ravages par Madame la Dauphine, princesse accomplie, qu'il avoit

---

1. Santiago est le nom de la principale des îles du Cap-Vert, en même temps que de la ville.
2. La *Gazette* (p. 396 et 420) raconta sommairement l'expédition.
3. L'île de Montserrat est une des petites Antilles, située à soixante kilomètres au nord-est de la Guadeloupe ; elle appartenait aux Anglais.
4. Saint-Christophe, une des Antilles anglaises, est à soixante-cinq kilomètres au nord de Montserrat.

élevée à sa cour et qu'il chérissoit uniquement. Elle fut atteinte le 7 février, à l'âge de vingt-cinq ans, d'une maladie violente à laquelle on ne connut rien, et mourut le 12, regrettée universellement[1].

Mort de Monseigneur le Dauphin. — Monseigneur le Dauphin, qui la chérissoit infiniment, tomba malade le lendemain de la même maladie. On crut d'abord que la perte qu'il venoit de faire l'avoit causée et qu'elle étoit un effet de sa douleur; mais on connut bientôt que quelque chose de plus violent en étoit la cause; tous les remèdes qu'on lui donna ne firent aucun effet; il mourut six jours après, c'est-à-dire le 18 au matin, dans sa trentième année[2]. Toute la France crut à juste titre perdre en lui un prince accompli, qui devoit être un jour son roi, selon le cours ordinaire de la nature; il étoit juste, pieux, capable de tous les détails, qu'il vouloit savoir par lui-même et dont le Roi commençoit à se reposer sur lui. [Le peuple alors l'appeloit le saint Dauphin; heureux et très heureux si en cette funeste occasion la voix du peuple a été celle de Dieu[3].]

Le Roi, pénétré de la douleur la plus vive, demeura

---

1. La duchesse de Bourgogne, Marie-Adélaïde de Savoie, qui portait avec son mari les titres de Dauphin et de Dauphine depuis la mort du grand Dauphin en 1711, fut atteinte d'une rougeole maligne. Les *Mémoires de Saint-Simon* (t. XXII, p. 272 et suivantes) ont raconté d'une façon dramatique cette mort rapide, qu'ils attribuent au poison; on voit que Saint-Hilaire n'en dit rien.

2. Voyez aussi les *Mémoires de Saint-Simon*, p. 296 et suivantes, avec le commentaire qu'y ont joint les éditeurs.

3. On trouvera dans le tome XXII des *Mémoires de Saint-Simon*, aux Additions et Corrections, p. 505-507, l'énumération des éloges et portraits du duc de Bourgogne faits tant à l'époque même que par la suite.

quelques jours retiré dans son appartement; son grand courage, sa résignation le conservèrent encore quelque temps à ses sujets, comme s'il avoit plu à Dieu de lui faire connoître avant que de mourir, par le bon succès de ses armes pendant la présente année et le rétablissement des affaires du royaume par la paix qui se fit, que, s'il affligeoit, il savoit consoler.

Mort de Monseigneur le duc de Bretagne. — Cependant, Mgr le duc de Bretagne[1], qu'on appela dauphin incontinent après, fut aussi atteint de la même maladie de ses père et mère, et la mort enleva cette dernière victime la nuit du 8 au 9 mars[2]. Le prince, son frère, âgé seulement de deux ans, et à présent notre Roi, fut aussi attaqué; mais la duchesse de Ventadour, sa gouvernante, le tira d'affaire par quelques remèdes qu'elle lui donna à propos[3]. [Le comte de Brionne, de la maison de Lorraine, fils aîné du comte d'Armagnac, grand écuyer de France, mourut aussi cette année dans un âge peu avancé[4]. Le prince de Soubise finit aussi ses jours à Fontainebleau[5], âgé de quatre-

---

1. Louis de France, duc de Bretagne, était né le 8 janvier 1707; il n'était que le second fils du duc de Bourgogne, l'aîné étant mort en 1705, à quelques mois.

2. *Dangeau*, t. XIV, p. 110; *Sourches*, t. XIII, p. 321.

3. Madame (*Correspondance*, recueil Jæglé, t. II, p. 170) raconte que les médecins voulaient le saigner, mais que Mme de Ventadour, voyant le mauvais résultat de cette médication pour son frère aîné, s'y opposa énergiquement et se contenta de tenir l'enfant au chaud et de laisser la maladie suivre son cours.

4. Henri de Lorraine-Armagnac, comte de Brionne, né en 1661, avait depuis 1677 la survivance de la charge de grand écuyer de France qu'avait son père Louis de Lorraine, comte d'Armagnac; il mourut le 3 avril 1712.

5. François de Rohan, prince de Soubise, mourut le 24 août,

vingt-un ans, et M. de Harlay, ancien premier président, à Paris, le 23 juillet, âgé de soixante-treize ans[1]. Il y eut encore quelques gens célèbres dans les lettres qui payèrent le tribut commun, du nombre desquels furent Richard Simon[2], Cassini[3] et l'abbé Tallemant[4].]

[J'ai rapporté ci-devant le précis des négociations secrètes entre la France et l'Angleterre avec celui des préliminaires qui furent signés entre ces deux couronnes pour ce qui les concernoit mutuellement. Je crois aussi avoir dit que la reine d'Angleterre avoit demandé au Roi, sous confidence, un mémoire des conditions qu'il accorderoit aux principaux des autres Alliés qui étoient en guerre contre la France et l'Espagne, afin de la mettre entièrement au fait et porter ses Alliés, autant qu'il seroit possible, à les accepter. Je crois pouvoir dire ceci nettement, car les événements, dans telle négociation dont je ne rapporte que

---

mais à Paris et non à Fontainebleau ; la *Gazette* était aussi tombée dans cette erreur.

1. Achille III de Harlay, né en 1639, avait été conseiller au Parlement en 1657, procureur général en 1667 et premier président en 1689 ; il avait donné sa démission en 1707.

2. Richard Simon, qui appartenait à la congrégation de l'Oratoire, mourut le 11 avril 1712 ; il était célèbre comme exégète et hébraïsant ; son ouvrage le plus connu est l'*Histoire critique du Vieux et du Nouveau Testament*.

3. Dominique-Jean Cassini, né dans le comté de Nice en 1625, mourut à Paris le 14 septembre 1712 ; attiré en France en 1669 par Colbert, il avait été nommé directeur de l'Observatoire, où son fils lui succéda.

4. Paul, abbé Tallemant, né en 1642, mourut le 30 juillet ; il avait été élu à l'Académie française dès 1666, malgré sa médiocrité, et fut secrétaire de l'Académie des inscriptions de 1694 à 1706.

le précis, justifieront facilement la bonne intelligence qui étoit alors entre la France et l'Angleterre.]

Arrivée de plénipotentiaires au Congrès d'Utrecht. — J'ai dit aussi de plus que l'ouverture du Congrès avoit été indiquée à Utrecht le 12 janvier de la présente année. L'évêque de Bristol[1] et le comte de Strafford[2], plénipotentiaires d'Angleterre, y arrivèrent les premiers; ceux de Hollande les suivirent de près, puis le maréchal d'Huxelles, l'abbé de Polignac et Mesnager pour la France; les ministres des autres puissances y vinrent successivement, à l'exception toutefois de ceux d'Espagne, le Roi stipulant pour le roi d'Espagne, son petit-fils, ayant été convenu qu'ils ne paroîtroient au congrès que lorsqu'on seroit d'accord et tout près de signer le traité de paix dont on seroit convenu[3].

1. John Robinson, né en 1650, s'était consacré à la diplomatie, quoique appartenant au clergé anglican, et avait eu, depuis l'avènement de la reine Anne, diverses missions en Suède, en Pologne, en Saxe et en Hollande; en récompense, il avait été nommé doyen de Windsor, conseiller d'État, garde du sceau privé et secrétaire de l'ordre de la Jarretière; après avoir refusé l'évêché de Chichester, il avait accepté celui de Bristol en 1710; nommé premier plénipotentiaire anglais au congrès d'Utrecht, il obtint l'évêché de Londres à son retour en 1713 et mourut en 1723.

2. Ci-dessus, p. 16, note 1.

3. Les négociations et les traités d'Utrecht ont donné lieu à un grand nombre de publications; nous n'en indiquons que quelques-unes. A l'époque même, il parut à Utrecht de 1714 à 1716, en sept volumes in-18, les *Actes et Mémoires et autres pièces concernant la paix d'Utrecht* (le tome VII est relatif aux traités de Rastadt et de Baden); ce recueil fut réimprimé en 1723 en cinq volumes. Les *Mémoires de M. de Lamberty* renferment dans leurs tomes VII et VIII un grand nombre de pièces, mémoires, notes, etc., relatives à ces négociations et

Après les premières civilités réciproques des uns aux autres, on fit des règlements pour éviter toutes sortes de disputes pour le cérémonial, on convint qu'il n'y auroit ni haut, ni bas bout, ni préséance, et qu'à mesure que les ministres entreroient par différentes portes ils occuperoient les places qu'ils trouveroient vides[1]. On prévint pareillement, autant qu'il fut possible, par de bons ordres les démêlés qui surviennent assez souvent entre les domestiques, où les maîtres d'ordinaire prennent part[2]. Ensuite, la première conférence fut indiquée pour le 29 janvier.

Première conférence à Utrecht entre les plénipotentiaires. — L'évêque de Bristol prit la parole et dit en adressant son discours à nos plénipotentiaires[3] : « Nous nous assemblons au nom de Dieu pour tra-
« vailler à une paix générale. Les plénipotentiaires des
« Alliés sont dans de sincères dispositions et ont

aux incidents qui les marquèrent. Du Mont, dans son *Corps universel diplomatique*, t. VIII, 1re partie, a donné le texte des traités. Enfin, de nos jours, M. Henri Vast leur a consacré le troisième volume de ses *Grands traités du règne de Louis XIV*, paru en 1899 dans la « Collection de documents pour servir à l'étude et à l'enseignement de l'histoire » ; il a donné un texte révisé des traités, une bibliographie (incomplète) et un historique des négociations. Ajoutons que M. Arsène Legrelle a fait l'historique du congrès d'Utrecht dans le tome VI de son ouvrage *la Diplomatie française et la succession d'Espagne*.

1. Règlement pour l'ouverture et la méthode des conférences à Utrecht et ce qui en dépend, 23 janvier (*Mémoires de Lamberty*, t. VII, p. 8).

2. Publication pour la sûreté des personnes, domestiques et effets des ministres publics assemblés à Utrecht, 4 janvier (*ibidem*, p. 10).

3. Un texte analogue, mais un peu plus développé, est donné dans *Lamberty*, p. 12.

« même des ordres très précis de leurs maîtres pour
« concourir en tout ce qui dépendra d'eux, afin de con-
« duire à une heureuse fin une affaire si salutaire et si
« chrétienne. Nous espérons, dit-il, en s'adressant à
« nos plénipotentiaires, que Vos Excellences seront
« dans les mêmes dispositions et auront des pouvoirs
« si amples que vous pourrez répondre sans perte de
« temps à l'attente des hauts Alliés, en vous expliquant
« nettement sur les points dont on traitera, et que
« Vos Excellences le feront d'une manière que cha-
« cun des princes et États alliés y trouvera une satis-
« faction raisonnable. »

Le maréchal d'Huxelles répondit brièvement à ce discours et se contenta d'assurer que telle étoit leur intention et que les ordres dont ils étoient chargés étoient conformes à ce qui venoit d'être dit. L'abbé de Polignac, son collègue, fit un discours plus long et très éloquent sur le même sujet, qui lui attira l'approbation de l'assemblée[1].

Le 3 février suivant, il y eut une deuxième conférence, où les plénipotentiaires de France et d'Angleterre déclarèrent que les sept articles préliminaires donnés en Angleterre et signés par Mesnager ne devoient être considérés que sur le pied de simples propositions, qui n'engageoient en rien les hauts Alliés, ni en général, ni en particulier.

L'effet de cette déclaration produisit que les comtes de Sinzendorf[2] et Consbrück[3], plénipotentiaires de

---

1. Les discours du maréchal et de l'abbé de Polignac ne sont que résumés dans *Lamberty*.
2. Tome V, p. 207.
3. Nous n'avons trouvé aucun renseignement sur ce personnage.

l'Empereur, qui n'avoient pas encore paru, se rendirent à Utrecht et assistèrent à la conférence générale des Alliés, qui se tint le 9 et qui fut retardée à leur considération. Le comte de Sinzendorf fit un discours où il assura l'assemblée des sincères intentions de son maître pour une paix bonne et sûre, une paix dans laquelle chacun pût trouver une raisonnable satisfaction et qui assurât le repos de la Chrétienté.

Explication spécifique des offres de la France. — Quoique j'aie donné l'abrégé des préliminaires en ce qui concerne le démêlé des deux Couronnes avec l'Angleterre[1], [j'ai cru devoir encore les répéter pour donner une plus grande liaison au narré de paix dont il s'agit ici.]

[Le Roi s'obligeoit, comme dans les sept articles préliminaires, de reconnoître, en signant la paix, la reine de la Grande-Bretagne dans cette qualité et la succession à cette couronne selon l'établissement présent, de la manière qu'il plairoit à Sa Majesté Britannique ; de faire démolir toutes les fortifications de Dunkerque immédiatement après la paix, moyennant un équivalent à sa satisfaction. Il accordoit de plus de céder à la Grande-Bretagne l'île de Saint-Christophe[2], la baie et le détroit d'Hudson, de restituer l'Acadie avec le Port et le Fort-Royal[3] et céder l'île de Terre-Neuve, en

---

1. Ci-dessus, p. 17-19. Ces préliminaires, en sept articles, se trouvent dans le *Corps diplomatique* de Du Mont, p. 281.

2. Celle que nous venons de voir ravager par Cassard (ci-dessus, p. 42) et sur laquelle la France avait des prétentions.

3. Le Port-Royal était la capitale de l'Acadie ; le Fort-Royal se trouvait dans le voisinage.

se réservant le fort de Plaisance[1] et le droit de pêcher et de sécher la morue comme avant la guerre; que l'on conviendroit de faire avant ou après la paix, au choix de l'Angleterre, un traité dont on rendroit les conditions égales entre les deux nations le plus qu'il seroit possible;]

[Qu'en signant la paix, le Roi consentiroit que les Pays-Bas espagnols cédés à l'électeur de Bavière par le roi d'Espagne servissent de barrière aux Provinces-Unies, et, pour l'augmenter, il vouloit joindre Furnes et le Furnembach[2], la Kenoque[3], Ypres et sa châtellenie, Menin avec sa Verge[4]; en échange de quoi Sa Majesté demandoit, pour sa barrière, Aire, Saint-Venant, Béthune, Douay[5], et leurs dépendances;

Que si les États-Généraux vouloient tenir garnison dans les places fortes de la barrière spécifiée, ils pourroient y mettre leurs troupes en si grand nombre qu'il leur plairoit et les faire entretenir aux dépens du pays. Pour équivalent de Dunkerque, il demandoit les villes et citadelles de Lille et de Tournay, avec leurs châtellenies et dépendances.] Outre cette barrière, la France proposoit aux Provinces-Unies de remettre

---

1. Sur la côte méridionale de Terre-Neuve, avec un petit port et une belle rade, qui nous étaient très utiles pour la pêche de la morue.

2. En flamand, *Veurne-Ambach*, c'est-à-dire le pays situé autour de Furnes; il y a dans le manuscrit *Furner-Ambach*.

3. Tome V, p. 209.

4. Menin est à une dizaine de kilomètres au sud de Courtray. On appelait la Verge de Menin son territoire, qui comprenait treize villages et qui avait été démembré de la châtellenie de Courtray par les traités de Nimègue et de Ryswyk.

5. Béthune avait été prise par les Alliés en 1710; Aire et Saint-Venant à la fin de 1711; Douay venait d'être repris récemment par Villars.

leur commerce sur le pied du traité de Ryswyk et, suivant le tarif de 1664, excepté six genres de marchandises dont on conviendroit et qui demeureroient chargées des mêmes droits qui se payoient alors. Elle leur offroit de plus l'exemption de cinquante sols par tonneau sur les vaisseaux hollandois venant en France. Elle rétablissoit le commerce d'Espagne sur le même pied tel qu'il étoit sous le règne et jusques à la mort de Charles II, tant à l'égard de l'Angleterre et de la Hollande que des autres nations, et elle s'assujettissoit comme elles aux anciennes lois et aux règlements faits par les rois prédécesseurs de Sa Majesté Catholique au sujet du commerce et navigation des Indes espagnoles, et vouloit que toutes les puissances de l'Europe entrassent dans la garantie de cette promesse.

Le[1] Roi Très Chrétien promettoit, au nom de Philippe V, que ce dernier, pour le bien de la paix, renonceroit à toutes prétentions sur les royaumes de Naples et de Sardaigne et sur le duché de Milan, dont il consentiroit que la partie cédée au duc de Savoie demeurât à Son Altesse Royale, bien entendu que, moyennant cette cession, la maison d'Autriche se désisteroit pareillement de toute prétention sur les autres parties de la monarchie d'Espagne et qu'elle retireroit ses troupes immédiatement après la paix ;

Qu'à l'égard de l'Empire, les frontières de part et d'autre sur le Rhin seroient remises au même état qu'avant la guerre ;

Que, moyennant toutes ces conditions et le rétablis-

---

1. Toutes les propositions qui précèdent et celles qui vont suivre, faites de la part de Louis XIV, sont exposées dans des termes analogues dans le texte du document original donné dans *Lamberty*, p. 21-22.

sement des électeurs de Cologne et de Bavière dans la pleine et entière possession de leurs États, dignités, prérogatives, biens meubles et immeubles, Sa Majesté réciproquement reconnoîtroit en Allemagne et dans la Prusse tous les titres qu'elle n'avoit pas encore reconnus;

Que la France et le duc de Savoie se rendroient réciproquement leurs conquêtes et que les limites, de part et d'autre, seroient les mêmes qu'avant la guerre;

Qu'entre la France, l'Espagne et le Portugal les choses seroient rétablies et demeureroient en Europe sur le même pied qu'elles étoient avant la guerre et que, pour les domaines en Amérique, les différends, s'il y en avoit, seroient réglés à l'amiable;

Que le Roi consentiroit volontairement et de bonne foi à prendre, de concert avec les Alliés, toutes les mesures les plus justes pour empêcher que les deux couronnes de France et d'Espagne soient jamais réunies sur une même tête, c'est-à-dire qu'un même prince puisse être tout ensemble roi de l'un et de l'autre pays;

Qu'enfin tous les précédents traités, savoir de Munster et les suivants, seroient rappelés et confirmés, à l'exception des articles auxquels le traité à faire auroit dérogé ou changé quelque chose.

Les plénipotentiaires des Alliés s'assemblèrent entre eux le même jour et convinrent qu'ils tiendroient prêtes chacun leurs demandes spécifiques pour les donner tous ensemble le 5 mars aux ministres de France. Celles que ceux-ci venoient de faire excitèrent de grandes plaintes parmi les Alliés. [Sa Majesté Très Chrétienne ne se mettoit guère en peine d'y satisfaire que l'Angleterre,] et les autres puissances n'y trouvoient aucuns des fruits qu'ils avoient attendu de la guerre longue et ruineuse qu'ils avoient soufferte[1]. L'explication de l'antépénultième marquoit assez que l'on réservoit à Philippe V une réversion à la couronne de France, qui pourroit rejeter l'Europe dans les mêmes malheurs que l'on vouloit finir. Nous verrons dans la suite comme l'Angleterre tâcha d'y remédier par une double renonciation, et quels sentiments on avoit en France de la validité de cette précaution. La rénovation des traités précédents étoit fondée sur ce que l'Empereur avoit insinué dans sa capitulation que la France, par sa conduite, étoit déchue des traités de Westphalie, qui lui donnoient droit de s'intéresser aux griefs des membres de l'Empire qui sont lésés au préjudice de ces traités.

Les ministres des Alliés se trouvèrent prêts à présenter ensemble les demandes spécifiques de leurs maîtres le 5 mars, excepté celles de l'électeur de Hanovre, dont le secrétaire d'ambassade pria le plénipotentiaire d'Angleterre de les insérer dans celles qu'ils devoient présenter au nom de la reine[2]. Dès le 4, ils étoient tous convenus d'insérer dans leurs demandes une clause par laquelle chacun, dans ses demandes particulières, se réservoit de soutenir les prétentions des autres Alliés selon les traités.

1. Le récit des *Mémoires de Lamberty* confirme le mécontentement des plénipotentiaires des Alliés, lorsqu'ils se trouvèrent en présence des propositions françaises, et expose les mêmes objections.
2. L'électeur de Hanovre était l'héritier désigné de la reine Anne au trône d'Angleterre, ce qui explique qu'il ait joint ses demandes à celles des Anglais.

L'Empereur demandoit[1] que les décrets ou changements faits ou à faire dans l'intérieur de l'Empire subsistassent (ce qui regardoit sans doute la proscription des deux Électeurs et les dispositions faites en faveur des électeurs Palatin et de Hanovre); que la France rendît, tant pour satisfaction que pour sûreté, tout ce que l'Empire et la maison d'Autriche avoient cédé par les traités de Munster, de Nimègue et de Ryswyk, ou autrement; que le duc de Lorraine fût entièrement rétabli dans toutes ses terres, forteresses et places cédées par le duc Charles IV à la couronne de France, et déchargé de toute obligation féodale, hommage et vasselage. Sa Majesté Impériale se réservoit une explication plus ample de cette demande, après que la diète de l'Empire en auroit délibéré. Elle demandoit l'entière restitution de la monarchie d'Espagne pour sa maison, selon le testament de Philippe IV, mais avec cette restriction que Sa Majesté ne refuseroit pas de traiter ultérieurement, si les plénipotentiaires françois faisoient des propositions plus raisonnables que les dernières. Elle insistoit qu'il fût donné à tous ses Alliés une entière satisfaction à tout ce qu'ils avoient à prétendre de la France; que tous les dommages faits aux amis, États, vassaux et sujets de l'Empire, avant ou durant la guerre, fussent réparés. L'Empereur se réservoit enfin d'interpréter ou changer ces demandes comme il le jugeroit convenable à la paix et à la sûreté commune.

Les cercles associés demandoient[2] la cession de tout ce que la France avoit gagné, par le traité de Munster

1. Comparez les *Mémoires de Lamberty*, t. VII, p. 38.
2. *Lamberty*, p. 53 et 63.

et les suivants, de la Haute et Basse-Lorraine et du duché de Bar.

L'Angleterre exigeoit que le Roi reconnoîtroit dans les termes les plus forts la succession à la couronne selon l'établissement présent dans la ligne protestante de la maison de Hanovre et feroit sortir du territoire de France le Prétendant; qu'il n'inquiéteroit jamais directement, ni indirectement, la reine, ni ses héritiers et successeurs selon l'ordre établi, ni ne favoriseroit en aucune manière ceux qui s'opposeroient à la succession réglée par le Parlement; que l'on commenceroit dès lors à faire un traité de commerce entre les deux royaumes; qu'il démoliroit Dunkerque sans le pouvoir jamais réparer; qu'il remettroit à la Grande-Bretagne, le jour de l'échange des ratifications de la paix à faire, des actes authentiques de cession, tant pour les îles de Saint-Christophe et de Terre-Neuve, avec la ville de Plaisance et les autres villes situées dans les mers circonvoisines, que pour l'Acadie, avec la ville de Port-Royal, autrement Annapolis; qu'il rendroit la baie et le détroit de Hudson, et, après quelques précautions pour assurer entre leurs sujets la tranquillité de l'Amérique, elle finissoit par demander pour chacun de leurs sujets et alliés une satisfaction juste et raisonnable. Ce qui regardoit l'électeur de Hanovre tendoit à obliger la France de reconnoître en lui la dignité électorale. L'Angleterre réservoit aux ministres des Alliés, qui n'avoient pu encore être arrivés, le droit de donner aussi leurs prétentions. Elle demandoit l'abrogation du quatrième article du traité de Ryswyk, qui regarde la religion, et déclaroit le désir où elle étoit de favoriser les réformés de France, tant ceux qui gémissoient sur les galères ou dans les prisons que ceux qui étoient réfugiés hors de leur patrie; et, après avoir requis que l'on fît bonne et briève justice à la maison d'Hamilton pour le duché de Châtellerault[1], et au chevalier Charles Douglas pour les terres qui lui avoient été ôtées par la France[2], elle insistoit sur la satisfaction due à ses amis pour les pertes qu'ils avoient faites et sur le rétablissement de leurs privilèges.

Les États-Généraux demandèrent que le Roi renonçât et fît renoncer à toutes prétentions que lui ou ses alliés pourroient faire sur les Pays-Bas espagnols, tels que Charles II les avoit possédés, ou dû posséder, selon le traité de Ryswyk, y compris le Luxembourg et le comté de Namur, et les fît livrer à leurs Hautes Puissances pour les rendre à l'Empereur, quand elles seroient convenues avec ce prince d'un traité de barrière pour leur sûreté. Ils nommoient ensuite un grand nombre de villes que la France devoit leur céder, avec cette condition qu'elles ne pourroient jamais revenir à cette couronne, ni à aucune ligne de la maison de

1. La terre de Châtellerault en Poitou, revenue à la couronne en 1545 par la mort du duc Charles d'Orléans, fut érigée en duché en février 1548 en faveur de Jacques II Hamilton, comte d'Arran, régent d'Écosse et tuteur de Marie Stuart, en récompense de ce qu'il avait fait le mariage de cette princesse avec le dauphin François. Mais, son fils s'étant allié aux seigneurs écossais factieux, les Guises firent confisquer Châtellerault en 1559. Saint-Hilaire a écrit *Châteaurenault*, par erreur, pour *Châtellerault*.

2. Ce Charles Douglas, comte de Selkirke, était le second fils d'une Hamilton, héritière de la branche aînée de cette famille; les terres qu'il réclamait étaient celles du duché de Châtellerault.

Bourbon. Leurs garnisons devoient demeurer dans les villes de Huy, de Liège et de Bonn, jusques à ce qu'on en fut autrement convenu avec l'Empereur et l'Empire. Ils demandoient pour leur commerce tous les avantages accordés par le traité de Ryswyk, à l'exception de cinquante sols par tonneau sur les navires étrangers et le tarif de 1664 sans exception, [avec abrogation des édits postérieurs au même tarif arrêté en 1699 à l'égard des Hollandois.] Ils insistoient qu'il fût permis aux maris, femmes, enfants, pères, mères ou autres proches parents des réfugiés de sortir librement de France pour les venir joindre; qu'on rendît aux réfugiés les biens meubles et immeubles appartenant de droit auxdits réfugiés ou à leurs descendants nés sujets de l'État, ou à leurs héritiers qui s'y trouvoient; que lesdits réfugiés et leurs descendants, nés sujets de l'État, fussent considérés comme véritables sujets de l'État et jouissent de toutes les franchises et immunités accordées aux autres sujets de la République; qu'en faveur de l'amitié qui devoit être rétablie par la paix, Sa Majesté Très Chrétienne accordât la liberté de conscience aux réformés qui resteroient dans le royaume, et fît relâcher ceux qui étoient détenus dans les prisons, les couvents et les galères; qu'elle remît aux États, en qualité d'exécuteurs testamentaires, la principauté d'Orange et autres biens situés sous sa domination, qui avoient appartenus à Guillaume III, pour être restitués par lesdits États à ceux qui y avoient droit. Le reste s'accordoit avec les demandes de l'Angleterre, [tant pour la démolition de Dunkerque et pour le quatrième article du traité de Ryswyk que pour la satisfaction de tous les autres alliés et pour réserver aux absents le pouvoir de donner ensuite leurs demandes spécifiques.]

[Je passe celles de l'électeur de Trèves, du duc de Savoie, du landgrave de Hesse, de l'évêque de Munster, de Sa Majesté Prussienne et des autres princes intéressés dans cette guerre; on verra dans le traité ce qu'ils obtinrent effectivement. Je n'ai rapporté celles des trois principales puissances engagées dans cette querelle que pour faire voir combien la paix étoit encore éloignée, si le ministère anglois eût continué d'agir de concert et que la France n'eût pas trouvé les moyens de l'alarmer par l'objet de l'accroissement excessif de la maison d'Autriche.]

Pendant que tout ceci s'agitoit au congrès, on y fit un traité de suspension d'armes entre l'Espagne, l'Angleterre, le Portugal et la Hollande, en ce qui regardoit la guerre d'Espagne, de Portugal et d'Italie, et pour l'évacuation des troupes étrangères qui y étoient employées; le traité ne fut accepté par l'Empereur que l'année suivante, ainsi qu'on le verra en son lieu[1].

Depuis que les ministres des Alliés avoient remis à ceux de France leurs demandes spécifiques[2], ils s'attendoient, et ils en faisoient même une condition nécessaire, qu'on leur donnât des réponses spécifiques, à quoi la France ne vouloit pas s'engager.

L'Angleterre étoit la seule qui voulut bien l'en dispenser, parce qu'elle avoit déjà les siennes. Le Parlement étoit dans l'attente de ce que la reine lui com-

---

1. Le texte de cette suspension d'armes, qui était de quatre mois, et qui fut successivement renouvelée, est dans le recueil de Lamberty, t. VII, p. 166.
2. Au sens de précises, déterminées.

muniqueroit; il étoit partagé en deux factions, dont l'une vouloit la paix et l'autre, animée par les amis de l'Autriche, ne vouloit point se désister de l'évacuation totale de la monarchie espagnole. Tous avoient de l'impatience pour savoir ce qui résulteroit de tant de secrètes négociations. Le comte de Strafford, embarrassé d'être le seul d'entre les ministres des Alliés qui ne demandât pas cette résolution, étoit allé à Londres pour chercher lui-même le remède [aux jalousies que causoit une réflexion si aisée à faire et] à la répugnance qu'il trouvoit dans les autres ministres, [qui refusoient de trouver une satisfaction suffisante dans les offres dont l'Angleterre se contentoit.] La renonciation de Philippe V à la couronne de France et la cession immédiate de la ville de Dunkerque étoient devenues les deux points dont la paix dépendoit.

La France, en les acceptant, étoit sûre de l'Angleterre. Ce que le plénipotentiaire de cette couronne rapporta de son voyage se réduisit à ceci que, si, à son retour, il trouvoit les Hollandois plus traitables qu'ils n'avoient été jusqu'alors, la reine feroit son possible afin d'obtenir pour eux une cessation d'armes et une paix aux conditions les plus favorables, sinon qu'il leur déclarât que la reine se croyoit dégagée envers eux.

Une querelle survenue entre les laquais du sieur Mesnager, un des plénipotentiaires de France, et ceux du comte de Rechteren, plénipotentiaire des Provinces-Unies[1], troubla les conférences pendant quelque temps. Ce dernier se plaignit que ses domestiques avoient été

1. Adolphe-Henri, comte de Rechteren, était président des États de la province d'Over-Yssel.

insultés; l'autre, ayant examiné les siens, trouva au contraire qu'ils n'étoient point les agresseurs et refusa de les livrer selon les articles convenus pour le bon ordre. Les laquais du comte de Rechteren, s'étant jetés sur ceux de l'ambassadeur de France, qui étoient au Mail, les maltraitèrent et donnèrent occasion à une violente querelle entre leurs maîtres qui étoient ensemble. Le Roi, informé par ses plénipotentiaires, leur commanda d'interrompre les conférences jusques à ce que les États-Généraux eussent réparé l'insulte faite à Sa Majesté en la personne de son ministre.

Le 5 septembre, les plénipotentiaires de France représentèrent cet ordre et demandèrent que, pour satisfaction publique, tous les autres plénipotentiaires des Provinces-Unies se rendissent chez l'un des plénipotentiaires de France, où ils étoient tous trois; que ces Messieurs les assureroient au nom de leurs maîtres que jamais le comte de Rechteren n'avoit reçu un ordre qui pût autoriser sa conduite, qu'ils la désapprouvoient et seroient très fâchés que Sa Majesté pût croire qu'ils eussent intention de lui manquer de respect. Ils déclarèrent de plus que le Roi prétendoit que le comte de Rechteren fût rappelé et qu'on nommât un autre plénipotentiaire à sa place.

L'accusé se pourvut de plusieurs certificats pour se justifier; cependant, il témoigna qu'il seroit fâché que ses intérêts servissent d'obstacle à la paix et remit sa commission de plénipotentiaire entre les mains de leurs Hautes Puissances. Toutes les pièces justificatives de ce comte furent envoyées aux plénipotentiaires de la Grande-Bretagne, par le canal desquels on avoit reçu celles des ministres de France. Les États-Généraux les firent remercier de leur médiation et donnèrent ordre à leurs plénipotentiaires de déclarer de leur part que, les affaires se trouvant dans un tel état, ils ne croyoient pas nécessaire de juger du droit ou du tort; que leurs Hautes Puissances n'avoient jamais eu aucun avis de cette querelle avant d'avoir reçu la lettre des plénipotentiaires qui leur racontoient le fait, [bien loin d'en avoir donné l'ordre; qu'elles désavouoient tout ce qui avoit été fait sur ce sujet à leur insu et sans leurs ordres;] qu'elles auroient souhaité que cette affaire n'eût point été mise en train, ni portée devant Sa Majesté; que, quoiqu'elles eussent le malheur d'être en guerre avec le Roi, elles se persuadoient que Sa Majesté leur feroit la justice de croire qu'elles n'avoient jamais perdu le respect ni la haute estime qu'une république doit à un grand roi; que le comte de Rechteren ne seroit plus employé comme plénipotentiaire aux conférences et qu'on délibéreroit, selon la coutume du gouvernement, pour lui nommer un successeur. Ainsi se termina cette affaire, où l'on soupçonna la France d'avoir poussé les choses un peu loin pour donner au maréchal de Villars le temps d'achever une campagne qui rendroit meilleures les conditions du Roi Très Chrétien[1].

Année 1713, 11 avril. — *Signature des traités de paix entre la France, l'Angleterre, la Hollande, le Portugal, la Prusse et la Savoie.* — [Pour n'en pas faire à deux fois, je vais anticiper sur l'année 1713 mon récit de ce qui s'est passé au congrès d'Utrecht jusques à la

1. Cette affaire dura, en effet, plusieurs semaines et donna lieu à des mémoires, factums, enquêtes, etc., de part et d'autre. Lamberty en a inséré une partie dans son recueil, t. VII, p. 195-215.

fin définitive de la paix qui y fut conclue, comme on va le voir.] Les difficultés, [qui étoient survenues par les intérêts des princes et États,] se trouvant assez applanies vers le 11 avril 1713, les traités de paix furent signés entre la France, l'Angleterre, la Hollande, le Portugal, la Prusse et la Savoie.

Traité de paix entre la France et l'Angleterre[1]. — Par le traité avec l'Angleterre, le Roi reconnut la succession au royaume de la Grande-Bretagne, ainsi qu'elle est réglée par les lois faites sous le règne de Guillaume III et sous celui de la reine Anne, en faveur de la princesse Sophie, douairière de Brunswick-Hanovre[2], et de ses héritiers dans la ligne protestante ; il confirma les renonciations du roi d'Espagne et de ses descendants à la couronne de France, et des ducs de Berry et d'Orléans à la couronne d'Espagne. Il consentoit que Dunkerque seroit rasé, le port comblé, les écluses ruinées, cinq mois après que la paix seroit signée, à condition cependant que cette démolition ne commenceroit qu'après que le Roi Très Chrétien seroit mis en possession du dédommagement accordé pour cette perte. Il cédoit à la reine et à la couronne de la Grande-Bretagne la baie et le détroit de Hudson, avec

1. Le texte du traité avec l'Angleterre a été publié en dernier lieu d'après les instruments originaux par H. Vast, *les Grands traités du règne de Louis XIV*, t. III, p. 68-86.

2. Sophie, fille de l'électeur Palatin Frédéric V et d'une fille de Jacques Ier, roi d'Angleterre, avait épousé, en 1658, Ernest-Auguste de Brunswick-Zell, duc de Hanovre en 1680. Une loi du parlement anglais du 23 mars 1701 l'avait appelée à la couronne comme la plus proche héritière de la reine Anne en ligne protestante. Elle mourut le 8 juin 1714, et ce fut son fils Georges-Louis qui hérita de ses droits et devint roi d'Angleterre la même année.

toutes ses terres, mers, fleuves, rivages et lieux qui en dépendent, l'île de Saint-Christophe, la Nouvelle-Écosse, autrement dite l'Acadie, et la ville de Port-Royal, à présent nommée Annapolis-Royale, et l'île de Terre-Neuve; il promettoit de remettre à la reine la ville et le fort de Plaisance; mais l'île du Cap-Breton[1] et toutes les autres situées dans l'embouchure et le golfe du Saint-Laurent devoient appartenir à la France; le roi de Suède, les villes hanséatiques, le grand-duc de Toscane, la république de Gênes et le duc de Parme étoient compris dans ce traité.

Entre la France et les Hollandois[2]. — Celui avec les Provinces-Unies leur remettoit tout ce que Sa Majesté ou ses alliés occupoient des Pays-Bas espagnols, et ce que le feu roi d'Espagne Charles II avoit possédé, conformément au traité de Ryswyk, dont la maison d'Autriche devoit jouir à perpétuité après qu'elle seroit convenue d'une barrière avec les États-Généraux, excepté le haut quartier de Gueldre, avec la ville de ce nom que l'on donnoit au roi de Prusse[3], pour en jouir de la même manière que le feu roi d'Espagne en avoit joui. On réservoit [encore dans le duché de Luxembourg] une terre de trente mille écus de revenu, qui devoit être érigée en principauté en faveur de la princesse des Ursins et de ses héritiers[4].

1. L'île du Cap-Breton est au nord de la Nouvelle-Écosse ou Acadie, entre cette presqu'île et Terre-Neuve.
2. Henri Vast, *les Grands traités*, t. III, p. 141-160.
3. Le territoire de la ville de Gueldre, en allemand Geldern, située sur la Niers, au sud de Clèves, appartenait aux Pays-Bas espagnols et avait été conquis par la Prusse en 1705.
4. Cette clause terminait l'article VII du traité; mais, lorsqu'on en vint à signer le traité de la Hollande avec l'Espagne,

L'électeur de Bavière retenoit la souveraineté et les revenus de la ville et du duché de Luxembourg, de Charleroy, de la ville et du comté de Namur jusques à ce qu'il fût rétabli dans les États qu'il avoit possédés dans l'Empire, et il conservoit le droit de garder la souveraineté de ces pays jusques à ce qu'on le dédommageât des pertes qu'il avoit souffertes et qu'on le mît en possession du royaume de Sardaigne[1], et on lui permettoit de tenir jusques à sept mille hommes dans les pays qu'on lui laissoit.

Le Roi cédoit de plus aux États-Généraux Menin et sa Verge, Tournay et le Tournaisis, excepté Saint-Amand et Mortagne[2], Furnes [et son territoire, la Kenoque, Loo[3]] et Dixmude, Ypres et sa châtellenie, Rousselaere, Poperinghe, Warneton, Comines et Wervicq[4]. Ils lui rendoient Lille et sa châtellenie, Orchies, les pays de l'Alleu et le bourg de la Gorgue[5], Aire, Béthune, Saint-Venant, avec le fort François[6]. On confirmoit les renonciations mutuelles faites de la

les États-Généraux refusèrent de l'exécuter, et Philippe V dut y renoncer.

1. Cette stipulation relative au royaume de Sardaigne ne fut pas admise par l'Empereur et ne fut pas insérée dans le traité de Rastadt.

2. Mortagne est aujourd'hui une commune du département du Nord, canton de Saint-Amand.

3. Loo est dans la Flandre orientale, au sud de Dixmude.

4. Il a été parlé de toutes ces localités dans le tome V, p. 209.

5. Le pays de l'Alleu ou de Laleu était un petit territoire autour du bourg de la Gorgue, situé dans la Flandre française, au confluent de la Lys et de la Lave, près d'Estaires, entre Armentières et Béthune.

6. Le fort François était un fort détaché sur la Lys, au nord d'Aire.

part du Roi et des princes de son sang à la couronne d'Espagne, et celles de Sa Majesté Catholique et de ses descendants à la couronne de France ; ces renonciations étoient comme la base du traité.

Outre ces deux traités, il y en eut deux autres pour régler le commerce de ces deux puissances maritimes[1].

Entre la France et le Portugal[2]. — Par le traité de paix entre la France et le Portugal, le Roi Très Chrétien se désistoit pour toujours, en faveur de Sa Majesté Portugaise, de ses droits et prétentions sur les terres du cap du Nord[3], situées entre la rivière des Amazones et celles de l'Oyapoc ou de Vincent Pinson[4]. Il reconnoissoit que les deux bords de la navigation de la rivière des Amazones appartiennent en toute propriété et souveraineté à la couronne de Portugal.

Entre la France et le roi de Prusse[5]. — Dans le traité avec le roi de Prusse, Sa Majesté Très Chrétienne reconnoissoit en ce prince la qualité de roi et celle de souverain de la principauté de Neuchâtel et de Vallengin et lui accordoit le titre de Majesté, qu'elle refuse aux autres rois du Nord[6]. Le roi de Prusse

---

1. Le texte de ces deux traités de commerce est donné dans l'ouvrage d'Henri Vast, p. 87-111 pour l'Angleterre et p. 161 et suivantes pour la Hollande.

2. *Ibidem*, p. 112-119.

3. Le cap Raso do Norte, qui ferme au nord la baie du fleuve des Amazones, au Brésil.

4. Cette rivière limite au sud-est la Guyane française. Le territoire qui s'étend sur sa rive droite jusqu'au cap do Norte est encore de nos jours contesté entre le Brésil et la France.

5. H. Vast, *les Grands traités*, p. 120-128.

6. Le roi de France ne traitait que de Sérénité les rois de Suède, de Danemark, de Pologne et le czar de Moscovie.

renonçoit, en faveur du roi de France, à la principauté d'Orange et aux seigneuries de Chalon et de Châtel-Bellin[1], situées en Bourgogne. Le Roi Très Chrétien cédoit, au nom de Philippe V, au roi de Prusse la ville de Gueldre[2], avec tous ses droits, revenus, préfectures, villes et bourgs, et les bailliages de Kessel et de Krieckenbeck[3]. Les treize cantons suisses et leurs alliés étoient aussi compris dans ce traité.

Entre la France et le duc de Savoie[4]. — Par le traité conclu avec le duc de Savoie, Sa Majesté lui remettoit le duché de Savoie et le comté de Nice; elle lui cédoit les vallées de Pragelas, les forts d'Exilles et de Fénestrelles, les vallées d'Oulx, de Césane, de Bardonèches et du Château-Dauphin[5], et tout ce qui est à l'eau pendante des Alpes vers le Piémont[6] et le comté de

1. La principauté d'Orange appartenait à la maison de Nassau, comme héritière de la maison de Chalon. A la mort du roi Guillaume III, Louis XIV s'en était emparé comme d'une succession en déshérence, et le roi de Prusse s'était porté comme héritier des Nassau-Orange. Quant à Châtel-Bellin, c'est une petite forteresse, appelée aujourd'hui Fort-Bellin, qui se trouve au-dessus de Salins en Franche-Comté et qui était naguère le chef-lieu d'une importante seigneurie appartenant à la maison de Chalon.

2. Ci-dessus, p. 63.

3. Kessel est sur la Meuse, au sud de Geldern, vers Roermonde. Quant à Krieckenbeck, ce nom est ainsi orthographié dans l'original du traité; peut-être faut-il l'identifier avec le village d'Herkenbusch, à l'est de Roermonde, et qui, d'après les cartes anciennes, semble bien faire partie du duché de Gueldre.

4. H. Vast, *les Grands traités*, p. 129-140.

5. Autrement dit Mont-Dauphin.

6. C'est-à-dire sur le versant piémontais; cette expression, *l'eau pendante*, est dans le texte du traité.

Nice. Le duc cédoit à Sa Majesté la vallée de Barcelonnette, et les Alpes doivent, selon le traité, servir de limites entre la France, le Piémont et le comté de Nice, et les plaines qui sont au-dessus des montagnes doivent être partagées. Le Roi consentoit à la cession faite au duc de Savoie par Sa Majesté Catholique du royaume de Sicile et des îles qui en dépendent. Il approuvoit la déclaration du roi d'Espagne, qui, au défaut de ses enfants, assure la succession de cette monarchie et des Indes au duc de Savoie et à ses enfants mâles nés en légitime mariage. Il donnoit aussi son consentement aux cessions faites par le feu Empereur Léopold au duc de Savoie de la partie du Montferrat qu'avoit possédée le duc de Mantoue, des provinces d'Alexandrie et de Valence, avec toutes les terres entre le Pô et le Tanaro, de la Lomelline[1], de la vallée de la Sesia[2], du fief du Vigevanasque[3], du droit ou exercice de droit sur les fiefs des Langhes[4]. C'est ainsi que Son Altesse Royale, dont la ruine avoit paru inévitable en 1706, se retira avantageusement d'une guerre où elle força la fortune de lui rendre plus qu'elle ne lui avoit ôté.

Quant à ce qui regarde l'Empereur et l'Empire, l'af-

1. La Lomelline est un petit pays du Milanais, le long du Pô, entre Pavie et Casal; Valence-du-Pô et Mortara en sont les villes principales.
2. La Sesia est un affluent de gauche du Pô.
3. Vigevano est sur le Tessin, entre Novare et Pavie; son territoire s'appelait le Vigevanasque.
4. Territoire situé dans la partie méridionale du Piémont et du Montferrat, entre l'Apennin, le Tanaro, l'Orba, la Stura et l'État de Gênes; on distinguait les hautes et basses Langhes; la ville d'Alba en était regardée comme la capitale.

faire fut plus difficile à terminer : car il ne se contenta pas des offres spécifiques que le Roi lui fit, espérant qu'il surviendroit quelque événement qui changeroit la situation présente des affaires, [qui n'étoient pas certainement dans une situation trop avantageuse à leur égard : la paix étant conclue avec les puissances dont j'ai parlé ci-dessus et l'Empereur étant obligé de puiser dans ses propres forces et celles de l'Empire de quoi soutenir la guerre, il ne pouvoit plus faire aucun fonds sur les puissances qui venoient de cesser d'être alliées. Mais, avant de passer outre à ce sujet, il est bon de rapporter ici les conditions auxquelles le Roi vouloit bien faire la paix avec lui, lesquelles offres furent remises par un mémoire à ses plénipotentiaires.]

[*Offres de la France pour la paix avec l'Empereur et l'Empire*. — Je vais exposer le précis de ces offres dont les plénipotentiaires de l'Empereur ne firent pas grand cas, en disant que la gloire de leur maître seroit blessée s'ils se contentoient de la petite distribution qu'on lui avoit faite dans le traité et par ce mémoire. Les voici :]

Le Roi promettoit de faire la paix aux conditions que je rapporterai ci-après et ne donnoit que jusques au 1ᵉʳ juin pour les accepter, après quoi il ne se tenoit plus lié aux mêmes engagements[1]. Il offroit de reconnoître dans l'Empire, après la signature de la paix, tous les titres qu'il n'avoit pas reconnus, spécialement le duc de Hanovre en qualité d'électeur ; que le traité de

---

1. Les propositions françaises faites à l'Empereur sont insérées dans les *Mémoires de Lamberty*, t. VIII, p. 67-70.

Ryswyk seroit rétabli et que le Rhin serviroit de barrière entre l'Empire et la France. Ainsi le Roi devoit garder tout ce qu'il possédoit actuellement en deçà de ce fleuve et rendre ou démolir les places qu'il avoit au delà et dans le cours du Rhin. Il vouloit remettre à la maison d'Autriche le Vieux-Brisach, avec toutes ses dépendances à la droite du Rhin, se réservant celles qui sont à la gauche, entre autres le fort appelé le Mortier, conformément au traité de Ryswyk. Il offroit outre cela le fort de Kehl et de faire démolir deux ouvrages à cornes devant Huningue, le fort du Rhin et le fort de la Pile près de Strasbourg[1], [le Fort-Louis dans l'île du Rhin et l'ouvrage à corne dans l'île du Marquisat,] le fort de Sellingen[2] et les fortifications faites à Hombourg et à Bitche[3]. Landau devoit demeurer à l'Empereur, à qui l'Espagne abandonnoit outre cela, en toute souveraineté, Naples, le Milanois, excepté tout ce qui avoit été cédé au duc de Savoie par le traité conclu entre l'empereur Léopold et lui en 1703, spécialement la ville et le pays de Vigevano[4], à moins que l'équivalent n'en eût été remis avant la conclusion de la paix. On demandoit que les États ou places de l'Italie qui ne dépendent point du royaume de Naples ni du duché de Milan, et que la maison d'Autriche avoit

1. Le fort du Rhin est aussi appelé fort du Péage (notre tome I, p. 291). Quant au fort de la Pile, nous n'avons pu en trouver l'emplacement.
2. Ci-dessus, p. 7.
3. Bitche, en allemand Bitsch, est dans le nord de l'Alsace, entre Wissembourg et Sarreguemines, tandis qu'Hombourg est dans le duché de Deux-Ponts.
4. Ci-dessus, p. 67.

occupés, seroient rendus à leurs légitimes souverains. On lui offroit les quatre places situées sur la côte de Toscane, qui dépendent de l'Espagne[1]. A l'égard de l'électeur de Cologne, il devoit être rétabli dans tous ses États, honneurs et biens dont il avoit été privé durant le cours de cette guerre, et la proscription contre ses domestiques révoquée. Les Hollandois avoient permission de mettre garnison dans la ville de Liège et à Huy, et les fortifications de Bonn devoient être démolies. L'électeur de Bavière, en rentrant dans ses États, à l'exception du Haut-Palatinat, qu'on laissoit à l'Électeur Palatin, étoit dédommagé, selon ce plan, par la couronne de Sardaigne, qu'on lui vouloit assurer, et par les jouissances des villes et pays de Luxembourg, de Namur et de Charleroy, qu'il ne devoit restituer que lorsqu'il seroit rétabli et mis en possession du titre de roi et du royaume de Sardaigne, à condition néanmoins qu'il souffriroit garnison hollandoise dans ces trois villes, immédiatement après la paix entre la France et la Hollande.

Les autres propositions regardoient la restitution de la Bavière à son souverain, la sûreté de ses officiers et la manière de remettre les Pays-Bas à la maison d'Autriche, l'amnistie à accorder, de part et d'autre, à tous les Espagnols ou Italiens qui auroient servi l'un des deux partis, et leur rétablissement dans leurs biens confisqués, et quelques intérêts particuliers du duc de Saint-Pierre[2].

1. Ce qu'on appelait les Présides de Toscane : Orbetello, Talamone, Porto-Ercole et Porto-San-Stefano.
2. François-Marie Spinola, duc de Saint-Pierre au royaume

En cédant le Milanois à l'Empereur, on ôtoit aux princes de l'Empire le prétexte que la cour de Vienne avoit eu pour les intéresser dans sa cause sous l'ombre de rejoindre à l'Empire un si beau fief. Cependant, il n'y eut que Son Altesse Électorale de Brandebourg qui, en qualité de roi de Prusse, se retira de cette guerre, content de suivre, en qualité d'Électeur, les exemples qu'on lui donna de continuer de fournir son contingent. Ce n'étoit plus le même prince; son fils, qui règne aujourd'hui, lui avoit succédé[1].]

Protestations faites, après la signature de la paix, par plusieurs princes et particuliers. — Ce seroit quelque chose de trop ennuyeux que le détail de toutes les protestations qu'y firent diverses personnes, princes ou particuliers, pour se maintenir dans leurs prétentions, je me contente de dire que tous ceux qui croyoient avoir droit à quelques pays ou villes déposèrent des actes entre les mains du magistrat d'Utrecht[2]. Les prétendants à la principauté d'Orange furent de ce

---

de Naples et prince de Sabioneta dans le Mantouan, s'était remarié en 1704 à une sœur du ministre Torcy, veuve du marquis de Renel. Très dévoué à Philippe V, il avait été spolié par les Impériaux de sa principauté de Sabioneta, et la France en demandait la restitution en sa faveur.

1. Frédéric Ier, roi de Prusse, était mort le 25 février 1713; son fils, Frédéric-Guillaume Ier, lui avait succédé; il ne mourut qu'en 1740.

2. Ces protestations sont en effet insérées dans les tomes III et IV des *Actes et Mémoires ... concernant la paix d'Utrecht* (ci-dessus, p. 46, note 3). On y trouve celles des La Trémoïlle pour le royaume de Naples, des Condé et du duc de Lorraine pour le Montferrat, des Luxembourg pour le duché de ce nom, des Catalans, du prince de la Mirandole, des Melun-Espinoy, des Forbin-Janson, etc.

nombre[1]. Le comte San-Severino d'Aragon[2] protesta, au nom du duc de Parme, son maître[3], contre la violente détention de Castro et Ronciglione, usurpés par le Pape[4]. Le chevalier de Saint-Georges protesta aussi, sous le nom de Jacques III, contre ce qui avoit été conclu au sujet de la succession de la couronne de la Grande-Bretagne[5].

Pendant que l'Empire s'indignoit du partage qui lui étoit offert et se préparoit à se roidir contre la fortune qui venoit de lui enlever ses plus flatteuses espérances par la paix conclue entre ses alliés et son ennemi, la France, accoutumée à voir toute l'Europe conjurée contre elle, avoit calmé toutes ses alarmes

1. Ils étaient innombrables : les Conti, les Longueville, les Nassau, les Mailly-Nesle, les Matignon, les Luynes, les Alègre, la duchesse de Lesdiguières, le duc de Villeroy, le prince de Barbanson, etc.

2. Une branche de cette famille avait une grandesse espagnole sous le titre de prince de Bisignano.

3. Le duc de Parme était, depuis 1694, François Farnèse, dont la nièce devait épouser en 1714 le roi Philippe V.

4. Castro et Ronciglione étaient deux fiefs du Latium au sud et à l'ouest de Viterbe, qui se trouvaient enclavés dans l'État ecclésiastique et qui appartenaient aux Farnèse. Ceux-ci, étant devenus ducs de Parme, refusèrent de reconnaître la suzeraineté des papes. Urbain VIII s'en empara par la force, et, en 1649, Innocent X convint avec le duc de Parme de lui restituer ces deux fiefs moyennant le paiement d'une somme considérable. Cette somme n'ayant jamais été payée, les deux fiefs furent « incamérés », c'est-à-dire incorporés à la chambre apostolique. Depuis lors, les ducs de Parme ne cessèrent de protester contre cette « incamération ». Les protestations du duc ne se trouvent dans aucun recueil de pièces relatives aux traités d'Utrecht.

5. Lamberty a inséré cette protestation dans ses *Mémoires*, t. VIII, p. 170-171 ; elle est datée du 25 avril 1713.

et plaignoit les princes d'Allemagne de reculer, pour de vains projets, un bien aussi nécessaire que la paix générale.

Ainsi, celle dont j'ai parlé il n'y a guère fut seulement publiée à Paris le 22 mai avec les solennités ordinaires, [entre la France, l'Angleterre, la Hollande, le Portugal, la Prusse et la Savoie[1], et toutes les villes du royaume suivirent peu après cet exemple.]

Il manquoit encore à la félicité du Roi les traités entre l'Espagne et les puissances qui venoient de se réconcilier avec lui, et celui des deux Couronnes avec l'Empereur et l'Empire. Pour ce qui est du premier, il ne fut pas difficile à mettre à fin, les principales difficultés ayant déjà été aplanies.

Signature des traités de paix entre l'Espagne, l'Angleterre et la Hollande. — A cet effet, le duc d'Ossone[2], grand d'Espagne et plénipotentiaire de cette couronne, après avoir fait quelque séjour à Paris, en attendant la maturité des choses, se rendit à Utrecht, où il fut admis à signer le traité entre l'Angleterre, l'Espagne et la Hollande; celui de l'Espagne avec le Portugal suivit bientôt après[3].

L'Empereur, persistant toujours dans son refus d'ac-

1. L'ordonnance du prévôt des marchands est dans les *Actes et Mémoires... concernant la paix d'Utrecht*, t. III, p. 139.

2. François-Marie-de-Paule Acunha Pacheco y Tellez Giron, duc d'Osuna (en français d'Ossone) depuis la mort de son père en 1694, était grand chambellan de Philippe V et capitaine d'une compagnie des gardes du corps; il mourut en 1716.

3. Le traité de paix de l'Espagne avec l'Angleterre fut signé les 2-13 juillet 1713; celui de l'Espagne avec la Hollande ne le fut que le 26 juin 1714; enfin, le traité de l'Espagne avec le Portugal porte la date du 6 février 1714 (Du Mont, *Corps diplomatique*, t. VIII, 1re partie, p. 393, 427, 444).

cepter les conditions qui lui avoient été offertes, envoya son consentement pour le traité de neutralité et de cessation d'armes en Italie et l'évacuation de la Catalogne projetée par les Alliés[1]. Quelques-uns prétendirent par là que ce fut un trait de politique, en ce que, pour la continuation de la guerre à laquelle il s'étoit résolu, il se conservoit sans rien craindre la tranquille possession du royaume de Naples et du Milanois, dont il tiroit une partie des troupes pour composer partie de celles qu'il vouloit faire agir sur le Rhin, et que, ne pouvant rien conserver en Catalogne, à cause de la défection des Anglois et des Hollandois, il en retireroit aussi, dans le même dessein, de bonnes troupes et un général expérimenté. Ainsi le comte de Stahrenberg reçut ordre d'évacuer la Catalogne et les autres places qu'il pouvoit tenir encore en Espagne, et de repasser la mer pour se rendre en Italie sur des vaisseaux que les Anglois fournirent à cet effet. Mais, avant que de partir, ce général ayant cru qu'en l'état où étoient les choses il n'étoit pas de l'intérêt de son maître, puisqu'il n'avoit pas fait la paix, que le traité d'évacuation fût exécuté de bonne foi, il aima mieux souffler le feu de la division en facilitant aux mécontents les moyens de s'emparer de Barcelone, de Mont-Juich, de Cardone et de plusieurs châteaux situés sur des montagnes escarpées et de difficile accès. C'est ainsi que, en retirant ses troupes de cette province, le parti autrichien y laissa un levain de sédition et de guerre, dont on verra ci-après les succès. Mais, avant que d'en

1. Ces conventions entre la France, l'Angleterre et l'Empire furent arrêtées à Utrecht dès le 14 mars 1713 (Du Mont, p. 327).

venir là, il faut parler de ce qui se passa au sujet de la guerre du côté du Rhin pendant la présente année.

Au commencement d'icelle et quelques mois auparavant, les Impériaux parurent fort se ranimer ; car ils mirent plusieurs gros partis en campagne, qui passèrent le Rhin et vinrent ravager sur les terres de France, même jusques dans l'évêché de Metz ; mais ils furent tous rechassés avec perte.

Le maréchal de Villars commande les armées d'Allemagne. — Ensuite, deux puissantes armées marchèrent vers les frontières de l'Empire, l'une sous le maréchal de Villars, destinée pour agir en Alsace, et l'autre sous le commandement du maréchal de Bezons, sur la Sarre, mais qui ne laissoit pas que d'être aux ordres du maréchal de Villars, chargé particulièrement de cette guerre.

Le prince Eugène commande l'armée de l'Empereur sur le Rhin. — Le prince Eugène commanda celle de l'Empereur, qui s'assembla au delà du Rhin, au camp de Mülhburg, d'où il alla visiter les lignes d'Ettlingen et détacha huit mille hommes sous le général Vaubonne[1], qui fut joint par quelques troupes des cercles pour aller garder les passages de la Forêt-Noire, vers Fribourg. Il envoya aussi un autre corps pour tâcher de conserver les fourrages du Palatinat, et il sembloit, par tous les bons ordres qu'il donnoit, avoir une grande envie de faire une campagne qui lui fût heu-

1. Il y eut sans doute deux généraux de ce nom, puisque nous en avons vu un mourir à Gaëte en 1707 (tome V, p. 45); mais, jusqu'à présent, on n'a pu les distinguer nettement; voyez les notes des *Mémoires de Saint-Simon*, tomes IV, p. 163, XII, p. 122-123, et XV, p. 233-234.

reuse et brillante, [et de surmonter par ses soins et sa capacité les obstacles qu'il y pourroit rencontrer de notre part;] mais il y trouva d'autres grandes oppositions qu'il lui fut impossible de surmonter; c'étoit le retardement des troupes et autres secours qu'il attendoit [de l'Empereur et des contingents des princes de l'Empire, tant en secours d'argent et de munitions que de troupes,] qui l'empêchèrent de se mettre assez tôt en mouvement pour s'opposer à nos progrès.

Divers mouvements du maréchal de Villars. — Car le maréchal de Villars se trouva plus tôt prêt que lui; étant arrivé en Alsace, il y disposa d'abord partie de ses troupes entre Haguenau et Lauterbourg, une autre à la tête de l'île d'Ettlingen, vis-à-vis le Fort-Louis, avec lesquelles il fit diverses marches en s'avançant vers Rastadt pour faire croire aux Impériaux qu'il avoit des desseins sur les lignes d'Ettlingen et les entretenir dans leur erreur.

Pendant ceci, les autres quartiers de l'armée se rassemblèrent vers Lauterbourg, et le maréchal [se déroba des troupes qu'il avoit conduites au delà du Rhin vers Radstadt et] s'en vint personnellement rejoindre en grande diligence son armée, qui se trouva toute rassemblée sur la Lauter, et à l'avance il envoya ordre au comte de Broglio de prendre les devants de la marche qu'il vouloit faire avec vingt-deux escadrons, quinze bataillons et mille grenadiers. Il marcha avec tant de célérité qu'il arriva le même jour, à onze heures du soir, à la chaussée de Philipsbourg, qu'il occupa; il y eut des bataillons qui firent seize lieues en vingt heures[1].

---

1. Voyez l'*Histoire militaire* du marquis de Quincy, t. VII, p. 120.

Le maréchal prit incontinent la même route avec l'armée, qui se campa dans un pays abondant, ayant devant elle Philipsbourg et derrière elle Spire et Landau, qui, par ce moyen, se trouva investi et l'armée dans une situation si avantageuse que, quand même le prince Eugène auroit été en état de passer le Rhin à Philipsbourg, près duquel il étoit campé alors, il ne pouvoit plus déboucher devant lui, tant cette extrême diligence du maréchal l'avoit prévenu.

L'armée de la Moselle suivoit de près, et on faisoit du côté de Strasbourg tous les préparatifs nécessaires pour un grand siège, dont le commencement fut un peu retardé par les temps fâcheux qui survinrent. En attendant, l'armée du Roi se répandit au milieu du Palatinat et en deçà du Rhin, dans les évêchés de Spire et de Worms et dans les archevêchés de Mayence et de Trèves, où on trouva une grande abondance de fourrages et dont on tira quelques contributions.

Le siège de Landau est résolu. — Le maréchal de Bezons ayant joint avec ses troupes, on se prépara à faire le siège de Landau. Deux gros détachements marchèrent : l'un, sous le comte du Bourg, s'en alla dans la Haute-Alsace, et l'autre, sous le marquis d'Alègre, vers Worms, pour empêcher que les Impériaux ne fissent passer des troupes en deçà du Rhin, par le moyen de leurs ponts volants [ou par quelque autre qu'ils auroient pu construire si on les avoit laissé faire]; et notre armée s'établit dans la Petite-Hollande, dont elle s'étoit emparée, et le long du Spirebach, de sorte que le prince Eugène fut réduit à devenir spectateur du siège. Le grand mérite de ce prince se trouvoit déplacé par une inaction dont il ne pouvoit sortir qu'en recevant bien des renforts, [qui ne se trouvoient point à portée.] Il envoyoit courrier sur courrier, sans presque aucun fruit, à la diète de Ratisbonne et à l'Empereur. Il venoit peu d'hommes et encore moins d'argent; les lettres de change qu'on lui envoyoit étoient protestées; et, jugeant que les ressources sur lesquelles il avoit pu compter étoient trop éloignées, il se trouvoit dans des peines et des perplexités dont il ne put être tiré par le duc de Marlborough, qu'il alla trouver à Heidelberg, où il s'étoit réfugié après sa disgrâce[1]. Cependant, nos troupes subsistoient sur les terres de l'Électeur Palatin, qui en étoit fort ennuyé.

Situation de nos armées pour le siège de Landau. — Le comte de Broglio, détaché pour faire venir les contributions et ramasser les grains des campagnes situées entre Worms et Mayence, étoit soutenu par le marquis d'Alègre, qui campoit avec cent escadrons dans la plaine de Frankenthal[2]. Le marquis de Coigny[3], avec un corps de troupes, gardoit les bords du Rhin [du côté de Hockenheim[4]], et le comte du Bourg étoit dans la Haute-Alsace, comme je l'ai déjà dit, [avec un corps qu'il pouvoit augmenter des garnisons de places,] pour s'opposer à celui que Vaubonne avoit mené dans la Forêt-Noire, en cas qu'il voulût entre-

1. On a vu cette disgrâce ci-dessus, p. 14.
2. Le manuscrit porte *Framandel*.
3. François de Franquetot, marquis de Coigny, fils du lieutenant général mort en 1704, devint cette même année maréchal de camp et colonel général des dragons; il était lieutenant général depuis 1709, fut nommé maréchal de France en 1734, duc de Coigny en 1747 et mourut en 1759. Il a déjà figuré dans notre tome IV, p. 126, et ci-dessus, p. 29 et 31.
4. Hockenheim, bourg du pays de Bade, vers Spire.

prendre de passer le Rhin. On se saisit du fort que les Impériaux avoient en deçà du Rhin, à la tête de leur pont de Philipsbourg, qu'on leur rendit inutile, et Albergotti, avec un détachement, les chassa de l'ouvrage à corne qui couvroit leur pont volant de Mannheim[1]. Dillon[2] s'empara de la ville et du château de Kaiserslautern, mauvais poste[3], où il y avoit six ou sept cents hommes qu'il y fit prisonniers de guerre.

Toutes choses étant disposées pour faire le siège de Landau, le maréchal de Bezons en fut chargé, et le maréchal de Villars prit plus particulièrement le commandement de l'armée d'observation, [qui se tenoit toujours à peu près dans la même situation que je l'ai décrite ci-dessus.] Il établit son quartier au village d'Essigen[4], entre l'armée d'observation et celle du siège, afin d'être à portée de se trouver à point nommé partout où sa présence seroit la plus nécessaire.

Ouverture de la tranchée devant Landau. — La tranchée fut ouverte devant Landau la nuit du 24 au 25 de juin[5]. Elle fut poussée le premier jour jusques à une petite portée de fusil des travaux extérieurs des assiégés, sans avoir été découverte qu'au grand

1. *Histoire militaire*, tome VII, p. 224.
2. Arthur, comte Dillon, d'origine irlandaise, était lieutenant général depuis 1706 : notre tome V, p. 199.
3. Petite ville sur la Lauter, autrefois ville libre impériale, sur la frontière du duché de Deux-Ponts; elle fut prise le 23 juin (*Gazette*, p. 323).
4. Essigen est un petit village un peu au nord de Landau.
5. Sur le siège de Landau, on peut voir les *Mémoires militaires*, t. XI, p. 264-317, les correspondances de la *Gazette*, p. 323-432, *passim*, et les nouvelles données par le *Journal de Dangeau*, t. XIV, p. 434 et suivantes.

jour. On n'y perdit qu'un grenadier. Les pluies, [ayant retardé la grosse artillerie,] et la vigoureuse défense des ennemis furent cause qu'il fallut l'embrasser par quantité de travaux [par l'endroit qui devoit être attaqué et qui se trouvoit le front le mieux fortifié,] qui tinrent du temps et firent dégénérer le siège en quelque lenteur. Même on fut obligé de quitter les attaques de ce front pour les pousser entièrement sur la droite, vers le réduit. Les assiégés, pendant ce temps-là, firent plusieurs sorties, dont quelques-unes leur réussirent, et il fallut leur prendre plusieurs pièces détachées, où l'on fit sauter quantité de mines et de fourneaux de part et d'autre.

Prise de Landau. — A la fin, les brèches se trouvant faites au réduit et après cinquante-six jours de tranchée ouverte, le prince Alexandre de Wurtemberg[1], se jugeant exposé à être emporté d'assaut, sans aucune espérance d'être secouru, fit battre la chamade le 19 août et demanda à sortir de la place avec tous les honneurs de la guerre, ainsi qu'il étoit arrivé aux sièges précédents. Mais le maréchal de Villars n'y voulut point entendre et le contraignit de se rendre prisonnier de guerre, avec sa garnison, qui étoit d'environ neuf mille hommes au commencement du siège, et se trouvoit réduite à cinq à six mille, y compris les blessés et les malades. Nous eûmes environ douze cents hommes tués ou blessés à ce siège. Le marquis de Biron, lieutenant général[2], y eut un bras emporté

1. Tome IV, p. 173.
2. Charles-Armand de Gontaut, marquis de Biron (tome V, p. 118), était lieutenant général depuis 1704; il devint duc de Biron en 1723 et maréchal de France en 1734.

d'un coup de canon, et le Roi lui donna le gouvernement de la place.

Mouvements du maréchal de Villars. — Ce siège étant fini, les travaux rasés, les brèches réparées et la place ravitaillée de vivres et de munitions de guerre, le maréchal de Villars ne voulut pas demeurer dans un si beau chemin et se prépara à de nouvelles entreprises. Il prit le prétexte de faire escorter la garnison de Landau pour approcher de Strasbourg plusieurs bataillons qui, étant joints à ceux qui étoient sous Brisach et aux autres que le comte du Bourg avoit placés le long du Haut-Rhin, pouvoient faire une tête d'infanterie de plus de trente bataillons. Toutes ces choses ainsi disposées, il décampa et arriva au Fort-Louis, où il passa le Rhin. La plus grande partie de l'armée défila sur le pont de Strasbourg, une autre à Brisach, et l'autre s'arrêta proche le Fort-Louis, tant à la droite qu'à la gauche du Rhin. Le corps commandé par le marquis d'Alègre, qui avoit passé à Strasbourg, vint camper à Offenbourg et Willstedt. Sur ces nouvelles, le prince Eugène ne douta pas que le maréchal ne voulût sérieusement attaquer les lignes d'Ettlingen et rappela ce qu'il avoit de troupes le long du Bas-Rhin, depuis Philipsbourg jusques à Mayence.

Le maréchal de Villars force les lignes de Fribourg. — Pendant que ces dispositions se faisoient de part et d'autre, le maréchal de Villars se rendit à Strasbourg et y donna un régal magnifique aux dames, suivi d'un bal qui dura toute la nuit. Les officiers généraux de l'armée qui campoit au delà du Rhin eurent part à ce divertissement, et la porte qui conduit à Kehl fut ouverte toute la nuit. On dansoit encore à Strasbourg lorsqu'à la pointe du jour on battit la générale. Tous les officiers se rendirent à leurs drapeaux; on marcha en diligence contre les lignes de Fribourg, qui furent forcées, et on n'y perdit que cinquante soldats, et huit ou dix officiers furent tués ou blessés[1].

Le maréchal de Villars s'empare des secondes lignes des ennemis à Hohle-Graben, s'avance jusques à Vöhrenbach et répand la terreur dans l'Empire. — Le maréchal, non content d'avoir forcé ce rempart, se mit à suivre les Impériaux avec quelques troupes et à marcher diligemment aux secondes lignes qu'ils avoient à Hohle-Graben, à trois lieues au delà de Fribourg, où il ne trouva aucune résistance. De là, il vint camper à Vöhrenbach[2], situé aux sources du Danube, où, trouvant un pays ouvert à ses partis, il fit répandre à plus de trente lieues dans l'Empire des mandements pour les contributions; mais il donna ses plus grands soins à se rendre maître de Fribourg, autour duquel la meilleure partie de ses troupes étoit restée.

Siège de Fribourg[3]. — Malgré les difficultés qu'il y avoit à investir cette place, à cause de la hauteur des montagnes qui l'environnoient, [surtout le fort Saint-Pierre, et à établir, dans les lignes, les communications nécessaires entre les troupes,] la tranchée fut ouverte la nuit du 30 septembre au 1er octobre. A la première sortie que les assiégés firent le 2, on les

1. Dangeau, t. XIV, p. 485-486; *Gazette*, p. 478-480.
2. Vöhrenbach (*Ferembach* dans le manuscrit) est une petite ville dans le duché de Bade, vers Villingen.
3. Sur ce siège, on peut consulter les *Mémoires militaires*, t. XI, p. 352-401 et 622-647, les *Mémoires de Villars*, t. III, p. 221-231, et ceux *du chevalier de Quincy*, t. III, p. 242-278, qui faisait partie de l'armée assiégeante, enfin l'*Histoire militaire*, t. VII, p. 262 et suivantes.

repoussa vivement. Une seconde sortie, qui se fit le 19, ne fut pas plus heureuse que la première; ils en tentèrent encore une autre le même jour avec un peu plus de succès, ce qui donna lieu à une quatrième la nuit suivante; mais ils payèrent cher l'avantage qu'ils eurent au commencement : car ils furent coupés et presque tous taillés en pièces lorsqu'ils voulurent gagner le talus du fort Saint-Pierre.

Le baron d'Harsch[1], qui commandoit dans Fribourg, avoit une nombreuse garnison, de laquelle il se débarrassoit par de fréquentes sorties, ce qui rendit ce siège fort meurtrier. D'un autre côté, les sapes étoient en bon état; mais, le terrain étant pierreux, les boulets des Impériaux élevoient une grêle de cailloux qui incommodoient plus les assiégeants que les boulets mêmes. D'ailleurs, le camp étoit pourvu avec abondance de toutes sortes de vivres et de fourrages; un temps favorable sembloit seconder le dessein des assiégeants et leur faisoit prendre patience dans une saison déjà avancée par rapport à la grande besogne qui leur restoit à faire.

Le prince Eugène, dans le dessein de dégrossir un peu l'armée et de l'obliger à quelque fort détachement, en fit un considérable de cavalerie et de hussards, sous un général major qui s'avança jusques aux portes de Metz et faisoit mine de vouloir pousser plus loin. Saillant[2], qui y commandoit, envoya quelques troupes se saisir de Pont-à-Mousson et des autres passages sur la

---

1. Ferdinand-Amédée, baron d'Harsch, était feld-maréchal lieutenant des armées impériales; il rédigea un journal du siège, qui a été publié en 1898 dans le tome XIV de *Zeitschrift... von Freiburg im Brisgau*.

2. Jean-Philippe d'Estaing, comte de Saillant, était lieute-

Moselle pour empêcher les Impériaux d'y passer. Les garnisons des autres villes voisines s'assemblèrent pour former un corps suffisant à leur couper la retraite. Ils n'attendirent point que les passages fussent entièrement fermés et prirent leur route par le Luxembourg pour s'en retourner. Ainsi le prince Eugène ne réussit point dans son dessein, et il ne dérangea en rien le siège de Fribourg.

Il y avoit déjà eu, pendant le siège de Landau, quelques menées de paix sous main entre l'Électeur Palatin et le maréchal de Villars. Cela se renouvela par quelques-uns des émissaires qu'il envoya vers Brisach, pendant le siège de Fribourg, qui s'abouchèrent avec le maréchal de Villars. Malgré tout cela, l'Empereur, qui avoit d'ailleurs ses vues, ne laissa pas de renouveler, à peu près dans ce temps-là, ses déclarations aux couronnes de France et d'Espagne et aux électeurs de Bavière et de Cologne, [et protesta qu'il n'avoit jamais rien tant désiré que de rétablir l'union et le repos de l'Europe.] Il se plaignoit par ce mémoire que la France n'eût pas voulu prêter l'oreille à des conditions qu'il appeloit raisonnables et que la France n'avoit garde de trouver telles, puisqu'elles étoient renfermées dans les trois articles suivants, savoir : 1° que les États cédés à cette couronne par les paix de Westphalie, de Nimègue et de Ryswyk lui fussent ôtés; 2° que le Roi renonçât non seulement à tout ce que Charles IV, duc de Lorraine, avoit vendu ou aliéné par les traités en faveur de Sa Majesté Très Chrétienne, mais aussi à toute obligation féodale, d'hom-

nant général depuis 1704 et lieutenant-colonel du régiment des gardes-françaises depuis 1710.

mage et de vasselage dont Sa Majesté Impériale se réservoit une plus ample explication; 3° que l'Empereur fût mis en possession de la monarchie d'Espagne, tant en Europe qu'aux Indes. Par le second article, Sa Majesté Impériale auroit indemnisé le duc de Lorraine au préjudice duquel elle avoit donné le Montferrat au duc de Savoie, [et cette indépendance procurée auroit tenu lieu d'équivalent.] Mais ces propositions étoient devenues moins acceptables que jamais, et l'Allemagne, effrayée par les progrès de Villars, étoit bien éloignée de les obtenir par la force.

Pendant que ceci se passoit, le siège de la ville de Fribourg s'avançoit; le chemin couvert étoit pris et les quatre ponts qui conduisoient aux bastions attaqués étoient fort avancés lorsque le maréchal de Villars fit avertir le gouverneur que, s'il ne battoit pas la chamade avant qu'ils fussent achevés, il n'y auroit aucun quartier pour la garnison et les habitants que celui que peuvent espérer des prisonniers de guerre à discrétion. Sur cela, le gouverneur répondit fièrement qu'il avoit assez d'expérience pour être dispensé de prendre des leçons; qu'il n'ignoroit pas l'habileté du maître qui les lui donnoit; mais qu'il croyoit que, ne les recevant pas, il mériteroit son approbation, ou que, du moins, il l'obtiendroit par une plus belle défense que celle qu'il avoit encore faite.

Ceux du clergé et de la noblesse qui étoient dans la ville, les magistrats et les bourgeois vinrent conjurer le gouverneur de les garantir par une capitulation, lorsqu'il en étoit encore temps, de la fureur d'une armée victorieuse; mais il les renvoya sans rien obtenir. Ils ne laissèrent pas d'y retourner une seconde fois, et toute la réponse qu'ils en eurent fut qu'il savoit le parti qu'il devoit prendre. Le désespoir où cette réponse les jeta fit craindre qu'elle n'eût de tristes suites. Il renforça la garde de son logis et n'en permit plus l'entrée qu'aux officiers de la garnison.

Lorsqu'il jugea que tout étoit disposé pour lui donner un assaut, il fit retirer dans les forts l'élite de ses troupes[1]; deux drapeaux blancs furent arborés sur les remparts de la ville, et, peu de moments après, un des magistrats apporta une lettre de la part du gouverneur au maréchal, auquel il marquoit en substance qu'il abandonnoit la ville à sa discrétion et recommandoit à sa clémence près de deux mille soldats malades ou blessés, un colonel, plusieurs officiers et sept ou huit cents hommes qu'on avoit laissés pour garder les brèches, et une grande multitude de femmes, d'enfants et de valets. Le maréchal fit entrer quelques bataillons dans la ville, qui se racheta du pillage en payant un million. Il permit à plusieurs familles, nobles et roturières, qui s'étoient réfugiées dans Fribourg de s'en retourner dans leurs maisons, après avoir exigé d'elle le serment de fidélité.

Le baron d'Harsch le supplia de nourrir environ trois mille personnes qu'il avoit laissées dans la ville. Il lui fit réponse « qu'il ne pouvoit lui accorder cette « faveur; que, s'il avoit beaucoup de pain, il n'en « devoit pas refuser à des malheureux qu'il avoit « abandonnés; que, s'il en avoit peu, on étoit préci- « sément dans le cas où l'on devoit lui renvoyer ses

---

1. Le chevalier de Quincy (*Mémoires*, t. III, p. 270) a raconté le subterfuge dont il se servit pour faire entrer dans les châteaux l'élite de ses troupes sans que les bourgeois soupçonnassent son dessein.

« gens; qu'on lui offroit une capitulation honorable;
« qu'il pouvoit, par cette voie, conserver sa garnison,
« qui étoit menacée d'être détruite, ou par la faim,
« ou par le canon et les bombes; que le reproche de
« dureté que l'on exerçoit, en ne donnant aucune sub-
« sistance aux soldats et aux femmes qui étoient restés
« dans la ville, retomberoit sur le gouverneur qui les
« faisoit périr par son opiniâtreté; que pour lui on ne
« le taxeroit jamais de dureté; que cinquante mille
« prisonniers qu'il avoit faits, depuis qu'il commandoit
« les armées du Roi, étoient autant de témoins de son
« humanité naturelle[1]. »

Si ces raisons ébranlèrent le gouverneur, elles ne furent pas les plus fortes, [car il en avoit de plus pressantes, manquant de beaucoup de choses nécessaires dans ses châteaux, que leur situation et leurs fortifications rendoient presque inexpugnables. Cependant, on y poussoit quelque travail, mais avec peu de succès.] Il demanda néanmoins une suspension d'armes de cinq jours pour dépêcher au prince Eugène et en recevoir les derniers ordres. Sa demande lui fut accordée sans discontinuation des préparatifs pour le forcer. Le retour du courrier fit connoître au maréchal que la capitulation qu'il avoit voulu offrir étoit bien éloignée de celle qu'on lui demandoit. Entre autres articles extraordinaires, on exigeoit la liberté de la garnison prise à Landau. Il rejeta ces propositions, et le gouverneur, déclarant qu'il étoit lié par les ordres du prince Eugène, demanda cinq autres jours pour envoyer chercher d'autres ordres.

Prise de la ville de Fribourg et de ses forts. — Ce

---

1. Comparez *Quincy*, p. 271

nouveau délai produisit un bon effet, et on capitula le 16 novembre[1]. La garnison sortit avec toutes les marques d'honneur, six pièces de canon et sept mortiers. On accorda la liberté aux prisonniers faits dans les lignes de Fribourg et à ceux qui étoient restés dans la ville; on pourvut de pain la garnison pendant cinq jours, avec permission de cuire dans les fours de la ville; car il n'y en avoit pas dans les châteaux à suffisance, et entre autres choses il y manquoit absolument de bois.

Les Impériaux remirent le lendemain le fort Saint-Pierre avec les autres en dépendants. La garnison, qui étoit de treize mille hommes au commencement du siège, se trouva réduite à sept mille, qui sortirent le 20 et furent conduits à Rottweil. Nous eûmes cinq à six mille hommes tués ou blessés à ce siège, qui seroit devenu fort équivoque si la garnison avoit eu suffisamment toutes les choses qui lui étoient nécessaires.

La prise de Fribourg répandit une grande terreur dans tout l'Empire; les députés du Cercle de Souabe tinrent une diète à Ulm pour délibérer de leurs intérêts particuliers. Ils convinrent de prier l'Empereur de leur procurer la paix ou de consentir à une neutralité qui seule les pouvoit garantir d'une ruine totale. Après la prise de Fribourg, les quatre Cercles associés s'étaient assemblés à Heilbronn, puis à Francfort, pour délibérer sur la distribution des quartiers d'hiver et les mesures qu'ils devoient prendre si la maison d'Autriche continuoit la guerre, comme il leur sembloit que l'Empe-

---

1. Le texte de la capitulation est donné dans les pièces des *Mémoires militaires*, t. XI, p. 645-647.

reur le souhaitoit; car le comte de Trauttmansdorff[1], son envoyé près des cantons suisses, n'avoit cessé, par son ordre, de les solliciter de se déclarer en faveur de son maître, en tâchant de leur persuader que nous irions assiéger Rheinfelden[2], une des quatre villes forestières, dès que Fribourg seroit réduit, et il se servit encore près d'eux de quantité de discours, tendant à leur donner de grandes alarmes; mais le comte du Luc, ambassadeur de France près d'eux[3], calma si bien leurs esprits que les cantons refusèrent d'envoyer leurs députés et convinrent seulement qu'on écriroit, au nom du corps helvétique, aux ministres et aux généraux des deux puissances, afin qu'elles concourussent également à l'observation des alliances qu'elles avoient contractées avec cette république.

Parmi tant d'agitations, les semences de paix que j'ai dit avoir été jetées dans les conférences tenues entre le maréchal de Villars et les députés de l'Électeur Palatin, où même l'électeur de Mayence[4] étoit intervenu[5], produisirent un germe qui tendit à la paix. Le

1. Charles-Joseph, comte de Trauttmansdorff, était ambassadeur impérial auprès des cantons suisses depuis 1701; en 1716, il fut nommé conseiller d'État, puis président de la diète de la Basse-Autriche; il mourut en 1728.
2. Il a déjà été parlé de Rheinfelden dans notre tome I, p. 288 et 289, où, trompé par l'orthographe de Saint-Hilaire, on a écrit *Rheinfels*.
3. Charles-François de Vintimille, comte du Luc (1653-1740), ayant perdu un bras à Cassel, entra dans la diplomatie et fut ambassadeur en Suisse de 1708 à 1714; nous le verrons ci-après un des plénipotentiaires du congrès de Baden; il fut ensuite envoyé comme ambassadeur à Vienne.
4. Lothaire-François de Schönborn, évêque de Mayence en 1695, mort le 30 janvier 1729.
5. Notre auteur a parlé ci-dessus de ces conférences. C'est pen-

maréchal de Villars, qui en avoit rendu compte au Roi, avoit reçu un plein pouvoir de Sa Majesté; le prince Eugène en reçut un autre de la part de l'Empereur, dont il fit part au maréchal. Ces deux généraux, étant devenus plénipotentiaires, convinrent du château de Rastadt pour s'aboucher et tenir les conférences nécessaires. Chacun envoya ses fourriers pour partager les appartements du château, et le jour du rendez-vous fut marqué le 26 novembre. L'un et l'autre s'y rendirent avec peu de suite, et seulement cent cavaliers et cent grenadiers chacun. Le maréchal de Villars, étant arrivé le premier, fit les honneurs et reçut le prince Eugène sur le grand escalier, dont il avoit déjà descendu trois marches. Le prince le joignit; ils s'embrassèrent réciproquement et, après les premières civilités, se présentèrent mutuellement les officiers généraux qui les accompagnoient; puis chacun se retira dans son appartement[1].

Le prince Eugène fit la première visite, et ils restèrent seuls pendant une heure. Le maréchal la lui rendit peu de temps après; cette conférence fut moins longue que la première. Ils se communiquèrent leurs pleins pouvoirs et continuèrent les conférences avec beaucoup de secret. Ils se régaloient souvent, et les officiers des deux nations qui les accompagnoient se piquèrent d'imiter la politesse de leurs généraux.

Cependant, l'Empereur ne laissoit pas de se prépa-

dant le siège de Fribourg que Villars s'était rendu à deux reprises à Brisach et y avait rencontré les délégués de l'Électeur Palatin (*Histoire militaire*, par Quincy, t. VII, 1re partie, p. 292).

1. Voyez les *Mémoires de Villars* lui-même, t. IV, p. 2-4, et ceux *du chevalier de Quincy*, t. III, p. 281-282.

rer à continuer la guerre, en cas que l'on ne pût convenir d'articles favorables à ses intérêts ; car il ne s'agissoit plus de ceux que la France avoit offerts au commencement de la campagne, ni des conditions que l'Empereur avoit proposées par ses mémoires.

La cour de Vienne sollicitoit donc puissamment la diète de faire de nouveaux efforts pour l'intérêt commun de l'Empire, et l'assemblée des quatre Cercles associés suspendoit ses délibérations et attendoit avec toute l'Europe le résultat des conférences de Rastadt. [A quoi j'ajouterai que le prince Eugène, voyant que ce traité s'avançoit, songea à préparer la diète à s'en contenter. Les ministres de l'Empereur menacèrent que, si les principaux membres de l'Empire négligeoient de l'assister, ils seroient obligés d'accepter des offres qu'ils ne devoient pas désirer. L'électeur de Mayence donna avis que l'Empereur feroit part incessamment à la diète de l'état des négociations.] Elles s'avancèrent si fort dans le reste de l'année que les deux plénipotentiaires convinrent de tous les articles qui furent dressés et envoyés à leurs maîtres, puis se séparèrent pendant quelque peu de temps, en attendant leurs réponses et leurs ordres. Le prince Eugène s'en alla à Stuttgart et le maréchal à Strasbourg. Contades[1], qui avoit porté ces articles au Roi, revint bientôt trouver le maréchal, qui le renvoya au prince Eugène. Les changements que la cour y avoit faits ne tendoient qu'à rendre la paix plus solide ; ainsi ils ne causèrent point de difficultés. L'Empereur entra dans toutes les

1. Georges-Gaspard de Contades (1666-1735), maréchal de camp en 1713, s'était attaché particulièrement au maréchal de Villars ; il devint lieutenant général en 1720.

vues du prince Eugène, qui retourna aussitôt à Rastadt, où le maréchal arriva en même temps.

Il y eut une conférence de deux heures dès le premier jour, et le troisième tout fut réglé. On travailla à mettre le traité au net, qui fut rédigé en françois et signé la nuit du 6 mars. Les plénipotentiaires envoyèrent aussitôt leurs ordres aux gouverneurs des places frontières de rappeler les partis qu'ils avoient en campagne et ne plus exercer d'hostilités. On connut en cette occasion combien il est rare que deux généraux possèdent en un même degré l'habileté que demandent des négociations et les qualités qui concourent à faire un grand général, et il est glorieux à la France d'avoir produit les deux grands hommes en qui ces deux sortes de mérites se trouvent réunis.

Le traité contient trente-sept articles, outre trois autres séparés. Le premier des articles séparés[1] déclaroit que, l'Empereur ayant pris dans la préface du traité des titres de la monarchie d'Espagne que le Roi ne pouvoit pas reconnoître, on étoit convenu que les qualités prises ou omises de part et d'autre ne donneroient aucun droit ni ne causeroient aucun préjudice à l'une ou à l'autre des parties contractantes. Le second prévenoit les conséquences qu'on auroit pu tirer à l'avenir de ce que le traité avoit été commencé, poursuivi et achevé sans les solennités et les formalités requises et justifiées à l'égard de l'Empire, et composé et rédigé en langue françoise, contre l'usage ordinairement observé dans les traités entre Sa Majesté Impériale, l'Empire et Sa Majesté Très Chré-

---

1. Le texte en est donné dans les *Mémoires de Lamberty*, t. VIII, p. 607.

tienne; [on déclaroit que cette différence ne pourroit être alléguée pour exemple, ni tirer à conséquence[1].] Par le troisième, le maréchal de Villars promettoit de faire savoir incessamment le choix que le Roi feroit d'une des trois villes que l'Empereur avoit proposées pour le traité général et solennel à faire entre l'Empereur, l'Empire et la France[2].

Par les deux premiers articles du traité[3], l'Empereur, l'Empire et Sa Majesté Très Chrétienne se promettent une amitié perpétuelle; ils s'obligent de ne point favoriser les rebelles à l'un ou à l'autre et conviennent d'un oubli et d'une amnistie.

III. Les traités de Westphalie, de Nimègue et de Ryswyk doivent servir de base à cette paix, excepté les articles auxquels il y est expressément dérogé.

IV. Le Roi rend à l'Empereur le Vieux-Brisach et toutes ses dépendances situées à la droite du Rhin et garde celles qui sont à la gauche, nommément le fort du Mortier.

V. Le Roi rend pareillement à l'Empereur et à la maison d'Autriche Fribourg, avec les forts de Saint-Pierre, de l'Étoile et tous les autres construits ou répa-

---

1. Jusqu'alors les traités avec l'Empire avaient été rédigés en latin.

2. Ces trois villes étaient Schaffouse, Baden en Argovie ou Frauenfeld.

3. Saint-Hilaire va donner un résumé très exact des trente-sept articles du traité, dont il eut certainement le texte sous les yeux. La précision de ce résumé nous engage à ne point le retrancher de la présente édition. On trouvera le texte officiel, beaucoup plus diffus, dans le *Corps diplomatique* de Du Mont, dans le tome VIII des *Mémoires de Lamberty*, enfin dans l'ouvrage de M. Henri Vast, t. III, p. 162 et suivantes.

rés, là ou ailleurs dans la Forêt-Noire ou dans le reste du Brisgau.

VI. Le fort de Kehl est rendu à l'Empereur ; le fort de la Pile[1] et les autres dans les îles du Rhin, sous Strasbourg, doivent être rasés aux frais du Roi, et la navigation du Rhin sera libre aux sujets des deux partis, sans qu'on puisse augmenter les anciens droits, ni en exiger de nouveaux.

VII. Brisach, Fribourg et Kehl seront rendus avec leurs juridictions, dépendances, artillerie et munitions qui y étoient lorsque les François y entrèrent.

VIII. Le Roi promet de faire raser les fortifications construites vis-à-vis d'Huningue, sur la droite et dans l'île du Rhin, et de démolir le pont, et celui qui conduit du Fort-Louis au fort de Sellingen[2] ; le premier de ces forts demeure au Roi ; l'autre doit être rasé.

IX. La France doit évacuer les châteaux de Bitche et de Hombourg, en démolissant auparavant les fortifications, sans endommager les châteaux.

X. Le terme de l'évacuation est fixé à trente jours après la ratification du traité général et solennel à faire entre les deux nations.

XI. La démolition des places se fera au plus tard deux mois après lesdites ratifications.

XII. Le Roi promet de traiter avec les princes et les États de l'Empire sur le pied du traité de Ryswyk et d'en accomplir tous les articles, auxquels il ne sera point dérogé.

XIII. L'Empereur consent que le Roi garde Landau avec ses dépendances, comme il en jouissoit avant la

1. Ci-dessus, p. 69.
2. Tome V, p. 20.

guerre, et se charge d'en avoir le consentement de l'Empire.

XIV. Le Roi reconnoît la dignité électorale dans la maison de Brunswick-Hanovre.

XV. Les électeurs de Cologne et de Bavière seront rétablis dans leurs états, titres, dignités, prérogatives et droits dont ils ont joui ou dû jouir avant la guerre, et pourront envoyer leurs plénipotentiaires aux négociations générales. On leur rendra de bonne foi leurs meubles, pierreries, artillerie et munitions, selon les inventaires. L'électeur de Cologne sera rétabli [dans son archevêché de Cologne], dans les évêchés de Hildesheim, de Ratisbonne et de Liège [et dans sa prévôté de Bertholdsgarsten[1]]. Il n'y aura dans Bonn, en temps de paix, aucune garnison; mais, en temps de guerre, l'Empereur y en pourra mettre. Les deux électeurs renonceront à toutes prétentions et indemnités contre l'Empereur, l'Empire ou la maison d'Autriche, et ils demanderont le renouvellement d'investitures comme les autres électeurs.

XVI. Les officiers et domestiques qui ont suivi l'un ou l'autre parti jouiront de l'amnistie et seront rétablis dans leurs biens et emplois.

XVII. Cette restitution se fera trente jours après l'échange des ratifications du traité général.

XVIII. Si la maison de Bavière, après son rétablissement total, trouve qu'il lui convienne de faire quelques échanges de ses États contre d'autres, le Roi ne s'y opposera pas.

---

1. Ce monastère, de l'ordre de saint Augustin, qu'on appelle plutôt Garsten et dont le premier abbé fut Berthold, est situé en Bavière, dans le diocèse de Passau; Saint-Hilaire orthographie *Bergtolsgaden*.

XIX. Sa Majesté Très Chrétienne ayant remis aux États-Généraux, pour la maison d'Autriche, les Pays-Bas espagnols, tels que Charles II les possédoit, elle consent que l'Empereur en prenne possession, sauf les conventions entre l'Empereur et les États-Généraux pour leur barrière, et le roi de Prusse retiendra ce qu'il possède actuellement du haut quartier de Gueldre.

XX. Le Roi consent que les États-Généraux rendent à l'Empereur, après les ratifications du traité général, Menin [et sa Verge] et Tournay [et le Tournaisis]. Saint-Amand avec ses dépendances demeureront au Roi, qui ne pourra faire à cette dernière ville ni fortifications, ni écluses.

XXI. Le Roi confirme, en faveur de l'Empereur et de sa maison, la cession déjà faite de Furnes, du Furnembach, de la Kenoque, de Loo, de Dixmude, d'Ypres, de Rousselaere, de Warneton, de Comines et de Wervicq, qui doivent être remis à l'Empereur, sous les mêmes conditions que les Pays-Bas espagnols.

XXII. La navigation de la Lys, depuis l'embouchure de la Deule, en remontant, sera libre, et il ne s'y établira ni péages, ni impôts.

XXIII. Il y aura une amnistie perpétuelle pour tout ce qui a été fait pendant cette guerre par les sujets des Pays-Bas.

XXIV. Ils pourront librement négocier avec les étrangers, vendre et aliéner en leur faveur, sans autre permission que celle du présent traité, et pourront librement, dans l'espace d'un an, quitter leurs demeures et s'établir où il leur plaira.

XXV. Ils jouiront de tous leurs biens, bénéfices, charges et droits, comme avant la guerre.

XXVI. A l'égard des rentes affectées sur quelques provinces, on en paiera de côté et d'autre sa quote-part, selon ce que chacun possède.

XXVII. Dans les pays cédés par le Roi, tout sera maintenu dans l'état où il étoit avant la guerre, à l'égard de la religion catholique. Les magistrats ne pourront être que de cette religion. Les évêques, les chapitres et les monastères, l'ordre de Malte et ceux qui ont des pensions assignées sur les bénéfices, seront conservés dans leurs droits et prérogatives.

XXVIII. Les communautés et habitants des Pays-Bas catholiques seront maintenus dans leurs coutumes et privilèges, comme ils en jouissoient sous la domination de leurs derniers souverains.

XXIX. Les bénéficiers jouiront des bénéfices qui leur ont été conférés par l'un ou par l'autre des deux partis.

XXX et XXXI. Le Roi promet de laisser jouir tranquillement l'Empereur de tous les États qu'il possède actuellement en Italie. L'Empereur s'engage de son côté de ne point troubler la neutralité d'Italie et de rendre bonne et prompte justice sur les prétentions des ducs de Guastalla et de la Mirandole et au prince de Castiglione.

XXXII. On renvoie au traité général et solennel la discussion de diverses prétentions dont les deux plénipotentiaires étoient chargés de demander satisfaction[1].

---

1. Les prétentions soutenues par la France étaient celles de

XXXIII. Sa Majesté Impériale s'engage de procurer que les électeurs, princes et états de l'Empire envoient des pleins pouvoirs et qu'ils consentiront à tous les points de ce traité.

XXXIV. On propose trois villes, afin d'en choisir une pour le lieu du traité, qui devra se conclure dans deux ou trois mois au plus tard, à compter du premier jour que commenceront les conférences.

XXXV. A la signature de ce traité doivent cesser les hostilités, et, après l'échange des ratifications, on doit s'abstenir de toutes contributions et se renvoyer sans rançon tous les prisonniers d'État et de guerre; les troupes seront retirées de part et d'autre.

XXXVI. Le commerce sera libre comme avant la guerre.

XXXVII. Le traité sera ratifié dans un mois.

Année 1714. — En conséquence de l'article trente-quatre ci-dessus, la ville de Baden en Suisse fut choisie et acceptée pour le traité en forme et solennel de la paix générale entre l'Empereur, l'Empire et la France, conformément aux articles préliminaires que je viens de rapporter.

Le traité préliminaire de Rastadt se confirme à Baden entre la France et l'Empire. — Le prince Eugène fut nommé par l'Empereur pour s'y rendre avec le comte

la duchesse d'Elbeuf comme héritière de sa fille la duchesse de Mantoue, de la princesse des Ursins pour une souveraineté indépendante et du duc de Saint-Pierre pour la principauté de Sabionette. L'Empereur, de son côté, avait à faire valoir certaines réclamations du duc de Lorraine, du duc de Modène et des maisons de Ligne et d'Arenberg.

de Goes[1] et le baron de Seilern[2], et le maréchal de Villars avec le comte du Luc[3] et Saint-Contest[4] pour la France. Tous ces ministres, s'étant rendus dans le lieu du Congrès, expédièrent bientôt toutes les affaires au contentement mutuel de leurs maîtres, et je ne vois pas que dans ce traité de paix il y ait rien eu de changé pour l'exécution aux préliminaires que j'ai rapportés[5]. Il y eut une chose que le Roi auroit fort souhaitée, et à quoi il ne put réussir, c'étoit de finir entièrement la querelle entre l'Empereur et le roi d'Espagne, qui craignoit toujours que quelque changement imprévu ne rallumât une guerre pareille à la précédente. Mais le Roi, n'ayant pu porter l'Empereur à renoncer définitivement à la couronne d'Es-

1. Pierre, comte de Goes, était conseiller aulique et gouverneur de la Carinthie.
2. Jean-Frédéric, baron puis comte de Seilern, aussi conseiller aulique et délégué impérial à la diète de Ratisbonne, avait déjà pris part aux négociations de Ryswyk (tome II, p. 342).
3. Ci-dessus, p. 89.
4. Dominique-Claude Barberie de Saint-Contest (1668-1730) avait d'abord été conseiller au Parlement, puis était entré dans le corps des maîtres des requêtes et gouvernait depuis 1700 l'intendance de Metz; il devint conseiller d'État en 1716.
5. Le traité de Baden, suivant l'usage diplomatique entre la France et l'Empire, fut rédigé en latin. Signé le 7 septembre 1714, il reproduisait presque textuellement les préliminaires de Rastadt, sauf quelques modifications de détails aux articles 12, 24 et 26. L'article 32, relatif aux prétentions de divers princes, était remplacé par un autre article constatant que ces prétentions n'avaient pu être réglées et feraient l'objet de négociations postérieures. Enfin, les articles 33 à 37 de Rastadt, qui avaient un caractère transitoire, étaient remplacés par des conventions définitives. Le texte complet du traité a été inséré par Du Mont dans son *Corps universel diplomatique*, t. VIII, pre-

pagne, n'insista plus sur cet article, afin de ne point retarder la signature de la paix, d'autant que le roi son petit-fils en obtenoit la réalité par la neutralité d'Italie, qui ôtoit à l'Empereur les moyens de faire aucune entreprise sur ses États[1]. [Il faut à présent changer un peu de sujet et revenir à celui que je me suis proposé, jusques aux bornes que je me suis prescrites.]

[*Mort de Charles, duc de Berry*. — Charles, duc de Berry, étant à la chasse, fit une chute de cheval, de laquelle il ne tint pas grand compte ou qu'il dissimula, afin de ne point alarmer le Roi. Le 1er mai, il sentit des douleurs de poitrine qui furent attribuées à toutes autres causes; on lui fit quantité de remèdes, sans doute peu convenables à son mal; car il mourut le quatrième jour à cinq heures du matin, dans sa vingt-huitième année[2].]

La paix générale qui venoit d'être conclue ne put porter les rebelles de Catalogne, qui ne pouvoient plus être secourus, à se soumettre à la discrétion et à la clémence du roi d'Espagne. [A la vérité, ils se flattèrent longtemps que la reine d'Angleterre, au pardessus de l'amnistie générale portée dans le traité de paix, leur procureroit la conservation de leurs privilèges; mais

---

mière partie, p. 436-444; M. Vast s'est contenté de reproduire les articles modifiés.

1. La paix entre l'Empereur et l'Espagne ne fut signée que plusieurs mois plus tard.

2. Le duc de Berry mourut le 4 mai 1714, à quatre heures du matin. On voit que Saint-Hilaire, comme pour la mort du duc et de la duchesse de Bourgogne, ne fait aucune allusion au poison, contrairement à l'opinion mise en avant par Saint-Simon (*Mémoires*, t. XXIV, p. 247 et suivantes).

le roi d'Espagne vouloit qu'ils implorassent sa clémence, ce qui leur étoit une démarche d'autant plus dure que les Catalans ont été, de tout temps, un peuple fier et amateur de sa liberté.]

Siège de Barcelone par le maréchal de Berwick. — [Barcelone, cette ville infortunée, étoit destinée à servir d'un exemple mémorable de leur courage et de leur indocilité. Ils ne voulurent jamais écouter les conseils qu'on leur donnoit de se soumettre;] ils écoutèrent les exhortations séditieuses des principaux factieux, qui les portèrent au désespoir, et soutinrent un siège qui fit plus d'honneur à leur courage qu'à leur sagesse. Le maréchal de Berwick, qui le fit avec des troupes françoises et espagnoles, fit ouvrir la tranchée le 12 de juillet[1]; et ceux de dedans se défendirent avec toute la fureur dont un peuple est capable, qui n'a plus d'autres espérances que de retarder de quelques jours une mort qu'il croit ne pouvoir éviter.

Je ne rapporterai point le détail de ce siège. Il me suffit de dire que le bastion Saint-Pierre fut pris et repris onze fois en un seul jour, et que, le maréchal de Berwick les ayant fait sommer de se rendre à des conditions qu'il leur fit proposer, ils lui répondirent qu'ils aimoient mieux mourir les armes à la main que de les accepter.

Réduction de Barcelone. — Après cela, ils soutinrent un assaut général avec la dernière intrépidité[2]. A la fin, ils furent forcés; mais comme il étoit difficile de les

---

1. *Gazette*, p. 365; *Dangeau*, t. XV, p. 197.
2. C'est le 11 septembre 1714 que fut donné cet assaut; voyez sur ce siège les *Mémoires du maréchal de Berwick*, rédigés par l'abbé Hooke, t. II, p. 170-195.

réduire dans la partie de la ville où ils se retirèrent, sans perdre beaucoup de monde, et qu'ils y arborèrent de tous côtés des drapeaux blancs, le maréchal de Berwick eut pitié d'eux et leur accorda une capitulation, par laquelle ils se soumettoient à la discrétion du roi d'Espagne, sur la promesse qu'on leur fit qu'ils auroient vie et bague sauve, que la ville se rachèteroit du pillage et qu'ils remettroient le même jour le fort de Mont-Juich aux assiégeants, rendroient incontinent la ville et le château de Cardone et disposeroient les Majorcains à se soumettre à l'obéissance et à la miséricorde du roi. L'assaut général coûta aux assiégeants environ deux mille hommes, y compris près de deux cents officiers. Les tribunaux établis de la part de l'Archiduc ou par les factieux furent anéantis, et on leur en substitua de nouveaux sous le nom de gouvernement supérieur ou d'administrateur[1]. Les chefs et les principaux officiers des mécontents furent arrêtés et envoyés dans les prisons d'Espagne; les ecclésiastiques qui s'étoient distingués par leur animosité contre le roi Philippe furent bannis à perpétuité des États de sa domination. On fit brûler par la main du bourreau, dans la place publique de Barcelone, les drapeaux et les robes des magistrats de la Députation pour inspirer plus d'horreur d'une autorité qui s'étoit élevée contre son roi.

[C'est ainsi que cette ville rebelle fut châtiée et l'esprit inquiet et turbulent des Catalans qui y sont sujets de tout temps.] Du depuis le roi d'Espagne a fait bâtir à Barcelone une bonne citadelle, qui tient les

1. Berwick établit une *junte* de gouvernement pour remplacer la « Députation », élue par les habitants.

peuples en bride, les Barcelonois ayant été de tout temps les premiers mobiles de toutes les révoltes survenues dans cette principauté.

[La paix qui venoit d'être conclue si fort à l'avantage de la France, on le peut dire, par un coup du ciel, et laissoit le roi d'Espagne paisible possesseur de son trône, dont il avoit été tout près de descendre par les violents efforts de tant de puissances ennemies qui avoient même mis la France à deux doigts de sa perte, donnoit, dis-je, à notre Roi et à son peuple une joie infinie dans un âge fort avancé; mais, comme il n'y en a jamais de parfaite en ce monde, elle étoit fort tempérée par le triste souvenir que le Roi conservoit de la perte récente de presque toute sa famille, et se trouvoit encore fort troublé par l'agitation où chacun étoit des affaires de l'Église, dont je vais donner ici une courte intelligence, que je n'ai pu placer plus haut pour ne point interrompre le récit des faits militaires et des négociations de paix.]

[*Affaires de la Constitution*[1]. — L'obscurité tant reprochée à la Bulle *Vineam Domini Sabaoth* n'avoit pas terminé les disputes des Jansénistes et des Molinistes, qui ne cherchoient qu'à se porter de nouveaux

---

1. Saint-Hilaire va faire dans les pages qui vont suivre, et qui avaient été supprimées dans l'édition de 1766, un exposé très clair, quoique succinct, de l'affaire de la constitution *Unigenitus*; il est curieux de remarquer qu'il s'accorde admirablement avec Saint-Simon pour réprouver les agissements des jésuites à cette occasion, ou plutôt de la faction ultramontaine de l'épiscopat, et qu'il montre des tendances nettement gallicanes, sinon très portées vers le jansénisme, ainsi que nous avons déjà eu occasion de le remarquer à propos des affaires de Port-Royal.

coups. Les Jésuites se plaignoient du trop grand ménagement qu'avoit eu, disoient-ils, le P. de la Chaise, ci-devant confesseur du Roi. Le père Le Tellier, son successeur, voyoit le Roi dans un âge où la dévotion donne de la docilité pour les directeurs, et il jugea que ces moments précieux pouvoient lui échapper par la mort d'un monarque plus que septuagénaire. Il se hâta donc de remuer toutes sortes de machines pour écraser le Jansénisme. Il arriva aussi que l'évêque de Sébaste[1], persécuté par la cour de Rome, avoit trouvé un défenseur dans Pasquier Quesnel, prêtre de l'Oratoire[2], qui écrivit en faveur de ce prélat ; d'ailleurs, le clergé de France avoit autrefois dénoncé un livre du cardinal Sfondrati[3] sur la Prédestination[4], et les Jésuites crurent que le cardinal de Noailles avoit eu beaucoup de part à la flétrissure de ce livre, qui étoit dans le système de Molina et protégé par le cardinal Albani, qui devint pape[5].]

[Le confesseur du Roi trouva bientôt le moyen de

1. Pierre Codde, de l'ordre de l'Oratoire, avait été nommé en 1689 évêque des Provinces-Unies sous le titre d'archevêque de Sébaste ; accusé de jansénisme, il fut alors suspendu par le pape le 13 mai 1702.

2. Pasquier Quesnel (1634-1719), persécuté pour cause de jansénisme, s'était retiré à Bruxelles en 1685 et resta dans les Pays-Bas jusqu'à sa mort.

3. Célestin Sfondrati (1644-1696), moine de Saint-Gall, évêque de Novare, cardinal en 1695.

4. Ce livre était intitulé : *Nodus prædestinationis dissolutus;* publié après la mort du cardinal, il fut déféré à Rome par un certain nombre d'évêques français ; mais il n'y eut jamais de jugement définitif sur son compte.

5. Jean-François Albani, né en 1649, cardinal en 1690, élu pape sous le nom de Clément XI en 1700, mort en 1721.

venger la cour de Rome en sollicitant la condamnation d'un livre intitulé : *Réflexions morales sur le Nouveau Testament*[1], qui parut dans ce temps-là. Le même P. Quesnel en étoit l'auteur, et ce livre se trouvoit muni d'une approbation solennelle du cardinal de Noailles, et le débit s'en trouva si grand qu'il s'en étoit fait beaucoup d'éditions. Les évêques de Luçon et de la Rochelle[2], dont j'ai parlé plus haut[3], commencèrent la bataille, et celui de Gap[4] n'attendit que le signal pour paroître ensuite avec quelques autres dont le confesseur s'étoit assuré. Ils firent imprimer à Paris une ordonnance qui condamnoit ce livre, et la firent afficher à Paris aux environs de l'église cathédrale et aux portes du palais archiépiscopal. Deux jeunes gens, neveux de ces deux évêques, qui faisoient leurs études au séminaire Saint-Sulpice, furent les instruments de cet affront ; car, selon l'usage, il n'est pas permis à des évêques étrangers de faire afficher ailleurs que dans leurs diocèses. Les premières démarches du cardinal pour s'en venger

1. Quesnel avait d'abord publié en 1671 des *Réflexions morales sur les quatre évangiles* qui furent approuvées par l'évêque de Châlons, Vialart ; en 1686, il fit paraître de nouvelles *Réflexions sur les actes et les épîtres des apôtres ;* enfin, il réunit le tout, après l'avoir beaucoup amplifié et modifié, en un seul ouvrage, publié en 1693 sous le titre de *Réflexions morales sur le Nouveau Testament ;* ce fut cet ouvrage qui fut condamné par Rome.

2. L'évêque de Luçon était, depuis 1699, Jean-François de Valderiès de Lescure, et celui de la Rochelle Étienne de Champflour, nommé en 1702.

3. Saint-Hilaire se trompe ; il n'a pas encore parlé de ces deux prélats.

4. François Berger de Malissoles, évêque de Gap en 1706, mort en 1738.

furent de faire sortir de cette maison ces deux étudiants. Les évêques s'en plaignirent au Roi par une lettre où ils ne ménagèrent point le cardinal, et la rendirent publique. Ce dernier trouva des amis qui l'exhortèrent à soutenir ce choc avec fermeté. L'évêque de Gap publia ensuite une ordonnance conforme à celle des deux autres[1].]

[Le cardinal, se sentant pousser à bout, fit publier, le 3 juillet 1711, une ordonnance contre les instructions pastorales des évêques, qui la dénoncèrent au Roi par le canal du confesseur comme un attentat à son autorité, qu'il avoit méprisée, disoient-ils, en se rendant justice soi-même. Cette affaire se trouvant ainsi engagée, et le Roi, flottant entre son confesseur et le cardinal, la remit au duc de Bourgogne, devenu dauphin, et qui entroit dans tous les détails du gouvernement[2]. Ce prince ne vécut pas assez longtemps pour approfondir cette affaire. Cependant, le jésuite, voyant que le cardinal n'étoit point discrédité à la cour par cette intrigue, en commença une autre, qui fut d'envoyer à plusieurs évêques de France, ses amis ou ses créatures, des modèles de lettres qu'ils devoient écrire au Roi pour lui dénoncer le cardinal comme suspect du prétendu Jansénisme, pour lequel on lui avoit donné de longue main beaucoup d'horreur. Il prétendit que cette manœuvre devoit être comme le cri de l'Église gallicane contre le danger où la mettoit la protection accordée par le cardinal à un livre si pernicieux. Mais il arriva malheureusement pour le confesseur que le

1. Sur toute cette affaire, voyez les *Mémoires de Saint-Simon*, t. XX, p. 330-350.
2. *Ibidem*, t. XXII, p. 64-66.

mystère fut dévoilé par une de ces lettres, qui tomba entre les mains des Jansénistes, qui la firent imprimer[1]. Alors, le Roi auroit assez connu la mauvaise volonté des Molinistes, s'il n'en eût pas été obsédé. Il étoit néanmoins question de décider si ce livre étoit dangereux, comme on le lui assuroit, et, pour l'y porter avec plus de succès, on lui représentoit à tout moment qu'après avoir triomphé de l'hérésie, il y alloit de sa piété de ne pas souffrir que le royaume fût infecté d'une nouvelle secte plus dangereuse, disoient-ils, encore que la première.]

[Le Roi, sensible à tout ce qu'il croyoit de sa gloire et de l'intérêt de la religion, quoiqu'il ne fût pas théologien, tomba dans une agitation dont on ne le vouloit point tirer; au contraire, on la redoubloit autant qu'il étoit possible. Le jésuite sut se prévaloir de la conjoncture et, pour parvenir à ses fins, il fit extraire par la Société cent et une propositions tirées du livre de Quesnel, auxquelles elle donna les qualifications les plus violentes. Elles furent déférées à la cour de Rome, et l'on fit demander par le Roi une décision là-dessus. Alors le parti moliniste sollicita et s'intrigua vivement pour obtenir une bulle d'excommunication. Cependant, cette affaire n'alla pas si vite qu'il le désiroit; car, quoique la cour de Rome n'ait pas accoutumé de rejeter les occasions d'affermir de plus en plus l'autorité qu'elle s'attribue, elle craignoit de jeter beaucoup de trouble dans l'Église, et que le parti augustinien et les thomistes ne s'élevassent, aussi bien que

---

1. Saint-Simon (*ibidem*, p. 211-215) a raconté tout ce complot qui fut éventé par une maladresse de l'abbé Bochart de Saron, trésorier de la Sainte-Chapelle de Vincennes.

les parlements, dépositaires en ce royaume des privilèges de l'Église gallicane. Les Molinistes avoient beau la rassurer là-dessus; elle ne vouloit pas s'y fier sans un engagement de la part de Sa Majesté, par lequel elle promît d'employer toute son autorité pour la faire recevoir par tout le clergé et les parlements de son royaume.]

[Le confesseur ne manqua pas de l'obtenir et l'envoya à Rome accompagné, à ce qu'on a assuré, d'un projet tout dressé de la bulle qu'on demandoit, avec de nouvelles instances, qui ne furent pas inutiles; car elle parut quelque temps après et se trouva datée du 8 septembre 1713. Elle commence par ces mots : *Unigenitus Dei filius*[1]. Le cardinal de Noailles révoqua alors l'approbation qu'il avoit donnée au livre des *Réflexions morales*, et, par l'ordre du Roi, quarante prélats s'assemblèrent à Paris le 16 novembre suivant.

[Il me semble qu'il convient assez de dire ici que cette assemblée fut composée de trois sortes de prélats. Le plus grand nombre étoit de gens gagnés par des grâces nouvellement procurées ou promises; ils avoient à leur tête Bissy, évêque de Meaux[2], qui fut peu après récompensé d'un chapeau de cardinal et de la bonne abbaye de Saint-Germain-des-Prés. Le moindre étoit de ceux qui trouvoient que la bulle ouvroit la porte à une infinité d'erreurs et d'abus et refusoient de l'autoriser par leur consentement; le cardinal de Noailles étoit le chef de ce parti. La troisième étoit composée de prélats assez indifférents sur

1. Voyez les *Mémoires de Saint-Simon*, t. XXIV, p. 101 et suivantes.
2. Henri de Thiard, cardinal de Bissy.

le sens bon ou mauvais de la bulle, mais qui, sachant que le Roi en avoit commandé l'acceptation, se joignirent d'abord au plus grand nombre; le cardinal de Rohan, évêque de Strasbourg, étoit à la tête de ceux-là, et fut bientôt le chef de tous.]

[Cependant, pour lever les scrupules de ceux qui ne croyoient pas que la bulle pût être acceptée purement et simplement, les prélats convinrent d'y donner des explications, en forme de lettres pastorales, qui devoient accompagner la bulle, en fixer le véritable sens et de les envoyer aux évêques absents, qui, de leur côté, publièrent chacun dans leurs diocèses leurs lettres pastorales, dans lesquelles on remarqua peu d'unanimité. Le 5 janvier 1714, le Roi donna ses lettres patentes pour faire observer la constitution *Unigenitus*, lesquelles furent enregistrées le lendemain au Parlement avec des modifications.]

[Les explications des évêques et l'acceptation qui y étoit relative contentèrent peu de personnes; il s'éleva un cri général contre la Constitution; ni la Sorbonne, ni les parlements ne l'approuvèrent; celle-là y trouvoit des propositions très catholiques condamnées, et ceux-ci y trouvoient des pièges tendus pour abolir les libertés de l'Église gallicane, dont ils se disent les conservateurs. Le cardinal de Noailles, l'archevêque de Tours[1], les évêques de Verdun[2] et de Châlons-sur-Marne[3], de Senez[4], de Boulogne[5], de Saint-Malo[6] et de

1. Mathieu Ysoré d'Hervault.
2. Hippolyte de Béthune.
3. Jean-Baptiste-Louis-Gaston de Noailles.
4. Jean Soanen.
5. Pierre de Langle.
6. Vincent-François Desmaretz.

Bayonne[1] jugèrent que la Constitution n'étoit pas acceptable sans explications, et, ne trouvant pas celles des évêques suffisantes, ils aimèrent mieux les recevoir du Pape et lui écrivirent pour les lui demander. Leurs prières furent inutiles; car le conseil du Pape, peu accoutumé à démordre, répondit que la Constitution étoit claire. D'autres évêques protestèrent aussi qu'elle n'étoit acceptable en aucune manière et qu'elle ne pouvoit devenir orthodoxe que moyennant des explications qui contiendroient souvent un sens contraire au véritable esprit de la bulle.]

[Le Roi fut fort surpris que cette bulle ne fût pas unanimement acceptée, ainsi qu'on le lui avoit fait espérer; il ordonna à la Sorbonne de s'y soumettre; plusieurs docteurs s'y opposèrent et furent punis par l'exil; et comme une grande partie des Sorbonnistes étoient dans le parti des jésuites et de la cour, ceux qui étoient des opposés sortoient à peine des assemblées que, dénoncés comme réfractaires aux ordres du Roi, ils recevoient des lettres de cachet qui les reléguoient. Leur murmure venoit encore de ce que, pour tromper la cour et le public, les docteurs acceptants avoient fait imprimer une conclusion en faveur de la Constitution et supposoient qu'elle avoit été universellement reçue. Les autres protestèrent bientôt contre; l'université de Reims la rejeta à la pluralité des voix, et le Roi eut le chagrin de voir tout son royaume en combustion par un remède qu'il avoit demandé pour rétablir la paix de l'Église.]

[*Sa Majesté veut tâcher de pacifier les puissances du Nord et envoie un ambassadeur en Suède.* — Un autre

1. André Dreuilhet.

soin occupoit le Roi. Après la bataille de Pultawa, que le roi de Suède perdit contre le czar de Moscovie, ce prince, ancien allié de la France, fut contraint de se retirer sur les terres du Grand Seigneur, près duquel Sa Majesté lui rendit tous les bons offices qui pouvoient dépendre de lui. Il lui fit espérer pendant un espace de temps des secours suffisants pour lui donner occasion de prendre vivement sa revanche. Le Grand Seigneur envoya même une puissante armée contre le czar, qui le réduisit en de grandes extrémités dont il eut l'adresse de se tirer à force d'argent et par une paix qu'il fit sur le champ de bataille avec le grand vizir[1]. Alors les espérances du roi de Suède s'évanouirent, et, jugeant qu'il ne pouvoit rien tirer de cette cour malgré ses pompeuses promesses, ayant été même insulté dans le lieu de sa retraite par ordre du grand vizir, où il se défendit avec un courage invincible et le peu de ses gens qui s'y étoient retirés avec lui, dont on lui fit peu après des excuses, mais ayant appris d'ailleurs les ravages que le czar, l'électeur de Brandebourg et le roi de Danemark faisoient dans ses États d'Allemagne, il se résolut tout d'un coup d'y retourner pour y mettre ordre, espérant que quelques princes de la Basse-Allemagne, moyennant quelques avantages qu'il leur promettoit après qu'il se seroit ressaisi des États qu'il avoit perdus, l'assisteroient, dis-je, de leurs forces. Ce prince traversa donc l'Allemagne avec une telle célérité que ses domestiques ne purent le suivre dans sa course et ne le rejoignirent qu'après. Pendant ce temps-là, il faisoit négocier à notre cour pour en tirer

---

1. *Mémoires de Saint-Simon*, t. XXII, p. 134-137; bataille de Falczyn, 19 juillet 1711.

des subsides. Mais, quelque bonne envie que le Roi en eût, il ne pouvoit y satisfaire; son royaume étoit épuisé de la guerre dernière, dont il étoit sorti comme par un miracle et craignoit trop de la renouveler en s'engageant tout de nouveau; joint à cela qu'on voyoit peu de réalité dans les espérances dont ce prince avoit communiqué le fondement. Tout ce que le Roi put faire en ce rencontre consista à lui envoyer le comte de Croissy[1] pour ambassadeur, qui employa inutilement ses bons offices pour ménager un accommodement entre lui et ses ennemis. Après cela, le ministre partit de Stralsund peu avant que cette place fût conquise et sauva à la faveur de ses équipages ceux du roi Stanislas qui y étoient en dépôt.]

[Peu de temps après, le prince de Saxe[2], fils de l'électeur de ce nom, qui étoit aussi roi de Pologne, arriva à Paris, sous le nom de comte de Lusace. Son voyage donna matière aux spectateurs de faire plusieurs raisonnements, ne pouvant s'imaginer qu'il n'y fût venu que par simple curiosité; nous n'avons pourtant point vu qu'il y en ait eu aucun de fondé[3]. Le Roi donna tous les ordres nécessaires pour lui rendre

1. Louis-François-Henri Colbert, comte de Croissy, frère cadet du ministre Torcy, était lieutenant général depuis 1710; il fut désigné pour cette mission en décembre 1714, arriva auprès de Charles XII en mai 1715 et quitta Stralsund le 13 novembre.

2. Frédéric-Auguste, prince électoral de Saxe, né en 1696, devint roi de Pologne et électeur de Saxe en 1733 et mourut en 1763.

3. Saint-Simon a raconté (*Mémoires*, t. XXV, p. 110 et suivantes) que le prince s'était converti secrètement au catholicisme en 1712.

aimable le séjour qu'il faisoit de temps en temps à sa cour. Ce prince passa environ un an en France, puis s'en retourna en Allemagne.]

Édits publiés pour le soulagement des peuples de France, qui ne peuvent avoir un grand effet. — Depuis la paix faite, le Roi s'étoit fort appliqué à donner des ordres pour le soulagement de ses sujets par une foule d'édits et déclarations qui parurent. Mais, comme le temps fut bref et que le désordre étoit grand, on n'y avançoit guère; car ceux qui profitoient étoient fort difficiles à surmonter à cause de leur cupidité et de leurs intrigues.]

Déclaration du Roi en faveur des ducs du Maine et comte de Toulouse. — Cependant, le Roi se sentoit baisser depuis quelque temps, ce qui l'engagea aussi à songer de plus en plus à l'élévation suprême des deux fils naturels qui lui restoient, [par la tendresse naturelle qu'il se sentoit pour eux et leur grand mérite[1]; peut-être se sentit-il encore plus intéressé personnellement.] Quoi qu'il en soit, le 2 juillet, il donna une déclaration, qu'il fit enregistrer au Parlement, en présence des princes du sang et des pairs, par laquelle il les appeloit à la succession de la couronne, au défaut des princes du sang[2]. L'enregistrement passa tout d'une voix; mais, dès qu'on sut le Roi en péril évident de mort, les cabales entre les grands commencèrent pour les faire déchoir de ce haut rang.

1. Il faut se rappeler que Saint-Hilaire était officier supérieur de l'artillerie, dont le duc du Maine était grand maître.
2. Édit signé à Marly en juillet 1714; la date du 2 donnée par Saint-Hilaire est fausse, les édits ne portant jamais de date de jour; il fut enregistré au Parlement le 2 août.

Le Roi fit son testament et le donna en dépôt au Parlement. — A l'exemple d'Auguste, qui voulut encore régner après sa mort et déposa son testament entre les mains des vestales, le Roi fit le sien, avec cette différence qu'Auguste n'attendit pas qu'une maladie et les approches de la mort le forçassent à cette disposition. Celui du Roi est une des plus grandes preuves de son courage et de sa force d'esprit. Il y envisage sa mort sans effroi et y donne ses ordres pour l'avenir (qui furent mal suivis) avec une sagesse merveilleuse. Le testament étoit accompagné d'un édit du mois d'août, qui portoit que cette ordonnance de dernière volonté seroit conservée en dépôt au greffe du parlement de Paris [1].

Année 1715. — Pendant que ce grand prince étoit occupé de ces pensées, si tristes pour les âmes vulgaires, la fortune et les courtisans qui l'approchoient de plus près lui ménagèrent une flatteuse distraction, qui ne laissa pas de coûter beaucoup d'argent, [feinte ou véritable, car on n'a pas pu savoir au vrai lequel c'étoit des deux.]

Histoire de Riza-Beg. — A la fin de l'année précédente, un certain Riza-Beg, qui se disoit ambassadeur du roi de Perse [2] et chargé de ses ordres, arriva à Marseille le 4 janvier, avec une nombreuse suite [3]. Après

---

1. Voyez les *Mémoires de Saint-Simon*, t. XXV, p. 1 à 26.
2. Méhémet-Riza-Beg, intendant de la province d'Érivan, envoyé par le khan de cette province. M Maurice Herbette a raconté son ambassade et ses aventures dans *Une ambassade persane sous Louis XIV* (1907).
3. Les dates données par Saint-Hilaire sont erronées : Méhémet-Riza-Beg débarqua à Marseille en octobre 1714 et y

avoir traversé, à ce qu'il disoit, la Turquie avec beaucoup de danger et de précaution, à cause de l'ombrage que son ambassade y avoit donné, il arriva à Lyon le 24 janvier 1715 et poursuivit son chemin jusqu'à Paris ; dans toutes les villes de son passage, on l'accabla de présents et on le reçut avec des honneurs extraordinaires. Il fit son entrée publique à Paris le 7 février suivant et refusa de se servir des carrosses du Roi, selon l'usage ordinaire en pareilles occasions. Au lieu d'iceux, il monta à cheval, précédé des plus beaux chevaux de l'écurie du Roi, au bruit des trompettes, timbales et hautbois. Cet ambassadeur étoit vêtu richement à la persienne et entouré de ses domestiques (dont il y en avoit quelques-uns qu'il appeloit des mousquetaires), précédé par un Persan qui portoit l'étendard du roi de Perse. Les présents destinés à Sa Majesté, qui étoient peu de chose, étoient dans des caisses, sur un brancard porté par deux mulets[1]. Le 19 février, le Roi, revêtu de l'habit le plus superbe qu'on puisse s'imaginer[2], lui donna audience publique dans la grande galerie de Versailles, où ce magnifique spectacle brilla de toutes les plus belles pierreries de la cour et de la ville, dont les habits magnifiques des princes et princesses étoient rehaussés, aussi bien que ceux de plusieurs particuliers. L'ambassadeur témoigna d'être plus frappé de l'air

séjourna quelque temps ; il n'arriva à Charenton que le 26 janvier 1715.

1. Des estampes du temps reproduisent cette entrée, l'audience dont notre auteur va parler, ainsi que le portrait de l'ambassadeur et diverses scènes de son existence à Paris.

2. L'habit du Roi était couvert de diamants, valant plus de douze millions.

grand et majestueux du Roi que de la pompe qui l'environnoit; [la foule ne permit pas de bien observer la cérémonie.] Il fut ensuite à l'audience de Monseigneur le Dauphin et s'en retourna à Paris à l'hôtel des ambassadeurs, où il fut défrayé[1]; puis alla loger à Chaillot, où il resta jusque dans le mois d'août, avec assez de mépris; puis, la mascarade finie ou les négociations, [qui n'ont point été développées,] il s'embarqua pour s'en retourner en son prétendu pays; on n'en a plus entendu parler depuis[2].

Le Roi réconcilie M. le duc d'Orléans avec le roi d'Espagne. — Parmi tout cela, le Roi avoit une affaire à cœur, [qui ne lui fut pas si difficile à terminer que celle de la Constitution, qui ne l'est pas encore dans le temps que j'écris ceci, ne le sera de longtemps, et peut-être qu'à la vallée de Josaphat[3], à en juger selon les apparences.] C'étoit la réconciliation de S. A. R. M. le duc d'Orléans avec le roi d'Espagne, son petit-fils, auquel il avoit donné de furieux ombrages pendant son séjour en Espagne[4]. Ce prince du depuis y tint encore quelques émissaires secrets, qui furent découverts et arrêtés. Le Roi, détrompé ou revenu de tout ce qu'il avoit appris là-dessus, ou bien considérant que cette querelle pouvoit dégénérer en une haine

1. Saint-Simon (*Mémoires*, t. XXVI, p. 126 et suivantes) a raconté cette ambassade.
2. Il y eut en effet dans le public bien des doutes sur la réalité de cette ambassade, et Saint-Simon s'en est fait l'écho. Les historiens modernes ont cru néanmoins à sa vérité; les conventions que Torcy passa avec lui reçurent d'ailleurs leur exécution.
3. C'est-à-dire, à la fin du monde, au jugement dernier.
4. Voyez, tome V, p. 202, l'affaire de Flotte et Regnault.

pernicieuse aux deux monarchies, tâcha de persuader au roi d'Espagne que tout ce qu'on avoit avancé au sujet du duc d'Orléans, du temps qu'il étoit en Espagne, étoit faux, et que, convaincu qu'il étoit de l'injustice qu'on faisoit en cela à Son Altesse Royale, il prioit Sa Majesté Catholique de faire relâcher les prisonniers qui étoient détenus pour ce sujet et de vivre en bonne intelligence avec le duc d'Orléans. Le roi d'Espagne fit réponse qu'il venoit de faire relâcher les prisonniers et que, s'il ne tenoit qu'à lui de faire les premières démarches, il les feroit avec plaisir. Sa Majesté, ayant communiqué cette lettre à Son Altesse Royale, ce prince écrivit aussitôt au roi d'Espagne et en reçut une lettre qui acheva de les réconcilier[1]. Ainsi le Roi eut encore cette satisfaction avant de mourir.

[*Édit en faveur des jésuites.* — Entre tous les édits qui se répandirent et dont j'ai déjà dit un mot, il y en eut un en faveur des jésuites, qui, n'oubliant jamais leurs intérêts et se trouvant trop gênés par la déclaration de 1702, présentèrent une requête au conseil d'État tendant à avoir droit d'hérédité quand ils sortent de la Société. L'arrêt leur fut favorable et permettoit à tous ceux qui voudroient quitter leur habit avant l'âge de trente-trois ans de rentrer dans leurs droits et biens, dès le jour même de leur sortie[2].]

[*Continuation des affaires de la Constitution.* — Reve-

1. Cette réconciliation fut une suite de la disgrâce de la princesse des Ursins, dont notre auteur ne parle pas : voyez les *Mémoires de Saint-Simon*, t. XXVI, p. 170 et 510-517.
2. L'arrêt fut rendu au conseil d'État le 4 juillet 1715 et donna lieu à une déclaration du 16, qui établit ce nouveau droit pour les jésuites qui rentraient dans le séculier.

nons à la Constitution. Ces bons Pères étoient les seuls avec quelques prélats de cour qui parussent s'y intéresser. On l'avoit fait aimer au Roi comme son ouvrage, parce qu'il l'avoit sollicitée. D'ailleurs, comme il n'étoit pas assez savant sur ces matières, il ne pouvoit observer qu'ils étoient les seuls qui y fussent intéressés, puisqu'elle canonisoit ce qu'il y a de plus outré et de plus combattu dans la doctrine de leur P. Molina. Tout accès étoit interdit à l'opinion contraire ; mais il ne se trouvoit que les jésuites qui écrivissent en faveur de la Constitution. Le Roi, en ayant su quelques nouvelles, témoigna de l'étonnement de ce qu'en un si grand nombre de théologiens célèbres, il ne se trouvoit personne que les jésuites qui écrivissent en faveur de la Constitution. Il se plaignit des Bénédictins et trouva mauvais que, dans une congrégation aussi savante, il n'y eût pas une seule plume qui prît la défense de cette bulle. Dom Martianai[1] et Dom Roussel[2], qui furent nommés par la cour comme les plus capables de répondre à ses vues, s'en excusèrent. Les supérieurs généraux des prêtres de l'Oratoire et des chanoines réguliers de Sainte-Geneviève eurent de pareils commandements ; chacun se dispensa de défendre une constitution qu'ils étoient résolus de dénoncer comme hérétique au futur concile général, si on les poussoit à bout pour la leur faire recevoir par force. Le Roi lui-même ne savoit presque plus que penser du déchaînement de la plus grande partie du clergé séculier et régulier contre cette

1. Jean Martianai (1647-1717) avait fait profession en 1668 et s'était occupé de divers ouvrages sur l'Écriture sainte.
2. Guillaume Roussel (1658-1717) était connu pour une traduction des lettres de saint Jérôme et pour sa collaboration à l'*Histoire littéraire de la France*.

production jésuitique, arrivée sous une enveloppe ultramontaine. Cependant, la cour de Rome le pressoit instamment d'employer les dernières voies de rigueur pour soumettre les têtes rebelles. Elle menaçoit de priver le cardinal de Noailles de toutes ses dignités; la nôtre se prenoit à cette Éminence de l'opposition qu'elle trouvoit dans le clergé inférieur.]

[Ceux du parti moliniste se surent si bien prévaloir de la conjoncture qu'ils obtinrent du Roi une déclaration qui fut seulement minutée, par laquelle il déclaroit la Constitution loi d'État, et que tous ceux qui ne l'accepteroient pas seroient privés du temporel sans aucune distinction. Il devoit même venir au Parlement tenir son lit de justice pour la faire enregistrer en sa présence par le poids de son autorité. Les choses allèrent même si loin que Dongois, greffier en chef du Parlement[1], eut ordre de revenir de la campagne, où il étoit allé passer quelques jours, pour préparer et tenir ses registres tout prêts. Daguesseau, alors procureur général[2], et Joly de Fleury, avocat général[3], furent mandés pour les prévenir. Ils répondirent au Roi avec beaucoup de force et de courage; l'un d'eux lui représenta avec beaucoup de respect qu'on avoit déjà trop fait pour cette bulle, sans la faire passer en loi, que, sans toucher à ce qui regardoit la doctrine et la discipline de l'Église, elle insinuoit des maximes qui détruisoient les libertés de l'Église gallicane et du

---

1. Nicolas Dongois était depuis 1709 greffier en chef civil.
2. Henri-François Daguesseau, procureur général au Parlement depuis 1700, devint chancelier de France en 1717.
3. Guillaume-François Joly de Fleury, avocat général au Parlement en 1705, succéda à Daguesseau comme procureur général en 1717.

royaume, dont les parlements étoient les dépositaires, et qu'en demandant au cardinal de Noailles une acceptation pure et simple de cette bulle, c'étoit exiger de lui qu'il violât en un jour trois serments de fidélité qu'il avoit faits au Roi; qu'étant cardinal et, en cette qualité, l'homme du pape, il étoit très louable de préférer les intérêts de Sa Majesté et de l'État à des engagements étrangers. A ce discours, il parut que le Roi sentit en lui une agitation extraordinaire. Mais ceux qui le portoient à terminer cette affaire l'engagèrent à ne rien changer aux mesures déjà prises, et il avoit été résolu de plus que Daguesseau, Joly et les autres officiers suspects aux Molinistes seroient destitués de leurs charges; mais le Roi tomba malade et ne put exécuter ces projets.]

Il se sentoit baisser petit à petit pendant tout le mois de juin qu'il passa à Marly; il ne sortit presque point de son appartement, où l'on cherchoit à l'amuser par mille petits divertissements. Il s'en revint à Versailles, et de là il devoit aller à Fontainebleau, après avoir donné des audiences à quelques ambassadeurs et expédié d'autres affaires; mais sa maladie changea cette disposition aussi bien que les autres.

Commencements de la maladie du Roi. — Les premiers symptômes commencèrent par de grandes douleurs et une foiblesse extrême dans une jambe, dont la chair devint insensible; malgré cela, il se préparoit à dîner en public; mais il lui survint des douleurs si aiguës qu'il ordonna de faire sortir tout le monde et ne retint avec lui que le maréchal de Villeroy, qu'il avoit toujours aimé[1]. Ce seigneur y resta seul plus

---

1. Le samedi 24 août : *Journal de Dangeau*, t. XVI, p. 109-110.

de deux grosses heures; on a rapporté qu'il lui dit entre autres choses : « Je vois bien que mon « heure approche, et qu'il faut songer sérieusement à « mourir. » Sur les quatre heures après midi, une fièvre violente lui prit, qui ne lui permit de s'endormir que sur les quatre heures du matin du dimanche 25 août. Il se réveilla trois heures après et se trouva un peu soulagé, sans fièvre et sans douleur aux jambes. Il demanda le maréchal de Villeroy, qui fut une demi-heure avec lui. M. le duc d'Orléans vint ensuite, et le félicita sur son rétablissement. Les principaux de la cour firent éclater leur joie en sa présence. Le Roi ordonna à midi qu'on ouvrît toutes les portes de son appartement et qu'on ne les refusât à personne pour le voir dîner. Il mangea peu et but moins de vin qu'à l'ordinaire. Ceci se passa le 25, fête de saint Louis, dont il portoit le nom, et, comme il n'entendoit point la symphonie que les musiciens avoient coutume de lui donner ce jour-là pour bouquet, il commanda qu'on les fît venir et parut prendre quelque plaisir à leur harmonie[1]. Se trouvant plus mal après-dîner, il fit appeler son premier chirurgien, à qui il montra sa jambe et sa cuisse; les autres chirurgiens et les médecins entrèrent, et tous ensemble demandèrent la permission de mettre la jambe dans de l'eau dont la main ne pouvoit supporter la chaleur. Le Roi ne la sentit que lorsqu'elle eut pénétré jusqu'à la moëlle de l'os[2]; mais, quand la jambe fut sortie hors de l'eau, on y aperçut des taches, qui étoient les indices de la gangrène. Il soutint les

1. Voyez le *Journal de Dangeau*, p. 110, et la relation spéciale du même auteur, p. 118-119.
2. Ce détail n'est pas donné par Dangeau.

discours des médecins et des chirurgiens, qu'il voulut entendre avec fermeté, et, rappelant toutes les forces de son âme, il leur commanda lui-même de faire des incisions, et, les voyant embarrassés : « N'avez-vous « point de rasoirs, leur dit-il? Vous n'avez qu'à cou- « per tout ce que vous jugerez à propos[1]. » Son premier médecin[2], qui lui tenoit le bras pendant cette triste opération, a rapporté qu'il n'y trouva aucune altération considérable. Ensuite, on délibéra si on lui couperoit la cuisse pour arrêter la gangrène; mais le peu d'apparence qu'ils virent à prolonger ses jours par ce moyen ôta la pensée aux médecins de lui faire souffrir cette douleur. Il se résolut à la mort, et, quelqu'un voulant le consoler, il lui répondit avec fermeté : « Il y a plus de dix ans que je pense continuellement à « mourir en roi chrétien. »

Dispositions du Roi avant de mourir. — Le matin suivant, il écrivit un mémoire, qu'il fit cacheter en sa présence. Il le remit entre les mains du chancelier Voysin et lui en dicta un autre, en forme de codicille, qu'il signa. Il envoya chercher M. le duc d'Orléans, qu'il déclara régent du royaume, au lieu de chef de la Régence, comme il l'avoit seulement qualifié dans son testament. Il nomma le duc du Maine surintendant à l'éducation du Dauphin, avec le commandement sur sa garde et les troupes de sa maison; le maréchal de Villeroy, gouverneur, et il lui substitua le maréchal d'Harcourt, en cas de maladie ou de mort du premier; Sau-

1. Ces paroles ne sont rapportées par aucune des relations de la maladie du Roi, non plus que celles que notre auteur va lui faire prononcer quelques lignes plus loin.
2. Guy-Crescent Fagon.

mery et Joffreville[1] pour sous-gouverneurs; le dernier s'en excusa; Fleury, ancien évêque de Fréjus, précepteur, et le P. Le Tellier, confesseur. Cette dernière disposition fut changée aussi bien que quelques autres. Il recommanda le Dauphin et le royaume au duc d'Orléans. Ces dispositions étant faites, il parut que le Roi ne songea plus qu'à mourir. Il se confessa et communia avec une dévotion exemplaire.

Le cardinal de Noailles écrit à Mme de Maintenon. — Le cardinal de Noailles, [alarmé de l'état auquel étoit le Roi,] connut qu'il n'y avoit plus de temps à perdre, et, comme il lui étoit défendu d'aller à Versailles sans y être appelé, il écrivit avec sa force et sa douceur ordinaires à Mme de Maintenon, et lui témoigna qu'il auroit ardemment souhaité de voir Sa Majesté pour lui donner les dernières marques de son attachement. Il lui représenta, avec une liberté respectueuse, que sa conscience avoit été fort engagée par la part qu'on lui avoit fait prendre aux affaires de la constitution *Unigenitus*.

On lit au Roi la lettre du cardinal. Discours du Roi sur cette lettre aux cardinaux de Rohan et de Bissy et son confesseur. — Le Roi, à qui on lut cette lettre, en fut touché et demanda aux cardinaux de Rohan et de Bissy, qui se trouvèrent présents, s'il n'avoit point été trop loin dans cette affaire, dans laquelle il n'avoit rien fait que par leur conseil et celui de son confesseur. A quoi il ajouta qu'il craignoit de s'être trop engagé; que si cela étoit, il pourroit encore y remédier. Il leur ordonna de déclarer s'ils n'avoient point agi par passion et par des considérations humaines.

1. Tomes III, p. 254, et V, p. 90-91.

Réponse des cardinaux et du confesseur aux discours du Roi. — Ils lui répondirent qu'il ne devoit avoir aucune peine d'avoir suivi le pape et les évêques ; que, pour ce qui les regardoit, ils n'avoient eu en vue que l'intérêt de Dieu, de l'Église et de leur conscience. « Mais, reprit-il, M. le cardinal demande à me voir ; « je l'ai toujours aimé, et je n'aurois aucune répugnance « à le voir. » Le P. Le Tellier prit la parole et répondit que ce seroit détruire tout ce qui avoit été fait.

Le Roi ordonne au chancelier Voysin de faire une réponse obligeante au cardinal. — Cependant, le Roi ordonna au Chancelier, qui étoit présent, de lui écrire de sa part une lettre obligeante. Voysin, quoiqu'il eût les plus grandes obligations à Mme de Maintenon, [étoit affectionné à la cabale et] ne s'acquitta pas bien précisément de son ordre ; car tout le monde a dit, comme un fait certain, qu'il ajouta sèchement à cette lettre que le Roi ne pouvoit le voir qu'après qu'il se seroit soumis au pape.

Autres discours du Roi aux cardinaux et au confesseur. — Sa Majesté finit cette conversation par dire : « J'ai fait tout ce que j'ai pu pour mettre la paix entre « vous ; je prie Dieu qu'il vous la donne », et quelque peu de temps après dans une autre occasion, il ajouta : « Je suis dans la meilleure foi du monde ; si vous « m'avez trompé, vous êtes bien coupables ; car je ne « cherche que le bien de l'Église. » [Il me semble qu'on doit résumer des discours du Roi au sujet de la Constitution, qu'étant alors humilié devant Dieu pendant les courts moments qui lui restoient à vivre, qu'il ne voyoit plus les objets dans le même point de vue qu'on les lui avoit toujours présentés, et qu'il appréhendoit fort que, par des intérêts particuliers, ceux qui avoient su prendre de l'intérêt sur son esprit ne l'eussent contraint à abuser de son autorité en ce point[1]. Je reprends les dernières circonstances de la vie de ce prince.]

Le 26, entre neuf et dix heures du matin, tous ceux de la cour qui avoient les grandes entrées se rendirent dans les cabinets du Roi, et peu de temps après, toutes les princesses y arrivèrent. La grande galerie et l'appartement furent remplis, comme la veille, de quantité de seigneurs et de gens de considération, qui n'avoient pas les entrées.

On juge la maladie du Roi désespérée. — Sur les dix heures, on pansa de nouveau la jambe du Roi et on y donna plusieurs coups de lancette. On y fit des incisions jusqu'à l'os, et comme on trouva que la gangrène l'avoit gagné, on ne douta plus, même ceux qui avoient voulu se flatter, qu'elle ne venoit du dedans et qu'on n'y pouvoit apporter aucun remède salutaire. Ce pansement fini, le Roi dit que, puisqu'il n'y avoit plus de remède, il demandoit au moins qu'on le laissât mourir en repos.

Discours du Roi au Dauphin. — A midi, Sa Majesté fit venir dans sa chambre M. le Dauphin, conduit par Mme la duchesse de Ventadour, sa gouvernante, et, après avoir embrassé le Dauphin, il dit : « Mignon, « vous allez être un grand roi ; mais tout votre « bonheur dépendra d'être soumis à Dieu et du soin « que vous aurez de soulager vos peuples. Il faut

---

[1]. Saint-Hilaire, zélé anticonstitutionnaire, s'est appesanti sur cet incident, sur le fond duquel il est d'accord avec Saint-Simon (*Mémoires*, t. XXVII, p. 266-271).

« pour cela que vous évitiez la guerre autant que vous
« le pourrez; ne suivez pas le mauvais exemple que je
« vous ai donné sur cela; j'ai souvent entrepris la
« guerre trop légèrement et l'ai soutenue par vanité;
« ne m'imitez pas; mais soyez un prince pacifique, et
« que votre principale application soit de soulager vos
« sujets. Profitez de la bonne éducation que Mme la
« duchesse de Ventadour vous donne; obéissez-lui et
« suivez les bons sentiments qu'elle vous inspire[1]. »
Quelques-uns ont dit que le Roi lui particularisa encore
les deux autres écueils où lui-même avoit donné, savoir,
les maîtresses et la somptuosité des meubles et des
bâtiments[2]; mais il ne me semble pas qu'il l'ait pu recommander à un enfant d'un âge si tendre.

Discours du Roi à Mme de Ventadour. — « Pour vous,
« Madame », dit encore ce prince, en s'adressant à Mme la
duchesse de Ventadour, « j'ai bien des remerciements
« à vous faire du soin avec lequel vous élevez cet
« enfant, et de la tendre amitié que vous avez pour lui.
« Je vous prie de la continuer, et je l'exhorte à vous
« donner toutes les marques possibles de sa recon-
« noissance ». Après cela, cette dame mit le Dauphin
à genoux près du lit du Roi, qui lui donna sa bénédic-
tion, et l'embrassa deux ou trois fois. Incontinent
après, on le remporta tout pleurant dans son appartement.

Un moment après, le Roi fit appeler le duc du Maine et

---

1. Le texte de ce discours, sauf ces derniers mots, est entièrement conforme à celui donné par Dangeau (p. 126-127); sur
le texte le plus probable, voyez le commentaire des *Mémoires
de Saint-Simon*, t. XXVII, p. 274, note 4.

2. Saint-Simon notamment a inséré cette particularité dans
son récit.

le comte de Toulouse et leur parla la porte fermée. M. le duc d'Orléans y fut aussi mandé[1]. A midi et demi, le Roi entendit la messe dans sa chambre, les yeux toujours ouverts et priant Dieu avec une piété édifiante. Un moment avant qu'elle commença, Sa Majesté appela le marquis de Torcy, ministre et secrétaire d'État des Affaires étrangères, et lui dit quelques mots.

Discours du Roi à tous ceux qui se trouvèrent dans sa chambre. — La messe finie, il fit approcher de lui les cardinaux de Rohan et de Bissy et leur parla environ une minute, et, en finissant de leur parler, il adressa la parole à haute voix à tout ce qu'il y avoit de ses officiers dans la ruelle de son lit et auprès de son balustre. Ils approchèrent tous; il leur dit : « Messieurs, je suis content de vos services; vous m'avez fidèlement servi et avec envie de me plaire. Je suis fâché de ne vous avoir pas mieux récompensés; les derniers temps ne me l'ont pas permis. Je vous quitte avec regret; servez le Dauphin avec la même affection que vous m'avez servi; c'est un enfant de cinq ans, qui peut essuyer bien des traverses; car je me souviens d'en avoir beaucoup essuyé pendant mon jeune âge. Je m'en vais; l'État demeurera toujours; soyez-y fidèlement attachés, et que votre exemple en soit un pour tous mes autres sujets. Soyez tous unis et d'accord, car l'union est la force de l'État, et suivez les ordres que mon neveu vous donnera. Il va gouverner le royaume; j'assure[2] qu'il le fera bien;

---

1. Tout ce récit est absolument conforme à celui de Dangeau, ou plutôt à celui du *Mercure*, qui avait pour base le récit de Dangeau.

2. Il y a *j'espère* dans le *Journal de Dangeau* et il y a *aussi*

« j'espère que vous ferez tous votre devoir et que
« vous vous souviendrez quelquefois de moi. » A ces
dernières paroles, ceux qui y étoient présents fondirent
en larmes.

Quelques heures après, le Roi fit venir le Chancelier
et lui fit ouvrir des cassettes, dont il lui fit brûler plusieurs papiers en sa présence et lui donna ses ordres sur
les autres avec la même présence d'esprit et la même
tranquillité qu'il avoit accoutumé de les lui donner
dans ses conseils. Ce travail dura deux heures. Le
Chancelier sortit et fut encore mandé; il travailla environ demi-heure avec lui.

A dix heures du soir, on pansa la jambe du Roi et
on trouva non seulement que la gangrène n'avoit fait
aucun progrès depuis le matin, mais qu'en tout la
jambe étoit mieux et ses forces un peu revenues; ce
qui donna quelque léger rayon d'espérance.

Le lendemain 27[1], l'état du Roi fut à peu près pareil
à celui de la journée précédente, excepté qu'il y eut
quelques moments de convulsions et quelques légères
absences d'esprit, et qu'on remarqua qu'il s'affoiblissoit
de plus en plus; mais la gangrène ne fit aucun progrès
la nuit et le jour. Il fit entrer le P. Le Tellier à vingt
reprises dans sa chambre; il entendit la messe avec la
même dévotion; les premiers gentilshommes de sa
chambre n'y entrèrent que quand il prit des bouillons,
pour les lui présenter, ainsi qu'il est d'usage. Sur le
soir, il fit appeler le comte de Pontchartrain, secrétaire d'État de sa maison et de Paris, et lui dit sans

après le second *j'espère;* Saint-Hilaire supprime cette conjonction.

1. *Dangeau*, p. 130-132.

s'émouvoir aucunement : « Aussitôt que je serai mort, « vous expédierez un ordre pour faire porter mon cœur « à la maison professe des Jésuites et l'y faire placer de « la même manière que celui du feu roi mon père. Je « ne veux pas qu'on y fasse plus de dépense[1] »; et lui donna cet ordre avec la même tranquillité qu'il ordonnoit en santé les choses les plus indifférentes.

Il avoit déclaré, le dimanche précédent, qu'aussitôt qu'il seroit expiré, on menât le Dauphin au château de Vincennes, et, ce même jour 27 que je décris, il se souvint que le grand maréchal des logis[2] n'avoit jamais fait le logement dans ce château, où la cour n'avoit été depuis un très long temps; sur cela, il ordonna qu'on allât chercher le plan de ce château, dans un endroit qu'il indiqua, et qu'on le portât au grand maréchal des logis, afin de lui faciliter ce logement, [mouvement d'un esprit bien libre qui ne vouloit rien omettre.]

Vers le soir et à quelques heures de là, il dit à une personne[3]. « J'ai toujours ouï dire qu'il est difficile « de mourir; pour moi qui suis sur le point de ce « moment si redoutable aux hommes, je ne trouve pas « que cela soit difficile. » [Paroles d'un grand courage et d'un Roi Très Chrétien, à qui les vifs sentiments d'une contrition et d'une pénitence sincère donnent de grandes espérances de son salut.]

La nuit du 27 au 28 fut assez semblable aux précé-

1. Les deux monuments similaires qui existaient dans l'église des Jésuites de la rue Saint-Antoine, et où étaient conservés les cœurs de Louis XIII et de Louis XIV, ont été décrits par Piganiol de la Force, *Description de Paris*, 1742, t. IV, p. 378-380.
2. M. de Cavoye.
3. C'était Mme de Maintenon.

dentes; mais, sur les sept heures du matin, un moment après que le Roi eut envoyé chercher le P. Le Tellier, qui ne faisoit que de sortir du cabinet, où il avoit couché, on crut qu'il étoit à l'extrémité. Cela causa un si grand mouvement dans le château que tout le monde crut qu'il expiroit. Dans cet instant où les cris et les gémissements retentissoient, il aperçut dans ses miroirs deux de ses garçons de la chambre qui pleuroient au pied de son lit : « Pourquoi pleurez-vous, « leur dit-il ? Est-ce que vous m'avez cru immortel ? « Pour moi, je ne l'ai jamais cru, et vous avez dû depuis « longtemps vous préparer à me perdre[1]. »

Sur les onze heures du matin, un Provençal appelé Brun, inconnu à tout le monde, se présenta et dit que, venant de Marseille à Paris, il avoit appris en chemin l'état où étoit le Roi; il avoit pris la poste et apporté avec lui un élixir qu'il prétendoit infaillible contre la gangrène, même pour celle qui vient du dedans. On le fit parler aux médecins, et, après qu'il eut déclaré de quoi son élixir étoit composé[2], il fut conclu que, en l'état désespéré où le Roi se trouvoit, on ne risquoit rien de lui donner ce remède, avec la précaution d'en faire faire auparavant l'essai à celui qui l'apportoit, ce qui s'exécuta aussitôt; et on fit prendre sur le midi dix gouttes de cet élixir au Roi, dans trois cuillerées de vin d'Alicante. Sa Majesté, en prenant ce breuvage, qui sentoit fort mauvais, dit : « Je ne le « prends, ni dans l'espérance, ni avec désir de guérir; « mais je sais qu'en l'état auquel je suis, je dois obéir

---

1. *Dangeau*, p. 132.
2. C'était une de ces compositions bizarres usitées dans la médecine du temps : *ibidem*.

« aux médecins. » Le Roi, une heure après en avoir pris, se sentit un peu plus fort; ce qui est l'effet de tous les remèdes spiritueux; mais, à un peu de temps de là, il eut une foiblesse, et on trouva son pouls plus mauvais; ce qui donna lieu à une si grande dispute entre les médecins et les courtisans pour savoir si on continueroit ou non de donner ce remède au Roi que M. le duc d'Orléans fut prié de venir pour en décider. Il fit entrer Brun dans la chambre du Roi, qui lui tâta son pouls; après quoi il fut résolu, puisqu'il n'y avoit plus d'espérance de sauver le Roi, de lui donner encore de cet élixir afin de le soutenir quelques heures de plus. Il en prit à huit heures du soir, et sa jambe fut pansée à l'ordinaire. On trouva, ainsi qu'on avoit fait la veille, que la gangrène n'avoit point augmenté; mais le pouls fut très mauvais pendant le jour, l'assoupissement assez continuel et la tête par intervalles embarrassée, en sorte que de la journée il ne parla presque qu'à son confesseur.

La nuit du mercredi et le jour suivant, on continua, de huit heures en huit heures, à donner au Roi le remède de Brun. Il entra même dans sa chambre comme les autres médecins. Il parut, toutes les fois que le Roi le prit le matin, que cet élixir spiritueux le ranimoit et lui donnoit plus de force qu'il n'avoit eu la veille. La plupart des gens chantoient victoire, et particulièrement les dames qui regardoient Brun comme un ange descendu du ciel, et on se déchaînoit contre les médecins[1].

1. Voyez ce que dit la lettre de l'abbé Mascara du 29 août, dans l'Appendice des *Mémoires de Saint-Simon*, t. XXVII, p. 351.

Le même jour, le Roi entendit la messe, ce qu'il n'avoit pu faire la veille, et mangea avec assez d'appétit deux petits biscuits trempés dans du vin. Il prit encore à huit heures du soir de l'élixir de Brun et, sur les dix heures, on leva l'appareil de sa jambe pour la panser. On trouva malheureusement que la gangrène étoit dans tout le pied, qu'elle avoit aussi gagné le genou et la cuisse enflée. La connoissance du Roi ne fut presque plus que machinale. Son confesseur fut quasi tout le jour dans sa chambre[1]; il fit encore cette après-dînée des actes de piété, avec la résignation d'un véritable chrétien aux volontés de Dieu.

Le 30, le Roi fut toute la journée dans un assoupissement continuel et n'eut presque quasi plus de connoissance; [son confesseur, qui ne le quittoit plus, n'en put rien tirer de toute l'après-dînée.] Le soir, on leva l'appareil à l'heure ordinaire; on trouva la jambe aussi pourrie que s'il y avoit longtemps qu'il fût mort, et l'enflure de la gangrène au genou et dans toute la cuisse. Ce grand prince étoit né avec une constitution si forte et si robuste qu'il combattit encore contre la mort. Il prit de la gelée et but de l'eau pure de temps en temps. Il refusoit toute boisson qui sentoit le vin. Il dit quelques paroles mal articulées et presque sans connoissance distincte.

Le samedi 31, le Roi fut sans connoissance toute la journée; les moments lucides furent fort courts, et, dans le peu de choses qu'il dit, on remarqua qu'il s'impatientoit fort de n'être pas à la fin d'une ago-

1. Ceci est en contradiction avec les dires de Saint-Simon, qui prétend que le P. Le Tellier abandonna le Roi à ses derniers moments.

nie si longue et si cruelle. La gangrène avoit continué ses progrès ; [la mort ne pouvoit achever de le détruire, tant la force de sa constitution étoit prodigieuse.] Il prit encore de la gelée et quelques verres d'eau ; mais, quand on lui en donnoit à boire avec le biberon, il falloit lui ouvrir la bouche et lui tenir les mains, parce que, sans cela, il ôtoit de sa bouche tout ce qu'on lui donnoit. A dix heures et demie du soir, on lui dit les prières des agonisants, de peur qu'il n'expirât pendant l'opération du remède de l'abbé Aignan[1] contre la petite vérole, qu'on préparoit, et qu'on lui donna[2]. La voix des aumôniers qui faisoient les prières ranima tellement ses esprits qui paroissoient comme éteints que, pendant icelles, il dit à plus haute voix qu'eux le *Credo* et la Salutation angélique.

Mort du Roi. — Enfin ce grand prince expira à huit heures un quart et demi du matin, sans aucun effort, et comme une bougie qui s'éteint. Il étoit âgé de soixante-dix-huit ans moins cinq jours et avoit régné glorieusement pendant soixante-douze années.

Brève récapitulation. — Cependant un règne, le plus long dont on ait conservé la mémoire, n'a pu suffire

---

1. C'était un religieux capucin, qui avait porté le nom de Père Tranquille et qui, à la suite d'un voyage dans le Levant, avait obtenu un local au Louvre pour y fabriquer des remèdes dont il avait rapporté le secret. Il quitta l'ordre des capucins et ne fut plus connu que sous le nom d'abbé Aignan ; il obtint un titre de médecin du Roi par la protection du cardinal de Fürstenberg, qui le logea à l'abbaye de Saint-Germain-des-Prés ; c'est là qu'il mourut en 1709. Son spécifique le plus connu et qu'on regardait comme presque infaillible était un médicament contre la petite vérole.

2. C'était la duchesse du Maine qui l'avait envoyé proposer.

à tous ses grands desseins, non plus que son royaume jouir de quelque repos, les guerres ayant été presque continuelles. Il ne partagea la gloire de les soutenir avec personne, pour ainsi dire, et il eut affaire à presque toutes les puissances de l'Europe que son ambition lui suscita.

Il eut un dangereux adversaire en la personne du prince d'Orange, et encore plus dangereux lorsqu'il fut devenu roi d'Angleterre, qui, quoique très malheureux dans ses exploits militaires, lorsqu'il commanda contre nous les armées des puissances de son parti, sut réparer tous ces désavantages par des traits d'une politique redoutable, au moyen de laquelle il dressa avant de mourir ce fameux plan de guerre contre nous, qui fut suivi, à l'occasion de la succession d'Espagne, qui non seulement nous l'a pensé faire perdre, mais dont les événements ont été si périlleux pour notre royaume, qu'il a fallu une espèce de miracle pour le mettre à l'abri.

On a vu ce grand roi, toujours grand dans la prospérité et dans l'adversité, supporter l'une et l'autre avec une grandeur et un courage invincibles. Mais hélas! vanité des vanités! à quoi tant de sang répandu, tant de peuples aux abois, pour soutenir des guerres, les plus grands préparatifs qui en aient jamais été faits, avec une multitude d'hommes qui dépeuploient les provinces, à quoi tout cela a-t-il abouti? Le dirai-je? A conquérir quelques pays qu'il a fallu abandonner et quelques villes dont l'État avoit été augmenté et à placer son petit-fils sur le trône d'Espagne avec des modifications, en vertu d'une renonciation à la couronne de France, et à n'y laisser qu'un arrière-petit-fils en bas âge, qui est le reste d'une nombreuse postérité. Mais le point qui regarde le soulagement des peuples n'a été entamé que très foiblement depuis la paix; il a laissé le soin du reste à ses successeurs, ainsi qu'il arrive presque toujours à chaque mutation. La mort l'a surpris avec ses bonnes intentions. Je crois devoir dire que le regret qu'il a témoigné dans ses dernières instructions au jeune Dauphin, que j'ai rapportées, et l'aveu de ses manquements ont du moins mérité d'être transmis à la postérité, et lui feront plus d'honneur dans l'histoire que les panégyriques des flatteurs les plus outrés.

APPENDICE

I.

L'expédition de Du Guay-Trouin a Rio-de-Janeiro en 1711[1].

[Les documents qui se rapportent à cette expédition sont conservés aux Archives nationales, fonds de la Marine, registres B⁴ 35, fol. 181 à 346, et B⁴ 36, fol. 43 à 149; il ne sera pas inutile de donner de brèves indications sur leur nature.

L'expédition projetée dès la fin de 1710 fut mise à l'étude au commencement de 1711; c'est à cette époque que se rapportent un « Mémoire et projet pour enlever Riojaneiro » et des « Observations sur la ville de Riojaneiro » avec un plan de la rade, que nous trouvons pour débuter. Comme ce devait être une affaire quasi commerciale ou plutôt de course, à laquelle le Roi participait, Du Guay-Trouin dut chercher des armateurs; il les trouva à Saint-Malo. Ce furent les sieurs de Coulange, Trouin de la Barbinais, le chevalier Danycan, La Saudre-Lefer, Laumosne de Chappedelaine et quelques autres. Puis la question des vaisseaux, des équipages, des vivres, les conditions de l'expédition donnèrent lieu à des correspondances nombreuses pendant le commencement de l'année 1711 entre les armateurs, le chef de l'expédition, le secrétaire d'État de la marine et le comte de Toulouse, amiral de France, les intendants et fonctionnaires. Du Guay-Trouin écrivit de

1. Ci-dessus, p. 41.

très nombreuses lettres pour régler les détails et lever les difficultés qui se présentaient. Puis ce sont des mémoires, des états des fonds nécessaires, des projets d'armements, des listes de bâtiments, d'officiers et d'équipages, des rédactions diverses pour les conditions accordées par le Roi et que font modifier les demandes et les prétentions des intéressés. C'est le 19 mars 1711 que furent signées les conventions définitives (fol. 225), et le 9 juin l'escadre partit de la Rochelle. Elle rentra à Brest le 6 février 1712. Le rapport adressé par Du Guay-Trouin au secrétaire d'État ayant été imprimé à l'époque, nous croyons plus intéressant de reproduire ci-après celui de l'intendant de l'expédition, M. de Ricouart, qui est inédit et dont le récit complète celui du commandant. Le règlement des parts qui revenaient à tous ceux qui étaient intéressés dans l'entreprise souleva d'assez nombreuses difficultés, que nous font connaître les documents qui terminent le dossier, et qui ne semblent s'être résolues qu'en 1713.]

Rapport de M. de Ricouart,
intendant de la Marine, au secrétaire d'État[1].

A bord du *Lys*, le 6 février 1712,
à la rade de Brest.

Monseigneur,

J'ai eu l'honneur de vous mander qu'après avoir embarqué à la rade de la Rochelle les eaux-de-vie, vins et farines qui manquoient à l'escadre, elle en étoit partie le 9 juin dernier[2].

Depuis le 10 jusques au 19 du même mois, les vents

1. Arch. nat., Marine, B⁴ 36, fol. 49 et suiv.
2. Nous supprimons les indications de direction des vents et de longitude et de latitude.

furent variables. Le 20, à trois heures après midi, environ soixante-quinze lieues à l'ouest des Berlingues, nous aperçûmes quatre vaisseaux, que nous chassâmes jusques à cinq heures du soir. Nous les jugeâmes hollandois. La nuit venant sans les avoir beaucoup approchés, l'escadre se rallia pour continuer sa route.

Le lendemain 21, à sept heures et demie du matin, nous vîmes un navire à environ quatre lieues. Nous lui donnâmes chasse, et, à neuf heures et demie, l'*Amazone* l'amarina. C'étoit un petit vaisseau de Londres d'environ cent vingt tonneaux et dix-huit hommes, sortant avec son lest de Lisbonne, où il avoit porté du blé, du lard et du bœuf, qui retournoit à Dublin charger de pareilles munitions pour porter à Lisbonne. Comme ce navire marchoit bien, nous le gardâmes, comptant qu'il pourroit être de quelque utilité dans l'entreprise que nous allions faire.

Le 22, le *Lys* démâta de son grand mât de perroquet à quatre heures et demie après midi, par un vent frais et une mer fort houleuse. Cet accident fit tomber à la mer le matelot de la découverte. Sur-le-champ, on arma un canot qui étoit à la remorque, et, quelque diligence qu'on fît, on ne put le sauver.

Le 23, à midi, Madère nous restoit au sud-est environ quarante lieues.

Le 25, à huit heures du matin, le vaisseau du Roi *le Profond*, commandé par M. d'Arvilliers pour aller à Cayenne, qui étoit parti avec nous de la Rochelle, nous quitta.

Le 1er juillet, à trois heures du soir, nous vîmes terre, que nous jugeâmes être les îles du Cap-Vert. Nous chassâmes dessus et les reconnûmes. Une heure et demie environ avant la nuit, nous eûmes connoissance de l'*Aigle*, qui étoit resté au port des barques pour être soufflé; il joignit l'escadre la nuit, après avoir fait les signaux de reconnoissance.

Le lendemain, à huit heures du matin, nous mouillâmes à l'île Saint-Vincent, par un vent de nord-est très frais, qui venoit par tourmentes et rafales avec tant de violence que quelques-uns de nos vaisseaux furent obligés d'amener les vergues pour serrer les basses voiles. Nous mouillâmes par dix brasses, bon fond de gros sable. Le *Profond* y étoit arrivé le dernier juin et en repartit le 3 juillet, après avoir fait de l'eau et du bois.

L'île de Saint-Vincent, une des îles du Cap-Vert, est inhabitée ; l'eau y est en petite quantité, pas bonne et difficile à faire, aussi bien que le bois. Il n'y a point de raffraîchissements ; on peut cependant en faire venir de l'île Saint-Antoine, habitée, fertile, qui est à trois lieues de Saint-Vincent. Comme nous n'avions pas de temps à perdre, M. Du Guay ne jugea point à propos d'attendre la réponse de quelques Portugais qui étoient venus à bord offrir leurs services et qui avoient promis de faire apporter des raffraîchissements. Nous ne restâmes que trois jours francs à Saint-Vincent, pendant lesquels on fit un peu d'eau et de bois. Les troupes descendirent à terre, et chacun sut la destination qu'il devoit avoir pour la descente que nous allions faire. Les bataillons parurent fort beaux, et le soldat, à l'exemple de l'officier, souhaitoit avec ardeur trouver l'occasion de se signaler.

Voici la disposition qui fut faite des bataillons. Il y avoit dans l'escadre 2,440 soldats, dont on fit neuf bataillons, qui composèrent trois brigades.

La première, commandée par M. le chevalier de Gouyon, fut formée :

Du bataillon du *Brillant* de.	290 hommes.
De celui du *Fidèle* de	250 —
Et de celui de l'*Amazone* de. . . .	250 —

La seconde brigade, commandée par M. le chevalier de Courserac, fut composée :

Du bataillon du *Magnanime* de . .	300 hommes.

De celui du *Mars* de. . . . . . 250 hommes.
Et de celui de l'*Aigle* de. . . . . 250 —
La troisième brigade, commandée par M. le chevalier de Bauve, fut formée :
Du bataillon du *Lys* de . . . . . 350 hommes.
De celui de l'*Achille* de. . . . . 250 —
Et de celui du *Glorieux* de . . . . 250 —

Chaque bataillon porta le nom du vaisseau d'où il étoit débarqué et fut distingué par la couleur de son drapeau ; les compagnies étoient composées de trois officiers et de cinquante hommes. Cinq cents matelots furent choisis dans l'escadre pour être armés de sabres et de fusils. On les répartit à la suite de chaque bataillon pour porter des munitions de bouche, des pierriers avec leurs chandeliers, trois petits mortiers, des caisses de cartouches, des pierres à fusil, des grenades, des baguettes de rechange, des outils à remuer la terre, des civières, et généralement tout ce qu'on croyoit nécessaire aux troupes.

Le 6 juillet, à huit heures et demie du matin, nous appareillâmes de la rade de Saint-Vincent pour aller passer la ligne.

Le 10 du même mois, étant par les dix degrés nord, les vents se rangèrent au sud, et ont régné pendant près d'un mois assez frais, et plusieurs de nos vaisseaux ont démâté de leurs mâts de hune par le mauvais temps.

Le 11 août, nous avons coupé la ligne par dix degrés de longitude, ce qui n'est jamais arrivé, si l'on en croit les journaux des navigateurs, qui disent qu'il faut passer la ligne entre le 354° degré de longitude et le 1er méridien.

Le 19, à une heure après midi, nous aperçûmes l'île de l'Ascension à l'ouest environ douze lieues, qui, suivant tous les points, devoit nous rester beaucoup à l'est. L'erreur où nous nous sommes trouvés prouve que les courants de la côte de Guinée, que nous approchâmes, nous avoient transportés plus à l'est que nous n'avions compté. Ainsi il est à présumer que nous avons passé la ligne plus à l'est qu'il n'est marqué ci-dessus.

Le 27 août, étant à la hauteur de la Baie de Tous-les-Saints[1], on tint conseil pour décider si nous irions attaquer cette Baie ou Riogenero. Il y eut quelques voix pour aller à la Baie de Tous-les-Saints; mais à la fin tout le monde convint qu'il étoit plus à propos d'aller à Riogenero, par trois raisons essentielles : la première, pour délivrer les prisonniers de M. Du Clerc, qui étoient traités fort inhumainement; la seconde, parce que M. le chevalier de Courserac assura qu'il entreroit dans Riogenero comme dans la rade de Brest, ce qu'il exécuta en homme de guerre qui sait parfaitement son métier; et la troisième raison fut que, les vaisseaux commençant à manquer d'eau, il falloit absolument aller en lieu où l'on pût en faire, et ne point risquer à descendre à la Baie de Tous-les-Saints, qui n'étoit connue que très imparfaitement de ceux mêmes qui disoient y avoir demeuré longtemps et qui n'étoient pas sûrs qu'on pût y faire de l'eau sans être continuellement inquiétés des ennemis, quand même on seroit maître de l'aiguade, qui est au pied d'un terrain montagneux et fourré. A quatre heures et demie, le conseil fut levé; chaque capitaine retourna à son bord, et nous fîmes route par Riogenero.

Le 10 septembre, à cinq heures du soir, nous mîmes en panne pour sonder; on trouva soixante brasses, fond de sable gris et vasar.

Le 11, par notre estime nous comptions que le cap Frio nous restoit au nord-ouest environ douze lieues. Quand la nuit fut venue, M. Du Guay prit son parti en très habile navigateur à qui les instants sont précieux quand il s'agit de travailler pour la gloire des armes du Roi. Il fit faire route, le *Lys* à la tête, au nord-nord-ouest, par un vent

1. En portugais Bahia.

d'est très frais qui venoit par risées avec une brume très épaisse, qui auroient donné de l'inquiétude à tout autre qu'à lui, et, quoiqu'il ne connût la côte et les approches de Riogenero que par les mémoires qu'il en avoit lus, son idée se trouva si juste que, le lendemain à la pointe du jour, nous étions à six lieues au vent de Riogenero. La brume, qui continuoit toujours, ne nous empêcha cependant point de forcer de voiles pour en aller reconnoître l'entrée, et, afin de ne pas perdre de temps à envoyer les ordres, M. Du Guay, par des signaux, fit entendre le rang que chaque vaisseau devoit tenir en entrant.

Environ à une heure et demie après midi, le *Magnanime* entra le premier. Ce vaisseau étoit commandé par M. le chevalier de Courserac, qui essuya le premier feu des forteresses et des vaisseaux. Il manœuvra avec une fierté qui fut l'admiration de toute l'escadre et fit croire aux Portugais qu'il y avoit des pilotes du pays dans le vaisseau.

Je vous supplie très humblement, Monseigneur, d'avoir la bonté de vous souvenir que mon frère de Longuejoue y étoit lieutenant en pied.

Le *Brillant*, commandé par M. le chevalier de Gouyon, entra après le *Magnanime*; puis l'*Achille* par M. le chevalier de Bauve. Le sieur de Vassan fut blessé; le sieur de Lamiville fut aussi blessé et mourut de sa blessure quelques jours après.

Le *Lys*, commandé par M. Du Guay, n'entra que le quatrième, pour être à portée de donner des ordres à l'avant-garde et à l'arrière-garde et de faire les signaux qui conviendroient.

Le *Glorieux* par M. de la Jaille, le *Fidèle* par M. de la Moinerie, le *Mars* par M. de la Cité-Danycan, la *Bellone* par M. de Kerguelen, l'*Argonaute* par M. le chevalier du Bois de la Motte, l'*Amazone* par M. des Chesnais-Lefer, l'*Astrée* par M. Rogon, le *Chancelier* par M. Danycan, la *Glorieuse* par M. de la Perche, l'*Aigle* par M. Lamarre de

Caen, la petite prise angloise, les deux traversiers et la *Concorde*.

Après avoir essuyé le feu de tous les forts et des quatre vaisseaux de guerre du roi de Portugal, l'escadre de S. M. mouilla par le travers de l'île Cobras et de l'île Villegagnon, au signal qui en fut fait par le *Magnanime*. Tous nos vaisseaux étoient mouillés à six heures du soir, par quatorze brasses, bon fond de vase.

Les quatre vaisseaux du roi de Portugal, de soixante-dix, soixante et cinquante-six canons, commandés par Don Gaspard de la Costa, qui portoit pavillon carré au mât d'artimon, et par M. du Bocage, destinés à escorter la flotte du Brésil, firent grand feu pendant quelque temps sur l'escadre; mais, les ennemis voyant que rien ne pouvoit ralentir l'ardeur des commandants et de nos équipages, qui comptoient les enlever à l'abordage en entrant, ils appareillèrent du Poso, mouillage entre le fort Sainte-Croix et l'île Villegagnon. Trois furent s'échouer à la pointe du sud de l'île Cobras sur un banc de sable et roches, et le quatrième, que commandoit M. du Bocage, alla s'échouer au nord de la même île, proche les Bénédictins.

Riogenero, qui est presque sous le tropique du Capricorne, est facile à reconnoître par une grosse montagne pelée fort haute, faite en pain de sucre, qui est à bâbord à l'entrée de la barre, au sud de laquelle il y a plusieurs petites îlettes. L'embouchure est quasi nord et sud, beaucoup plus étroite que le goulet de Brest. A tribord, proche de l'entrée en dehors, est une batterie de six pièces de canon. Le goulet est défendu à tribord par le fort Sainte-Croix, qui a quarante-quatre pièces de canon montées[1]; à bâbord, vis-à-vis de ce fort, est celui de Saint-Jean, de

---

1. Nous supprimons les indications des différents calibres des pièces.

quarante-huit pièces de canon, du même calibre que ceux de Sainte-Croix, qui se croisent; au milieu de l'entrée est une chaîne de roches qui ne couvrent jamais, d'environ six-vingts brasses de long.

En dedans de l'entrée à tribord, sur une montagne fort escarpée, il y a une batterie de dix pièces de canon, nommée Notre-Dame-de-Bon-Voyage, qui croisent ceux de l'île Villegagnon, qui est à bâbord, sur laquelle il y a vingt pièces de canon qui battent le dedans et l'ouvert de la rade aussi bien que la batterie de Notre-Dame-du-Bon-Voyage. Entre le fort Saint-Jean et celui de l'île Villegagnon, nom du chevalier françois qui, en 1555, fit la découverte de Riogenero, il y a une autre forteresse, nommée Saint-Théodose, de seize pièces de canon, qui battent la plage de la Carrioque, où l'on va faire de l'eau. Au nord de l'île Villegagnon est une autre île, nommée l'île **Cobras**, qui commande la ville et l'endroit où étoit mouillée l'escadre. Dans cette île est un petit fort à quatre bastions non revêtu de murailles, qui étoit garni de huit pièces de canon montées. Au bas de cette même île, du côté du fort de la Miséricorde, est une autre batterie de quatre canons qui croisent ceux du fort de la Miséricorde.

Dans la rade, à tribord en entrant, il y a encore plusieurs autres batteries bien garnies, dont nous n'avons pas su les noms. Tous les endroits où on pouvoit faire descente étoient parfaitement retranchés et munis de canons. Au dire de tous les connoisseurs, la baie de Riogenero est une des plus belles, des plus grandes et des meilleures que l'on puisse voir; elle contient plusieurs anses où des vaisseaux comme le *Royal-Louis* entreroient et sortiroient très facilement. Quelque vent qu'il fasse, la mer est toujours unie dans la rade, au fond de laquelle il y a une rivière qui s'étend quatorze lieues dans les terres.

Lorsque l'escadre fut mouillée le 12 septembre, comme

je l'ai déjà marqué, M. Du Guay jugea à propos de laisser reposer les équipages, qui étoient fort fatigués.

Le lendemain à la pointe du jour, M. le chevalier de Gouyon avec cinq cents soldats fut détaché pour aller prendre l'île Cobras, ce qu'il exécuta avec toute la conduite et la valeur imaginables et si promptement qu'à peine les ennemis eurent-ils le temps d'enclouer leur canon avant de se retirer. Dans ce moment-là, entre les Bénédictins et l'île, ils coulèrent bas deux gros vaisseaux marchands et mirent le feu à trois des vaisseaux de guerre, dont deux sautèrent en l'air. Le troisième, échoué plus près que les autres de la pointe de l'île de Cobras, auroit eu le même sort si M. le chevalier de Gouyon n'y eût pas envoyé deux chaloupes commandées par les sieurs de Vauréal et de Sainte-Osmane, qui, sous le feu de toutes les batteries de la place, éteignirent celui qui étoit dans le vaisseau, y arborèrent le pavillon blanc et se donnèrent mille peines pour tâcher de le remettre à flot. Mais ce fut inutilement : le navire étoit si fort maltraité des coups de canon de la ville et par les efforts qu'il avoit fait en s'échouant, qu'il étoit rempli d'eau à un point qu'on le jugea absolument hors d'état de pouvoir être relevé. Le 11 novembre, veille de notre départ, nous le fîmes brûler, après en avoir retiré le canon de fonte.

M. le chevalier de Gouyon envoya rendre compte à M. Du Guay de la situation de l'île Cobras, qu'il trouvoit fort avantageuse pour y établir des batteries. Sur-le-champ, M. Du Guay l'alla visiter, et, la trouvant telle que M. le chevalier de Gouyon l'avoit mandé, dans l'instant il ordonna à M. le chevalier de la Ruffignière, lieutenant d'artillerie, d'y faire monter des canons et des mortiers, à quoi il travailla avec beaucoup de succès et fort promptement malgré les grandes pluies qui régnèrent et sous le feu continuel du canon et de la mousqueterie des ennemis. M. le marquis de Saint-Simon eut ordre d'y commander les troupes qui devoient soutenir les travailleurs.

Ce même jour, le sieur Hélyot, sous-lieutenant d'artillerie, commandant pour lors le traversier du Roi nommé le *Patient*, qui portoit un mortier de neuf pouces, alla s'entraverser près les Bénédictins, sur lesquels il tira des bombes fort justes; mais, comme ce petit bâtiment étoit mouillé sous un grand feu des ennemis, il fut obligé de se retirer, après avoir été beaucoup incommodé et ayant reçu un coup de canon à l'eau, auquel le sieur Hélyot remédia avec beaucoup d'ordre et de diligence.

M. Du Guay, ayant donné les ordres qui convenoient pour la sûreté de l'île Cobras, pensa sérieusement à se rendre maître de quelque endroit où l'escadre pût faire de l'eau, dont la plupart des vaisseaux étoient forts courts. Pour cet effet, il fit embarquer dans les frégates *l'Aigle*, *l'Astrée*, *l'Amazone* et *la Concorde* une partie des troupes, dont il donna le commandement à M. le chevalier de Bauve, qui fit mouiller lesdites frégates proche d'une anse qui est à demi-lieue environ au nord des Bénédictins, où M. Du Guay avoit projeté la descente. Pour la faire avec sûreté, la nuit du 13 au 14, M. le chevalier de Bauve, suivant les ordres qu'il en avoit, s'empara de quatre navires marchands qui étoient près de terre, dans lesquels M. Du Guay établit un entrepôt pour les troupes. M. le chevalier de Bauve exécuta ce projet avec tant de conduite et de diligence qu'à peine les ennemis eurent-ils connoissance de ce qui s'étoit passé.

Le 14 septembre, le débarquement se fit avec beaucoup de succès; ci-joint est l'état des troupes et des matelots qui descendirent. Jugeant bien que ma présence ne seroit pas d'une grande utilité à terre, je restai à bord pour faire fournir sans retardement et avec ordre tout ce qui seroit nécessaire au camp et aux batteries.

Les troupes étant à terre, MM. les chevaliers de Gouyon

et de Courserac avec leur brigade furent s'emparer de deux hauteurs qui commandoient notre camp et d'où l'on voyoit tout ce qui se passoit dans la ville. Le sieur d'Auberville chassa un détachement ennemi qui étoit dans un bois, d'où il observoit les mouvements de nos troupes, qui campèrent, l'aile droite sur la hauteur qui regardoit la place, l'aile gauche sur l'autre hauteur, et le corps de bataille commandé par M. le chevalier de Bauve étoit en situation de se transporter en peu de temps aux endroits qui auroient pu être attaqués, et défendoit l'anse où les chaloupes venoient faire de l'eau et débarquoient les munitions dont le camp avoit besoin.

Ce jour-là, le vaisseau [portugais] que commandoit M. du Bocage sauta en l'air.

Quatre pièces de canon de 18 que M. le chevalier de la Ruffignière avoit mis en batterie dans le petit fort de l'île Cobras commencèrent à faire un très grand feu sur les Bénédictins. Le 15 à la pointe du jour, cette batterie fut commandée par M. de Saint-Simon, parce que les officiers d'artillerie furent occupés à établir le reste des canons et mortiers qu'on devoit monter dans ladite île, où le sieur Chevalier, lieutenant de frégate, officier de compagnie, fut tué le même jour.

Le matin, M. Du Guay fit marcher toutes les troupes dans la plaine et les fit avancer fort proche de la ville, où elles tuèrent quelques bœufs et pillèrent quelques maisons, sans que les ennemis osassent sortir de leurs retranchements.

Le 16, ils firent jouer sans aucun succès un fourneau assez près d'un détachement de nos troupes que l'on avoit fait avancer. Le même jour, MM. de Bauve et de la Calandre eurent ordre de faire débarquer dix canons des navires marchands dont ils s'étoient emparés et de les mettre en batterie sur une hauteur qui battoit à revers les canons de la montagne des Bénédictins. Par les soins et les veilles de ces deux officiers, la batterie fut parfaite en moins de deux jours et tira le 18 après midi d'assez bonne heure.

Le 17, les ennemis brûlèrent un fort grand magasin rempli de sucre, d'autres bons effets et de toute sorte de munitions, qui étoit sur le bord de la mer au pied des Bénédictins. Le même jour, ils mirent le feu à deux frégates du roi de Portugal qui étoient échouées proche dudit magasin.

Le 18, les ennemis firent une sortie de douze cents hommes et vinrent pour surprendre une de nos gardes avancées de cinquante hommes commandée par le sieur de Liesta, qui fut attaquée très vivement; mais cet officier, tout rempli de mérite, qui est fort ancien dans le corps et très estimé, fit un si grand feu pendant fort longtemps et si bonne contenance qu'il ne perdit pas un pouce de terrain et donna le temps à M. le chevalier de Gouyon de l'envoyer soutenir par les compagnies des sieurs Droualen et d'Auberville, qui obligèrent les ennemis de se retirer avec tant de désordre et de précipitation qu'ils abandonnèrent leurs morts et même leurs blessés, dont quelques-uns furent amenés à M. Du Guay, qui arriva à la fin de l'action. Le sieur de Pontlo-Coëtlogon, garde-marine, aide de camp de M. le chevalier de Gouyon, fut blessé assez considérablement d'un coup de fusil au défaut de la hanche et vingt-cinq soldats furent mis hors de combat; les ennemis perdirent plus de cent cinquante hommes.

Le 19, M. le chevalier de la Ruffignière ayant donné avis à M. Du Guay que sur l'île Cobras il avoit mis en batterie quatorze pièces de canon de 24, quatre de 18 avec cinq mortiers, sur-le-champ M. Du Guay écrivit au gouverneur pour le sommer de se rendre. A quoi le gouverneur fit une réponse fort vague, ce qui fit prendre le parti à M. Du Guay d'aller avec M. le chevalier de Bauve reconnoître les lieux par où il pourroit attaquer les ennemis. Il remarqua fort proche des Bénédictins cinq vaisseaux marchands qu'il jugea pouvoir être d'une grande utilité dans l'occasion.

Le 20, l'on démasqua toutes nos batteries qui firent pendant toute la journée un feu si épouvantable que celui des ennemis fut beaucoup ralenti.

La nuit du 20 au 21, M. Du Guay fit loger une partie des troupes dans les cinq vaisseaux dont je viens de parler. Les ennemis, s'en étant aperçus, firent sur eux un très grand feu, qui fut bientôt éteint par la supériorité qu'avoit celui de nos batteries et du vaisseau *le Mars*, commandé par M. de la Cité-Danycan, qui avoit eu ordre de s'entraverser près des Bénédictins, ce qui mit une grande consternation parmi les assiégés.

A la pointe du jour, le reste des troupes s'embarqua, et la résolution étoit prise de donner un assaut général, lorsque le sieur de la Salle, un des prisonniers de M. Du Clerc, qui s'étoit échappé, vint dire à M. Du Guay que les ennemis, saisis d'une terreur inexprimable, avoient abandonné la place. Cet avis fit prendre le parti à M. Du Guay de débarquer toutes les troupes au pied des Bénédictins, dont on se rendit maître sans aucune résistance, aussi bien que de la hauteur de la Conception. Après quoi, M. Du Guay descendit dans la ville avec M. le chevalier de Courserac et six compagnies de grenadiers pour aller se saisir des forts Saint-Sébastien, Saint-Jacques et de la Miséricorde. Le reste des troupes, sous le commandement de M. le chevalier de Gouyon, eut ordre de demeurer sur les hauteurs des Bénédictins et de la Conception avec défense sous peine de la vie de quitter son rang.

Lorsque M. Du Guay entra dans la ville, il trouva qu'environ trois cent cinquante prisonniers, qui restoient des troupes de M. Du Clerc, après avoir brisé les portes de leurs prisons, avoient enfoncé les maisons qu'ils savoient les plus riches, dont la plupart étoient déjà pillées. M. Du

Guay, en marchant pour aller s'emparer de la hauteur des Jésuites, ordonna qu'on fît sortir ces prisonniers de la ville, qui peu de temps après furent envoyés dans les vaisseaux.

Étant maître des forts, des batteries et de tous les postes qui étoient du côté des Jésuites, dont le commandement fut donné à M. le chevalier de Courserac, M. Du Guay vint rejoindre MM. de Gouyon et de Bauve pour prendre avec eux les mesures qui convenoient pour empêcher le pillage. Il fit publier un ban, par lequel il fut défendu, sous peine de la vie, à tous soldats et matelots d'entrer dans la ville. Plusieurs furent passés par les armes; mais cette punition sévère ne put pas faire oublier le mauvais exemple que les prisonniers de Du Clerc avoient donné, et, quelque précaution que l'on pût prendre, il ne fut pas possible de mettre des bornes à l'envie démesurée que les troupes avoient de piller.

Le 21 au soir, M. Du Guay, m'ayant fait avertir qu'il étoit maître de la ville et de tous les forts, me pria d'y descendre pour tâcher de mon côté à trouver des moyens d'établir l'ordre. En arrivant, je trouvai un brigandage épouvantable. Je postai des écrivains en différents endroits pour essayer à y remédier; mais ce fut inutilement; car le désordre étoit à un point que les soldats des corps de garde et des patrouilles étoient les premiers à enfoncer les maisons et à les piller.

Les précautions que M. Du Guay et moi avions prises étant devenues absolument inutiles, il fallut penser sérieusement à sauver ce qui restoit de meilleur dans les maisons. Pour cet effet, on fut obligé de faire des détachements de soldats commandés par plusieurs officiers pour transporter les marchandises et les vivres dans des magasins, où j'établis des écrivains du Roi, gens de probité, qui prenoient un compte exact de tout ce qui étoit apporté et m'en donnoient des mémoires tous les jours.

La ville, nommée Saint-Sébastien, est bâtie sur le bord

de la mer, dans un terrain bas et uni, fort sain quoique marécageux, au milieu de quatre montagnes fort élevées. Une est occupée par les Bénédictins, la seconde, nommée la Conception, par Monsieur l'évêque, la troisième par les Jésuites et la quatrième par les moines de Saint-Antoine de l'ordre de saint François. On peut y ajouter une cinquième qui est l'île Cobras, dont j'ai parlé ci-devant, qui n'est pas à une portée de fusil de la ville; l'entre-deux forme un très beau port, où les vaisseaux embarquent et débarquent les marchandises très commodément.

Sur la montagne qu'occupent les Jésuites est le fort Saint-Sébastien, revêtu de murailles, entouré d'un bon fossé, garni de quatorze pièces de gros canon et de beaucoup de pierriers; toutes les approches en étoient minées. A sa gauche, du côté de la plaine, à mi-côte, est un autre fort, nommé Saint-Jacques, de douze pièces de canon, et du côté de la mer il y a deux batteries de douze et de huit pièces de canon, au bas desquelles est le fort de la Miséricorde, situé sur un rocher avancé à la mer, garni de douze canons qui battent à la mer et sur la ville.

La montagne des Bénédictins est fortifiée par un bon retranchement garni de distance en distance de plusieurs pièces de canon, qui battent du côté et sur l'île Cobras, sur la Conception et sur la plaine.

La hauteur de la Conception est retranchée du côté de la campagne par un bon fossé, une haie vive naturelle, derrière lesquels il y a plusieurs pièces de canon qui battent sur toutes les avenues. Les ennemis travailloient à force sur la montagne de Saint-Antoine, où il n'y a pas encore de canon.

Du côté de la mer, la ville est entourée de retranchements garnis de canon, dont le feu se croise. Du côté de la plaine, elle est défendue par un mauvais fossé plein d'eau, en dedans duquel il y a une place d'armes à pouvoir contenir quatorze ou quinze cents hommes. La plupart de ces batteries et retranchements avoient été perfectionnés et faits sur la nouvelle que le gouverneur avoit eue de Lisbonne, par la flotte et par un paquebot, que l'escadre du Roi, commandée par M. Du Guay, devoit venir attaquer Riogenero, où, de l'aveu des Portugais, il y avoit douze à treize mille hommes de troupes, sans compter les nègres qui sont en très grand nombre et qui tirent fort bien un coup de fusil.

Le 22 septembre, M. le chevalier de Beauharnois de Bauville eut ordre d'aller sommer le gouverneur du fort Sainte-Croix, qui se rendit à capitulation. Après avoir pris possession dudit fort, où il établit une garnison commandée par le sieur d'Estry, il fit la même chose pour les forteresses de Saint-Jean, de l'île de Villegagnon et les autres batteries.

Pour que la place, qui est ouverte de tous côtés, fût en sûreté contre les insultes des ennemis, M. le chevalier de Gouyon eut ordre de poster sa brigade dans le retranchement qui fait face à la plaine. M. le chevalier de Bauve, avec la brigade du centre, resta sur les hauteurs des Bénédictins et de la Conception, où le quartier général fut établi.

Un vaisseau anglois, s'étant trouvé à la rade de Riogenero le jour que nous y entrâmes, fut mouiller dans une anse du fond de la baie, dont la sortie étoit gardée par notre escadre. Le capitaine, voyant qu'il ne pourroit se sauver, plutôt que de rester avec les Portugais, qui n'ont ni foi ni loi, prit le parti de venir se rendre le 24. M. de la Moinerie fut chargé de l'aller amariner avec un écrivain du Roi. On trouva dans ce navire cinq caisses d'argent d'égale grandeur, dont une fut ouverte en présence de M. Du Guay et de moi. Elle contenoit quatre sacs, que nous jugeâmes être de mille piastres chacun. Sur-le-champ, je fis refermer ladite caisse, qui fut portée à bord du *Lys* avec les quatre autres. Ce bâtiment étoit chargé de munitions de guerre pour le fort de Bencoulen dans l'île de Sumatra; il fut racheté 3,500 livres sterling par un passager qui étoit nommé gouverneur dudit fort. J'ai fait les procès-verbaux, estimation, marchés et interrogatoires qui conviennent en pareil cas. Nous ramenons deux otages pour sûreté de la lettre de change. J'ai aussi un certificat pour les commissaires des échanges, afin qu'ils fassent rendre pareille quantité et qualité d'hommes qui sont embarqués dans ledit vaisseau.

Comme les ennemis, en abandonnant la ville, avoient emporté leur or et brûlé les magasins où étoient leurs meilleurs effets, il fut question de faire une attention toute particulière aux intérêts du Roi et des armateurs et de chercher à tirer de quoi dédommager l'armement. Tout le monde auroit été d'avis de conserver la colonie, qui est toute des plus florissantes, tant par le bon air et la fertilité du climat que par la grande abondance des mines; mais ce projet parut impossible, la ville étant ouverte de toutes parts, comme je l'ai déjà marqué, par le peu de vivres qui s'étoient trouvés dedans et par la difficulté qu'il y avoit à pénétrer dans un pays dont les chemins ne sont point du tout praticables pour des troupes, à cause de la grande quantité de bois en friche et des montagnes très rudes qui s'y rencontrent. Il falloit cependant se résoudre à faire la conquête de beaucoup de terrain pour avoir des farines de manioc et des bestiaux, si on avoit pris la résolution de garder Riogenero. Après avoir bien examiné les raisons qui s'opposoient à un établissement, M. Du Guay envoya, le 26 septembre, dire au gouverneur, qui étoit avec un corps de troupes à une lieue environ de la ville, que, s'il ne faisoit pas des propositions raisonnables pour le rachat de la place et des forteresses, il mettroit les maisons en cendres et feroit sauter les forts. Ce compliment fut escorté par deux compagnies de grenadiers, qui allèrent brûler toutes les habitations à une demi-lieue de la ville. En faisant cette expédition, elles tombèrent dans un corps d'ennemis beaucoup plus nombreux, qui les auroit taillées en pièces si elles n'avoient été soutenues par deux autres compagnies de grenadiers, commandées par les sieurs de Breugnon et de Sheridan, et une compagnie de caporaux, qui culbutèrent les ennemis, en tuèrent quantité avec le chef, nommé Almara, homme fort redouté dans le pays, et restèrent maîtres du champ de bataille. Les sieurs de Breugnon et de Sheridan, en cette occasion comme en toutes celles où ils se sont trouvés, donnèrent des marques de leur valeur et bonne conduite. Le sieur Keret-Keravel s'y distingua aussi par son intrépidité et conserva avec huit hommes le poste où il avoit été placé, qui fut pendant quelque temps environné d'ennemis.

Le gouverneur, ayant appris que ses troupes, quoique fort supérieures en nombre, avoient été défaites, envoya le 29 à M. Du Guay un mestre-de-camp et un président appelé « le juge de fore », qui étoient chargés de traiter du rachat de la ville et des forteresses, pour lesquelles ils offrirent six cent mille croisades, qui font environ douze cent mille francs, assurant que, tous les habitants étant dispersés à la montagne, où ils avoient emporté leur or, il étoit absolument impossible de rassembler une somme plus considérable. Encore demandoient-ils un terme fort long pour faire revenir l'or du quint du roi, qui devoit faire partie de la somme, lequel avoit aussi été transporté fort loin par les officiers royaux. M. Du Guay reçut cette proposition avec mépris et renvoya sur-le-champ les députés, leur promettant que dans peu il iroit rendre visite au gouverneur dans son camp s'il ne faisoit d'autres propositions. Dans l'instant, les ordres furent donnés pour qu'on se tînt prêt à marcher, et on commença à miner les endroits que le feu ne pouvoit abîmer.

Le gouverneur, selon toutes les apparences, comptant beaucoup sur le secours qui venoit des mines sous le commandement du marquis d'Albuquerque, ou à cause de son peu de crédit ne pouvant rassembler une plus grosse somme que celle qu'il avoit offerte, ne donna aucune de ses nouvelles; ce qui fit prendre à M. Du Guay le parti de l'aller attaquer dans ses retranchements avant que le marquis d'Albuquerque eût pu le joindre.

Le 10 octobre, à la pointe du jour, les troupes marchèrent par des chemins aussi impraticables par leur situation que par les pluies continuelles que nous avions eues, et se rendirent en présence des ennemis; ce qui donna une terreur inexprimable au gouverneur, qui détacha dans l'instant des officiers pour venir dire à M. Du Guay qu'il étoit en son pouvoir de brûler et saccager tout le pays, mais que, dans la conjoncture présente, il ne pouvoit donner que les six cent mille croisades déjà offertes, auxquelles il joindroit encore dix mille croisades de ses deniers, avec cent caisses de sucre et deux cents bœufs pour les troupes, et que c'étoit en un mot tout ce qu'il pouvoit offrir, au surplus qu'on pouvoit faire de lui tout ce qu'on voudroit et prendre tel parti qu'on jugeroit à propos.

M. Du Guay, dans le moment, assembla un conseil, qui, après avoir examiné avec une grande attention toutes les raisons ci-dessus et les vivres qui restoient à l'escadre, résolut d'accepter la proposition. Sur-le-champ, on donna des otages avec promesse par écrit de payer sous quinze jours.

Le lendemain 11, des nègres qui désertèrent vinrent donner avis que le marquis d'Albuquerque avoit joint avec quinze cents chevaux, quinze cents hommes d'infanterie et cinq à six mille nègres bien armés. Quoique nous fussions en trêve, cette nouvelle nous engagea à nous tenir aussi alertes que si la capitulation n'avoit pas été signée.

J'oubliois de dire que, le 7 octobre, le sieur de Kessel, s'étant un peu éloigné du fort Saint-Jacques pour en aller reconnoître les avenues, tomba dans une embuscade de nègres, qui le tuèrent.

Pendant tous ces pourparlers, ces marches et escarmouches, je faisois travailler à force dans la ville à transporter les sucres dans les vaisseaux de l'escadre et dans un navire portugais, nommé *la Reine des Anges*, dont le commandement a été donné à M. le chevalier de la Ruffignière. En même temps, je faisois serrer les marchandises dans des magasins, où les trois commissionnaires des armateurs, avec des écrivains de roi, faisoient faire des ballots qui n'auroient été d'aucune valeur en France. Il fallut donc, pour en tirer un prix raisonnable, prendre la résolution de les envoyer à la mer du Sud. Pour cet effet, il fut question de chercher si, parmi les vaisseaux que nous avions pris, presque tous dégréés, il y en auroit quelqu'un en état de faire ce voyage. Après les avoir bien examiné tous, il ne s'en trouva qu'un qui fût jugé propre pour cette entreprise. On le mit en état de faire la campagne; mais, quoiqu'il fût d'environ cinq cent cinquante tonneaux, il ne pouvoit contenir qu'une partie des ballots, ce qui mit dans la nécessité d'y joindre la frégate *la Concorde*. M. Du Guay et moi ayant pris ce parti pour le bien du service du Roi et pour l'intérêt des armateurs, je les fis charger avec soin. Un écrivain de roi tenoit un compte exact de ce qui sortoit d'un magasin, et tous les soirs je vérifiois les envois par les reçus qu'on m'apportoit des vaisseaux où s'embarquoient les marchandises, dont j'ai l'honneur de vous envoyer ci-joint les factures. J'ai nommé le sieur Petit, écrivain de roi fort sage et très entendu, pour faire les fonctions de contrôleur dans la *Concorde*, et le sieur Marchand, autre écrivain très capable, pour faire les mêmes fonctions dans le vaisseau *la Notre-Dame de l'Incarnation*, commandé par le sieur Brignon, qui est un des commissionnaires des armateurs. Il y a dans le même navire le sieur Gentil, autre commissionnaire. Le troisième, qui est le sieur de Caux, est dans la *Concorde*. Le sieur

Pradel, qui la commande, et le sieur Brignon ont ordre de vendre au Pérou, de concert avec les contrôleurs, les navires, s'ils en trouvent un bon prix, et de repasser en France aussitôt qu'ils auront débité leurs effets. Ceux qui se sont trouvés avariés et hors d'état de pouvoir être emballés, de concert avec M. Du Guay, je les ai fait porter dans les vaisseaux, où ils ont été vendus aux Portugais, en présence des commandants, par les écrivains de roi qui m'en ont rendu compte.

Comme dans les vaisseaux il n'y avoit personne de la part des armateurs pour se charger du provenu de la capitulation, de la vente des marchandises, des navires et de quelques sommes qui furent trouvées dans le couvent de Saint-Antoine et dans des maisons particulières, M. Du Guay me pria de les recevoir, ce que je n'acceptai pas d'abord, par rapport au peu de connoissance que j'avois de l'or, des poids et des comptes du pays, et encore plus à cause de la fourberie des gens à qui nous avions à faire, que M. de Gennes peint très au naturel dans ses mémoires. Cependant, après avoir exposé mes raisons, je me rendis aux prières de M. Du Guay et je reçus les sommes que l'on devoit payer, dont j'ai l'honneur de vous envoyer l'état.

En arrivant à Riogenero, nous apprîmes que M. Du Clerc avoit été assassiné dans son lit; le sieur de Saint-Michel, lieutenant de frégate, et quatre gardes-marine y étoient restés avec les prisonniers; les autres officiers et gardes-marine avoient pris le parti d'aller à la Baie de Tous-les-Saints. Nous rapportons tous leurs drapeaux, excepté le blanc, qui a été envoyé à Lisbonne.

Le 28 octobre, la moitié de nos troupes se rembarqua; l'autre moitié garda les postes des Jésuites. Le même jour, nous remîmes aux troupes du pays les hauteurs des Bénédictins et de la Conception.

Le 29, le sieur de Champagné, enseigne de vaisseau, mourut de maladie.

Le 4 novembre, le reste des troupes retourna dans les vaisseaux.

Le 13, l'escadre appareilla de la rade de Riogenero, et le lendemain le fort Sainte-Croix fut remis aux Portugais.

Le 15, les deux navires de la mer du Sud nous quittèrent pour aller à leur destination.

Le 3 décembre, le vaisseau *la Reine des Anges* s'étant trouvé incommodé à son chuquet de misaine, le *Lys* lui fournit ce qu'il pouvoit avoir besoin et l'*Aigle* eut ordre de lui servir de conserve; le lendemain, nous les perdîmes de vue.

Le 22, à quatre heures et demie du soir, nous eûmes connoissance des bancs de Roxas, qui nous restoient à quatre lieues à l'ouest; nous en vîmes les brisants.

La nuit du 24 au 25, nous repassâmes la ligne, après avoir eu plus d'un mois les vents contraires, qui ont dû être fort favorables à nos navires de la mer du Sud.

Le 7 janvier 1712, à huit heures et demie du matin, nous repassâmes le tropique du Cancre.

Depuis le 38° degré de latitude nord jusques au 44°, ayant passé suivant nos points à environ quinze lieues de Corve et Flore[1], nous avons essuyé des tempêtes affreuses. Il paroissoit à chaque instant que la mer devoit nous engloutir mille fois; les vents, qui chaque jour faisoient le tour du compas avec fureur, nous obligeoient de mettre à la cape, tantôt à la grande voile, quelquefois à la misaine, un autre jour à l'artimon, et d'autres fois à sec. Le *Lys*, le meilleur et un des plus beaux vaisseaux qu'on puisse voir, qui se manioit on ne peut pas mieux dans le mauvais temps, a beaucoup souffert. Comme cet ouragan épouvantable dura depuis le 16 janvier jusques à la nuit du 23

1. Corvo et Flores, les deux plus occidentales des îles Açores.

au 24, avec de la pluie et des bourrasques horribles, nous appréhendions à tous moments que les mâts ne vinssent en paquet. Notre grand mât a été seulement endommagé entre le premier et le second pont, à quoi on remédia avec beaucoup de promptitude. Pendant ce coup de vent, qui a fait séparer le *Magnanime*, l'*Achille*, le *Glorieux*, le *Fidèle*, le *Mars*, le *Chancelier* et la *Glorieuse*, je me rappelois de temps en temps la pensée d'Horace, qui avoit grande raison de dire :

> Illi robur et œs triplex circa pectus erat
> Qui fragilem truci commisit pelago ratem.

Depuis le 24 jusques à notre arrivée, nous avons toujours eu un fort beau temps, qui a été cependant un peu interrompu par un grand calme qui a duré les 27, 28 et 29 janvier.

Le 4 février, à trois heures et demie après midi, nous eûmes sonde de quatre-vingts brasses.

Le 5, à quatre heures et demie du soir, nous faisant par la sonde à dix lieues à l'ouest d'Ouessant, nous avons mis à la cape et nous y sommes restés jusques à la petite pointe du jour.

Le 6, ayant eu connoissance à huit heures du matin de l'île d'Ouessant et des Pierres-Noires, nous sommes entrés dans la rade de Brest, où nous avons mouillé à onze heures trois quarts du matin, avec le *Brillant*, la *Bellone*, l'*Argonaute*, l'*Amazone* et l'*Astrée*, qui nous ont toujours tenu fidèle compagnie.

J'ai l'honneur, etc.

De Ricouart.

APPENDICE.

M. de Ricouart au secrétaire d'État.

A bord du *Lys*, le 6 février 1712,
à la rade de Brest.

Monseigneur,

Dans le détail que j'ai eu l'honneur de vous faire de la campagne, j'ai oublié de marquer que M. Du Guay et moi fîmes serrer très soigneusement l'argenterie des églises, crainte du pillage. Ensuite, M. Du Guay écrivit à M. l'évêque de Riogenero pour le prier d'envoyer quelque personne de confiance à qui on pût la remettre. Il vint un aumônier de sa part, à qui on la rendit toute; les reçus que j'en ai font foi de l'attention particulière que l'on a eu à faire connoître à toutes les nations que nous étions sujets du roi, fils aîné de l'Église.

Après bien des pourparlers, des allées et des venues de la part des Portugais, l'or en barres pour la capitulation, de convention faite par écrit entre le mestre de camp, le juge de fore, M. Du Guay et moi, a été reçu sur le pied de seize testons le gros, poids de Portugal, faisant monnoie de France huit livres, l'or en poudre à quatorze testons et quatre vingtains, qui font sept livres huit sols, et les monnoies d'or neuves à quarante-huit testons la pièce.

Attendu que je n'avois aucune connoissance de l'or ni des poids de Portugal, j'ai rapporté avec moi le marc et les balances qui ont servi à peser l'or qui nous a été donné, que je faisois mettre dans des sacs de cuir bien fermés et cachetés, qui s'emballoient dans des caisses à mesure que je le recevois. Les deux otages que nous avons eus pour sûreté de la capitulation et le contraste (*sic*), qui est la personne commise par le roi pour la vérification des poids, m'ont donné un certificat qui assure que le marc qui m'a été remis est celui dont on se sert dans tous les bureaux du roi; il m'a paru à peu près de la même pesanteur que celui d'Espagne.

Comme il y avoit de la justice de gratifier ceux qui avoient donné des marques de leur zèle et désintéressement, M. Du Guay s'est servi d'une partie de l'or apporté par des officiers qui l'avoient trouvé dans quelques maisons particulières et couvents de Riogenero pour en faire des gratifications aux officiers les plus exacts et aux estropiés. Ce même or est destiné aussi à récompenser les veuves des morts et les enfants, auxquels on fera payer une somme proportionnée à leurs besoins.

. . . .

J'ai l'honneur, etc.

De Ricouart.

Extrait général des effets provenant de Riogenero dont l'escadre du Roi est chargée.

Savoir :

Or en barres et en poudre . . .	1,624 livres 18 gros.
Monnoies neuves d'or	2,310.
Monnoies vieilles	222 1/2.
Écus de Portugal	740 1/2.
Testons	27 1/2.
Argenterie, non pesée . . .	4 bahuts pleins.
Piastres	20,000 en 5 caisses.
Rançon (en une lettre de change).	3,500 livres sterling.
Sucre	1,484 caisses, 3 barriques et 2 quartauts.
Canons de fonte	27, de 8 et 10 livres de balles.
Barbes de baleine	1,167, grosse et petite.
Paquets de baleine	50, —
Toile grise	750 paquets, pièces ou morceaux.

Canons de fer. . . . . . .   37.
Pierriers de fer . . . . . .   2.
Boîtes de fer . . . .   7.

Deux vaisseaux chargés de toutes sortes de bonnes marchandises qui sont allés à la mer du Sud.

Fait à bord du *Lys* le 18 janvier 1712.

De Ricouart.

II.

Correspondance de Saint-Hilaire.
(1711-1712.)

Saint-Hilaire au ministre de la Guerre[1].

A la Fère, le 30 janvier 1711.

Monseigneur,

Lorsque vous le jugerez à propos, je recevrai vos ordres sur le projet d'augmentation d'approvisionnement de Hesdin, que j'ai eu l'honneur de vous envoyer il y a environ trois semaines, vous suppliant de vouloir bien remarquer ce que j'y ai ajouté à l'article de la poudre.

Ce qui est destiné pour Arras s'achève d'être enlevé ici, au canon près, celui qui doit venir de Metz n'étant pas encore arrivé. L'entrepôt fait à Péronne va être entièrement enlevé dans tout le mois prochain par les équipages du sieur Rivier et rendu à Arras, ainsi que vous l'avez ordonné, et je mets tout en mouvement avec le plus de soin et de diligence qu'il m'est possible.

Les officiers d'artillerie préposés à la conduite des convois se plaignent que les officiers des troupes commandées aux escortes, dont aucuns sont fort impatients, s'ingèrent

1. Vol. Guerre 2302, n° 75.

de les vouloir conduire à leur fantaisie, et, comme il en peut résulter beaucoup d'inconvénients, aurez-vous la bonté de donner vos ordres à ce que les troupes ne se mêlent que de leurs escortes, lorsqu'il y a des officiers d'artillerie ordonnés à la conduite desdits convois, cela principalement à Péronne et Bapaume, où Messieurs les commandants donnent des escortes si foibles aux convois qu'infailliblement ils seront en péril, si vous n'avez la bonté de leur mander d'en user autrement, ou bien qu'ils en répondront. Ils font aussi difficulté de s'avertir de place en place, c'est-à-dire à Bapaume et Péronne, du passage desdits convois pour envoyer leurs escortes au-devant, disant, à ce qu'on m'a rapporté, que ce n'est pas là leur affaire. J'ai cru devoir vous informer de ce petit détail, afin d'éviter l'enlèvement de quelques-uns de ces convois, n'étant pas en droit de donner aucun ordre à ces Messieurs.

J'ai l'honneur, etc.

Sainct-Hilaire.

Réponse en apostille : Envoyer un extrait de cette lettre à M. le maréchal de Montesquiou pour la sûreté de ses convois, afin qu'il fasse donner les escortes assez fortes et que les commandants de places s'avertissent et s'entendent.

Saint-Hilaire au ministre de la Guerre[1].

A la Fère, ce 16 avril 1711.

Monseigneur,

Je viens de recevoir une lettre de M. le maréchal de Montesquiou, dont j'ai l'honneur de vous envoyer copie, afin que vous soyez informé de ce dont il s'agit. Cependant, je ne laisse pas de faire partir demain de cette ville pour Saint-Quentin tout ce que je pourrai de l'équipage d'artillerie, ainsi que vous me l'ordonnez par votre lettre du 11

---

1. Vol. Guerre 2308, n°ˢ 65 et 66.

de ce mois, c'est-à-dire autant que nous avons de chevaux ; car il nous en manque encore environ deux cent soixante, les équipages du sieur Rivier n'étant point encore arrivés de leurs quartiers de Lorraine. Leur charge sera toute prête ici ; car je les ferai partir pour Saint-Quentin aussitôt qu'ils seront arrivés. Je ne crois pas qu'ils trouvent guère plus de fourrages à Saint-Quentin qu'à Cambray ; cependant, je ferai tout partir précisément, ainsi que vous me l'ordonnez.

Je comptois de partir d'ici pour Paris samedi prochain ; je crois qu'il est à propos que je séjourne ici quelques jours de plus, pour les divers ordres qui peuvent survenir, et j'y pourrai encore recevoir votre réponse et sur ma précédente, si vous jugez m'en devoir faire.

J'ai l'honneur, etc.

Sainct-Hilaire.

Copie de la lettre du maréchal de Montesquiou, de Cambray, le 14 avril 1711. — « Comme nous n'avons point ici de fourrage pour nourrir vos chevaux d'artillerie sans faire grand tort à nos magasins et que vos entrepreneurs n'ont point donné d'ordre pour leur subsistance, je prends le parti de vous les renvoyer à la Fère ; mais, en même temps, je vous supplie de ne vouloir les employer à rien et de les faire tenir toujours tout prêts pour les faire partir d'un quart d'heure à l'autre ; car je compte que, dès que j'envoierai des ordres aux troupes pour s'avancer, j'envoierai en même temps un courrier pour me faire amener les chevaux de l'équipage qui est ici, lequel ne mettra qu'un jour et demi à venir. Je vous supplie donc de bien donner vos ordres là-dessus. »

Saint-Hilaire au ministre de la Guerre[1].

A la Fère, ce 18ᵉ avril 1711.

Monseigneur,

Si je n'ai point eu l'honneur de vous envoyer l'état de l'équipage d'artillerie de l'armée, c'est que je présupposois que, M. le chevalier des Touches en ayant dressé le projet qui a été exécuté ici, il vous l'auroit envoyé. Vous le trouverez dans ce paquet, avec la note d'où les matériaux ont été tirés. Tout le canon et les munitions sont partis hier et aujourd'hui, à l'exception de cent charrettes de munitions, parce que tous les chevaux du sieur Rivier ne sont point encore arrivés de leurs quartiers de Lorraine. Je n'ai même nulle nouvelle du jour qu'ils pourront arriver ici. Mais il nous en reviendra demain quatre cent vingt-huit de ceux qui ont travaillé ici pendant l'hiver, lesquels reviennent de mener à Bouchain tout le reste de l'approvisionnement qui y étoit destiné, et je les ferai repartir avec lesdites cent charrettes de munitions qui n'ont encore pu partir d'ici par le manque de chevaux, et ils iront rejoindre l'équipage à Saint-Quentin. Il y a aussi vingt pontons de partis hier avec ledit équipage, qui prendront demain matin de Saint-Quentin la route de Cambray, ainsi que vous l'ordonnez. Comme il n'y en avoit que vingt dans le projet de M. des Touches et que nous n'en avons mené que ce nombre-là à l'armée depuis plusieurs années, nous n'en avions préparé que cette quantité; mais, puisque Sa Majesté désire une augmentation de quatre pontons, je fais travailler à les radouber; car ils sont en mauvais état; puis après ils rejoindront. Nous avons eu tant d'autres ouvrages que celui-ci ne s'est pu faire, d'au-

---

1. Vol. Guerre 2308, n° 72.

tant que nous ne comptions pas qu'il y en auroit vingt-quatre cette année à l'armée, au lieu de vingt qui avoient accoutumé d'y être.

Touchant les équipages du sieur Rivier, j'aurai l'honneur de vous dire qu'il s'en faut bien que cela aille comme le temps passé; car à présent on a des peines infinies à leur faire faire le service. Plus de la moitié des chevaux sont mal équipés et en mauvais état; rien de prêt à temps. Je prévois qu'il s'en faudra nombre (*sic*) qu'ils ne soient complets cette campagne, à moins que vous ne jugiez à propos de donner vos ordres là-dessus et faire tenir la main sérieusement à l'exécution.

J'ai l'honneur, etc.

SAINCT-HILAIRE.

Saint-Hilaire au ministre de la Guerre[1].

A la Fère, le 11 juillet 1711.

Monseigneur,

Sa Majesté ayant ordonné un fonds sur la province pour bonifier la navigation de cette ville à Chauny et mettre hors de péril les bateaux qui y arrivent, quoique ce fonds soit fait depuis du temps à ce qu'on m'en a dit et que cet ouvrage dût être achevé, il n'est pas encore commencé et je n'y vois nulle disposition. Cependant, nous avons grand intérêt que ces ouvrages se fassent incessamment, à cause des bateaux de grains et de munitions de guerre qui arrivent ici et qui courent risque depuis Chauny jusques en cette ville. J'ai cru par cette raison être obligé de vous en donner avis.

J'ai l'honneur, etc.

SAINCT-HILAIRE.

Réponse en apostille : Écrire à M. de Bernage qu'il m'a mandé cela . . . . . qu'il y a un fonds destiné au travail;

1. Vol. Guerre 2300, n° 258.

il seroit bien nécessaire d'y faire travailler pour mettre à couvert la navigation de toutes les munitions qui passent par cette rivière.

Saint-Hilaire au ministre de la Guerre[1].

A la Fère, le 13 juillet 1711.

Monseigneur,

Mille petites difficultés contraires au bien du service, qui surviennent ici entre le maire et les habitants de cette ville et celui qui y commande la petite garnison, donnent à juger, à ce qu'il me paroît, qu'il est absolument nécessaire qu'il y ait un commandant désigné. Si vous en pensez de même, quoique l'emploi soit des plus petits, mais par seule raison de convenance par rapport à mon caractère, ayant des séjours à y faire, il me seroit fort désagréable de n'y pas commander. Agréerez-vous donc, Monseigneur, de me proposer à Sa Majesté pour ce commandement, seulement sous l'autorité du maréchal de France commandant dans le pays, puisque j'ai l'honneur d'être un des plus anciens lieutenants généraux d'armée. Si Sa Majesté ne me veut rien donner pour ce commandement, je ne m'en soucie pas, et je m'en passerai, dans l'espérance qu'elle aura la bonté de me donner d'un gouvernement prochain, et, en attendant, je m'estimerai bien heureux de lui être bon à quelque chose de plus qu'à l'artillerie; car il est très certain selon moi qu'il est besoin qu'il y ait ici un commandant désigné pour la sûreté de cette ville et de tous les attirails qui s'y font et s'y assemblent.

J'ai l'honneur, etc.

SAINCT-HILAIRE.

Réponse en apostille : J'ai rendu compte au Roi de ce que vous proposez d'établir un commandant à la Fère et

---

[1]. Vol. Guerre 2308, n° 226.

demandez que ce commandement vous soit donné. Le Roi a jugé que cela ne vous convenoit point, parce que ce commandement est trop peu considérable. Ce gouvernement a été donné à M. le duc de la Meilleraye à son mariage et ne vaut que quatre mille livres; cela n'est pas digne certainement d'un ancien lieutenant général tel que vous.

Saint-Hilaire au maréchal de Villars [1].

A la Fère, le 25 avril 1712.

Monseigneur,

J'arrivai hier en cette ville, où je me ferai un très grand plaisir d'exécuter les ordres qu'il vous plaira me faire l'honneur de m'envoyer.

Il est parti d'ici pour l'armée tout ce qu'on a pu y envoyer de l'équipage d'artillerie, qui est tout prêt il y a déjà du temps. A mesure qu'il arrivera des chevaux, on les fera partir, et je commencerai par les pontons, dont vous pourrez peut-être vous moins passer que du reste. On m'a assuré qu'il arriveroit ici bientôt trois cents des chevaux du sieur Rivier; mais j'ai peur que cela ne soit un peu (*un mot déchiré*). J'ai trouvé encore ici le bataillon des bombardiers et le ferai partir avec le premier convoi, à moins que vous n'en ordonniez autrement.

J'ai l'honneur d'être très respectueusement,
   Monseigneur,
      Votre très humble et très obéissant serviteur.
         SAINCT-HILAIRE.

[NOTA. — Il existe encore aux archives du ministère de la Guerre pour les années 1711 et suivantes un certain nombre de lettres de Saint-Hilaire, qui sont contenues dans les vo-

1. Archives du château de Vaux-le-Vicomte.

lumes 2335, 2344, 2374, 2379, 2381, 2414, 2415, 2522, 2541, 2584 et 2619. Comme ce dépôt est maintenant fermé à cause de la guerre et qu'il le sera probablement encore pendant plusieurs années après la conclusion de la paix, nous renonçons à les publier pour le moment. L'époque à laquelle elles se réfèrent étant celle où Saint-Hilaire, retiré du service actif, n'a plus que l'administration de l'arsenal de La Fère et de la lieutenance d'artillerie de Flandre, cette correspondance n'a qu'un intérêt restreint, qui fera moins regretter son absence comme complément des Mémoires.]

III.

Lettres de noblesse en faveur de Pierre de Mormès, sieur de Saint-Hilaire[1].

Louis, etc. Les grands et recommandables services qui nous ont été rendus et au feu roi notre honoré seigneur et père de glorieuse mémoire, que Dieu absolve, par notre cher et bien amé Pierre de Mormès, sieur de Saint-Hilaire, à présent lieutenant général de l'artillerie de France au département de la haute et basse Guyenne, Limousin et Périgord, en diverses charges et emplois de guerre et au commandement de notre artillerie dans nos armées, nous auroient conviés de lui accorder nos lettres patentes au mois d'octobre 1651, par lesquelles nous l'aurions anobli, ensemble sa postérité et lignée, tant mâles que femelles, nés et à naître en loyal mariage, ainsi qu'il est plus au long contenu dans nosdites lettres. Mais, parce que, par notre déclaration du mois de septembre 1664, nous avons révoqué toutes les lettres d'anoblissement expédiées depuis l'année 1634 jusques à présent, ledit sieur de Saint-Hilaire nous a très humblement supplié de le relever de la rigueur

1. Arch. nat., X^{1A} 8665, fol. 268.

de notre dite déclaration et de lui faire expédier nos lettres de confirmation sur ce nécessaires. A quoi ayant égard, et mettant en considération que, depuis l'expédition de nos dites lettres jusques à présent, ledit sieur de Saint-Hilaire, poussé du même zèle qu'il a toujours fait paroître en toutes occasions pour notre service, a dignement fait les fonctions de sa charge de lieutenant de l'artillerie et commandé icelle en chef pendant plusieurs campagnes, même aux sièges de Bordeaux, Angers, Montrond, Bellegarde et Sainte-Menehould, Pavie, Valenciennes, Dunkerque, Bergues-Saint-Winocq, Gravelines, à la bataille des Dunes et aux combats de Bléneau, la Bormida et de Bazellons (?), en toutes lesquelles occasions il a donné des marques de sa valeur et de son expérience consommée au fait de ladite artillerie, Savoir faisons que nous, etc., avons confirmé et confirmons les lettres d'anoblissement accordées audit sieur de Saint-Hilaire au mois d'octobre de ladite année 1651, pour jouir par ledit sieur de Saint-Hilaire, ensemble ses enfants et postérité, tant mâles que femelles, nés et à naître en loyal mariage, des honneurs, autorité, prérogatives, prééminences, franchises, libertés et exemptions portées par nosdites lettres, et tout ainsi qu'en jouissent les autres nobles de notre royaume et ceux qui sont issus de noble et ancienne race, sans que, pour raison de la présente confirmation, ledit sieur de Saint-Hilaire, ni ses successeurs mâles et femelles soient tenus de nous payer, ni à nos successeurs rois, aucune finance, de laquelle, à quelque somme qu'elle se puisse monter et revenir, nous leur avons faits et faisons don par ces présentes, etc. Si donnons en mandement à nos amés et féaux les gens tenant notre cour de Parlement de Paris, Chambre des comptes de Pau et autres qu'il appartiendra que ces présentes ils aient à faire enregistrer, etc. Donné à Paris, au mois de janvier, l'an de grâce mil six cent soixante-six et de notre règne le vingt-troisième. Signé : Louis, et plus bas, par le Roi : Le Tellier.

Registré, sur ce ouï et ce consentant le procureur général du Roi, pour être exécutées et jouir par l'impétrant et ses enfants et sa postérité de l'effet et contenu en icelles, suivant l'arrêt de ce jour. A Paris, en Parlement, le vingt-sixième février mil six cent soixante-sept.

IV.

Le logement de Saint-Hilaire a l'Arsenal[1].

[Saint-Hilaire jouissait au Petit-Arsenal d'un logement qui avait été autrefois concédé à son père et laissé après à sa mère; en 1703, il eut quelques difficultés à ce sujet avec le duc Mazarin, qui, en qualité de surintendant général des poudres et salpêtres, prétendait avoir la disposition des logements du Petit-Arsenal; c'est à cette contestation que se rapportent les pièces qui vont suivre.]

Placet du duc Mazarin,
surintendant des poudres et salpêtres.

A M. de Chamillart, ministre et secrétaire d'État.

Monsieur,

M. le duc de Mazarin vous remontre qu'aux termes de l'édit de création de la charge de surintendant des poudres, créée en 1634 en faveur de feu M. le maréchal de la Meilleraye, son père, le logement du surintendant consiste en deux corps d'hôtel, en entrant par la porte de la rue de la Cerisaie, à main gauche de coin en coin, aboutissant d'un côté à la Bastille et de l'autre à l'atelier des bonnetiers.

M. le maréchal de la Meilleraye a toujours joui de ces deux corps de logis, en sa qualité de surintendant des poudres.

---

1. Arch. nat., G[7] 1789.

Après M. le maréchal de la Meilleraye, M. le duc de Mazarin en a joui en la même qualité et en a fait des gratifications de temps en temps à différentes personnes. Il gratifia entre autres le feu sieur de Saint-Hilaire, lieutenant de l'artillerie, d'un logement dans l'un des corps de logis, et le sieur de Saint-Hilaire en a joui pendant un temps considérable. Après la mort dudit sieur de Saint-Hilaire, sa veuve, craignant d'être dépossédée par M. le duc de Mazarin, surprit à son insu, en 1687, un brevet du Roi, par lequel elle se fit accorder par Sa Majesté les mêmes logements qu'elle et son défunt mari tenoient auparavant de la libéralité de M. le duc de Mazarin, n'ayant jamais eu d'autre titre avant 1687, ce qui prouve bien la surprise.

Depuis ce temps, la veuve du sieur de Saint-Hilaire et le sieur de Saint-Hilaire, son fils, ont toujours fait quelques nouvelles entreprises et ont même osé usurper, depuis environ trois ans, une partie du logement accordé par M. le duc de Mazarin à Mme la maréchale de la Meilleraye, sa belle-mère, dans ledit Arsenal.

M. le duc de Mazarin, touché de cette violence et ingratitude, a voulu savoir par quel motif le sieur de Saint-Hilaire en usoit ainsi, et il a découvert ce brevet surpris en 1687, duquel jusque-là il n'avoit eu aucune connoissance, parce que la veuve du sieur de Saint-Hilaire l'avoit toujours tenu secret, pendant que M. le duc de Mazarin la laissoit jouir paisiblement, elle et son fils, d'une partie de son logement.

Mais, pour vous faire connoître, Monsieur, qu'il n'y a, de la part des sieur et dame de Saint-Hilaire, que surprise et ingratitude et que le logement qu'ils occupent appartient incontestablement au surintendant des poudres, M. le duc de Mazarin rapporte l'extrait de l'édit de création de ladite charge de l'année 1634, et il vous supplie d'ordonner au commissaire général des poudres et au contrôleur général de rapporter les brevets de leurs logements, parce que vous verrez par les tenants et aboutissants l'étendue et la consistance de ce qui appartient au surintendant des poudres.

M. le duc de Mazarin vous supplie encore, Monsieur, de vouloir ordonner aux sieur et dame de Saint-Hilaire de rapporter les brevets en vertu desquels ils en ont joui avant l'année 1687, et ils seront obligés de convenir qu'ils tenoient leur logement de la liberté (*sic*) du surintendant des poudres.

M. le duc de Mazarin est persuadé qu'il n'y aura aucune difficulté, lorsque la vérité sera éclaircie, de déclarer le brevet surpris en 1687 nul, en conséquence de le conserver dans le logement qui lui appartient en sadite qualité de surintendant des poudres et salpêtres et d'ordonner aux sieur et dame de Saint-Hilaire de vider incessamment les lieux, attendu qu'ils n'ont ni titre ni qualité.

M. le duc de Mazarin vous demande en grâce, Monsieur, de commettre quelque personne désintéressée, autre que ceux qui habitent dans l'Arsenal, pour vérifier les faits ci-dessus.

Extrait de l'édit de création de l'année 1634 : « En outre nous voulons et entendons que notre dit surintendant ait son logement dans notre Petit-Arsenal à Paris, dans les deux corps d'hôtel en entrant à main gauche, aboutissant à la Bastille d'un côté et de l'autre au magasin des bonnetiers, avec la cour et jardin, comme le tout étoit occupé ci-devant par le sieur Lapin fils, et ledit commissaire général dans la première cour du Petit-Arsenal, au logement ci-devant occupé par le commissaire des salpêtres, commençant au coin de la grande porte qui entre de ladite cour au grand jardin et de l'autre audit atelier des bonnetiers, en outre les masures qui font l'aile du côté du grand jardin jusqu'à l'allée de la Bastille. »

Le secrétaire d'État de la Guerre chargea M. Le Camus de Beaulieu, un des lieutenants généraux de l'artillerie, de faire une enquête à ce sujet, et celui-ci lui répondit le 21 juin 1703 :

Je crois, Monseigneur, que, pour satisfaire à l'ordre que vous me donnez dans la lettre que vous m'avez fait l'honneur de m'écrire en m'adressant le mémoire que je vous renvoie, il n'y a rien qui puisse vous mettre mieux en état de rendre compte au Roi de ce qui est contenu dans ledit placet que de vous envoyer un récit fidèle de tout ce qui s'est passé sur l'affaire dont est question, me paroissant que le Roi n'a à régler là-dessus qu'un seul point, qui est de savoir si Sa Majesté veut laisser décider pour cette occasion à la justice ordinaire les droits du grand maître et ceux du surintendant général des salpêtres ou s'il veut s'en réserver la connoissance. En ce cas-là, on pourra examiner les raisons de l'un et de l'autre.

Camus-Beaulieu.

A cette lettre est joint ce mémoire :

M. de Saint-Hilaire occupe une maison dans le Petit-Arsenal, que feu son père avoit occupée avant lui. Il est vrai que M. le maréchal de la Meilleraye, père de M. le duc Mazarin, pour lors grand maître de l'artillerie, accorda ce logement à M. de Saint-Hilaire le père. Il lui fut continué par M. de Mazarin et par M. le duc du Lude, en qualité de grand maître. M. le maréchal d'Humières et en dernier lieu Mgr le duc du Maine l'ont accordé à M. de Saint-Hilaire le fils. M. de Saint-Hilaire tient donc cette grâce des grands maîtres, qui ont toujours paru disposer de ce logement en cette qualité, sans qu'il y ait eu sur cela aucune contestation.

Il y a environ deux ans qu'un nommé Lecointre, tapissier, locataire de Mme de la Meilleraye d'une partie de maison appartenant au surintendant des salpêtres, fit assigner M. de Saint-Hilaire au bailliage de l'Arsenal pour lui payer le loyer de deux chambres en galetas qui sont au-dessus du logement de M. de Saint-Hilaire, prétendant qu'elles faisoient partie du logement qu'il tient de Mme de la Meilleraye. Il y eut sur cela quelques procédures au bailliage, où il étoit près d'être condamné, quand M. de Mazarin intervint, et, en vertu de son committimus, demanda que la contestation fût renvoyée aux requêtes du Palais.

M. de Saint-Hilaire, voyant bien qu'il n'étoit point partie capable pour contester avec M. de Mazarin sur un droit qui regarde Mgr le duc du Maine comme grand maître de l'artillerie, de qui il tient le logement, a demandé qu'il fût mis en cause. Il y est intervenu, et, comme l'affaire devoit être naturellement jugée au bailliage de l'Arsenal, où elle avoit été portée d'abord, Mgr le duc du Maine a demandé son renvoi des requêtes du palais au bailliage.

Depuis son intervention, M. le duc de Mazarin n'a fait aucune poursuite et s'est contenté de présenter deux mémoires contre M. de Saint-Hilaire, qui n'a aucune part dans cette affaire, où il est question d'un logement dont les grands maîtres ont toujours disposé.

Le Roi accorda en 1687 un brevet à Mme de Saint-Hilaire la mère de cette maison, lequel brevet n'a point été surpris, comme on l'expose, et il paroît expédié dans la forme ordinaire de tous les autres que le Roi accorde dans l'Arsenal de Paris.

Nous ne savons quelle solution fut donnée à cette affaire.

176   APPENDICE.

V.

SUPPLÉMENT A LA CORRESPONDANCE DE SAINT-HILAIRE.

Mémoire pour M. de Saint-Hilaire[1].

Saint-Germain, 20 juillet 1679.

Le sieur de Saint-Hilaire, en se transportant à Nancy et à Metz pour y visiter les magasins, vérifiera s'il y a des bombes de 12 pouces de diamètre de bonne qualité.

Il fera scier les pièces d'artillerie qui ne sont pas en état de servir, les fera voiturer à Saint-Quentin et en donnera avis à M. du Metz, afin qu'il les fasse venir à la fonte.

Il laissera à Mézières deux pièces de 24, deux pièces de 16, quatre pièces de 12 et vingt-deux pièces d'autres calibres au-dessous, à proportion de ce qu'il y avoit de boulets dans la place.

Il fera conduire une pièce de 24 à Bouillon, et il peut prendre une de celles qui seront les moins défectueuses.

Il enverra à la fonte les deux pièces de trente.

Il laissera dans Mézières quatre cents boulets pour pièce.

Il envoiera à Bouillon deux cents boulets de 24.

Il laissera seulement cent milliers de poudre au Mont-Olympe, quarante milliers de plomb et quarante milliers de mèche; à Mézières, soixante milliers de poudre, quarante milliers de plomb et quarante milliers de mèche.

Il ne laissera à Sedan que soixante milliers de poudre, cinquante milliers de plomb et cinquante milliers de mèche.

Il tirera de Sedan trente mille sacs à terre.

M. de Louvois à M. de Saint-Hilaire[2].

Saint-Germain, 2 décembre 1679.

Aussitôt que j'ai reçu votre lettre du 27 du mois passé,

1. Guerre, vol. 622, n° 485.
2. Guerre, vol. 627, n° 19.

j'ai écrit à M. Bazin pour lui faire des reproches de ce que vous avez trouvé à Verdun toutes les munitions qui y avoient été voiturées pendant huit jours et de ce qu'il n'y avoit aucuns charrois pour les transporter à Metz. Je ne doute pas que, sur ce que je lui mande, il ne vous en fournisse incessamment. Ainsi je n'ai qu'à vous recommander de me faire savoir ce qui se passera sur cela.

M. de Louvois à M. de Saint-Hilaire[1].

Saint-Germain, 16 décembre 1679.

Monsieur,

Le Roi voulant obliger tous les capitaines de cavalerie à se défaire incessamment de tout ce qu'ils ont de méchants chevaux dans leurs compagnies et à les remplacer par des bons qui soient en état de l'y servir, S. M. m'a commandé de vous faire savoir que son intention est que, en présence des commissaires de votre département, vous fassiez des revues exactes de toutes les compagnies, pour marquer les chevaux qu'il y a à changer dans chacune, afin que, de ce jour-là, l'on cesse de leur faire fournir du fourrage, et pour cet effet j'écris à Messieurs les intendants et auxdits commissaires en cette conformité.

S. M. désire aussi que vous lui rendiez compte des officiers subalternes en pied qui sont incapables de leurs emplois, afin qu'elle puisse les faire casser et établir en leurs places les plus anciens des réformés. Mais, comme il peut y avoir parmi lesdits réformés plusieurs officiers qui ne sont pas propres à monter, l'intention de S. M. est que vous preniez sur cela les lumières nécessaires pour lui en rendre un compte juste et que vous lui fassiez savoir quels ils sont, afin que S. M. se décharge de la dépense de leur entretien.

1. Guerre, vol. 627, n° 375.

M. de Louvois à M. de Saint-Hilaire[1].

Saint-Germain, 22 janvier 1680.

J'ai appris avec déplaisir la mort de votre père, et, comme votre famille désire que vous veniez faire un tour ici, le Roi veut bien vous le permettre, après que vous aurez mis ordre à ce que, en votre absence, l'on embarque toutes les munitions qui doivent remonter à Verdun, S. M. désirant que, pendant que vous serez en ce pays-ci, l'on ne fasse aucune voiture par terre.

M. de Saint-Hilaire au Contrôleur général des finances[2].

A Garges, le 24 septembre 1703.

Monseigneur,

Si vous pouviez connoître combien j'ai d'envie de vous être agréable en toutes choses et de mériter l'honneur de votre protection, vous ne douteriez pas que je n'eusse prévenu votre volonté sur l'achat de la lieutenance générale d'artillerie au département de Flandres, si mon peu de bien me l'avoit pu permettre; mais, à présent que M. le maréchal d'Harcourt, qui vous a parlé pour moi, m'a assuré de vos bontés et que vous vouliez bien me faire recouvrer la meilleure partie de cette somme, soit en augmentation de pensions ou de gratifications personnelles, afin que cela ne tire pas à conséquence pour les autres, cela m'engagera à faire les derniers efforts pour acquérir cette charge, comptant absolument sur vos bontés et la sûreté de votre parole, ce qui me seroit autrement impossible.

Dans cette persuasion, Monseigneur, je prends la liberté de vous proposer, en premier lieu, les grâces qui se trouvent

---

1. Vol. Guerre 637, n° 560.
2. Archives nationales, G⁷ 1789.

naturellement à demander dans cette conjoncture. L'une est qu'il plaise à Sa Majesté de me continuer mes deux mille francs d'appointements de lieutenant d'artillerie au département de Guyenne, soit sur le même pied, ou convertis en augmentation de pensions. L'autre, que les quatre mille livres que j'ai appris qui étoient retranchées sur les huit mille attachées jusques ici au département de Flandre, et dont le sieur de Vigny a joui, me soient accordées par augmentation de pension ou autrement, puisqu'il me seroit très fâcheux après tant d'années de services d'être en pire état, quoique avec plus de besoin. J'emploierai ce produit avec les autres grâces qu'il vous plaira de me procurer pour payer entièrement la dette par payements égaux pendant trois années, et à cette fin vous supplie très humblement d'ordonner aux traitants de m'accorder ce terme.

Je prends encore la liberté, Monseigneur, de joindre à cette lettre le mémoire que vous m'avez fait l'honneur de me demander pour le Roi, touchant les secrets du religieux italien, qui ont été éprouvés ici en ma présence[1]. Quand je serai chargé de plus grandes choses, j'apporterai toute mon application à m'en bien acquitter, et pour vous persuader de tout mon attachement à votre personne et du profond respect avec lequel je suis,

Monseigneur,
Votre très humble et très obéissant serviteur,
SAINCT-HILAIRE.

A cette lettre sont joints deux mémoires; voici le premier :

Mémoire.

1° M. de Saint-Hilaire demande, sous le bon plaisir de Sa Majesté, que les 2,000 livres d'appointements de sa

---

[1]. Ce mémoire n'a pas été retrouvé; voir notre tome III, p. 315-322.

charge de lieutenant d'artillerie en Guyenne, à présent supprimée par l'édit, lui soient continuées, attendu que feu son père avoit acheté cette charge 50,000 livres et qu'à lui elle lui tient lieu de droit d'aînesse dans sa famille, et ce en cas qu'il ne puisse obtenir de compensation d'icelle sur le prix de la nouvelle charge de lieutenant général d'artillerie au département de Flandre que Sa Majesté lui destine.

2° Que les 8,000 livres d'appointements ci-devant attachées audit département lui soient conservées, outre et par-dessus les 4,000 livres de gages, pour les vingt mille écus de finance de la nouvelle charge, attendu que ledit département exige une résidence presque continuelle et que ledit de Saint-Hilaire ne doit être en pire état que son devancier.

3° Qu'étant à présent le seul de l'artillerie honoré du titre de maréchal de camp, il soit employé sur les états de Sa Majesté conformément à son brevet, pour jouir des gages et émoluments y attachés, attendu que les autres maréchaux de camp en jouissent, quoique comme lui servant à leurs charges particulières et ne faisant que prendre jour à l'armée.

4° Qu'il plaise à Sa Majesté accorder audit une somme pour se mettre en équipage, parce qu'il n'en a aucun, n'ayant pas servi de cette guerre.

5° Qu'on lui accorde un terme de trois années pour payer les vingt mille écus aux traitants, qui le pourroient ruiner dès la première, s'il étoit à leur discrétion, vu son peu de bien, la nature d'icelui et la difficulté d'en faire de l'argent, et ce n'est que l'envie extrême qu'il a de continuer ses services qui l'oblige d'engager de cette façon sa petite légitime et de témoigner en tous rencontres son parfait dévouement.

Le second mémoire est un peu différent : il n'est plus question ni de la somme pour son équipage ni du délai de trois années pour le paiement de la charge; mais à la place on lit l'article suivant :

Que le régiment des bombardiers étant une suite nécessaire de cet emploi [de lieutenant général de l'artillerie en Flandre], surtout dans la conjoncture présente du changement qui se fait dans l'artillerie, ledit sieur de Saint-Hilaire soit installé en même temps dans le commandement de ce régiment en la même manière que le sieur de Vigny.

On a vu dans le tome III, p. 322, par la lettre de Chamillart du 25 août 1704, que le Roi lui accorda une diminution de vingt mille livres sur le prix de la charge.

VI.

Contrat de mariage de Saint-Hilaire[1].

22 août 1681.

Par-devant les conseillers du Roi, notaires gardes-notes de S. M. au Châtelet de Paris soussignés, furent présents messire Armand de Mormès, chevalier, seigneur de Saint-Hilaire, lieutenant général de l'artillerie de France, fils de défunt messire Pierre de Mormès, chevalier, seigneur de Saint-Hilaire, maréchal des camps et armées de S. M., aussi lieutenant général de l'artillerie de France, et de dame Judith Frichet, son épouse, à présent sa veuve, à laquelle ledit seigneur a dit avoir communiqué du mariage

1. Archives nationales, Y 240, fol. 499 v°.

ci-après contracté et avoir sur icelui son consentement, demeurant à Paris au Petit-Arsenal, paroisse Saint-Paul, pour lui et en son nom, d'une part, — et demoiselle Madeleine de Jaucourt, majeure de vingt-cinq ans, fille de défunt Pierre de Jaucourt, chevalier, seigneur et marquis d'Espeuilles, Hubans, Brinon[1] et autres lieux, et de dame Madeleine du Faur, son épouse, ses père et mère, demeurante ordinairement au château d'Espeuilles, province de Nivernois, étant ce jourd'huy à Paris logée en la maison de l'hôtel du Pérou, paroisse Saint-André-des-Arts, rue de Guénegaud, pour elle et en son nom, d'autre part; — lesquels, en la présence, par l'avis et du consentement de Messieurs leurs parents et amis ci-après nommés, savoir : de la part dudit seigneur futur époux, de messire Jean Robechon, avocat en la cour de Parlement, et Charles-Joseph Béguin, aussi avocat en ladite cour, amis, et, de la part de ladite damoiselle future épouse, de dame Louise de Jaucourt, sa sœur, épouse de messire Antoine de Brunel, chevalier, seigneur de Saint-Maurice, et de messire Gabriel de Jaucourt, son oncle paternel, chevalier, seigneur de Vergnon[2], étant tous deux présentement à Paris, — ont volontairement reconnu et confessé avoir fait entre eux leur traité de mariage, dons (?), donation, préciput et autres conventions matrimoniales qui en suivent : c'est assavoir que le susdit seigneur de Saint-Hilaire et ladite damoiselle Madeleine de Jaucourt ont promis respectivement se prendre et épouser l'un l'autre par nom et loi de mariage, et icelui faire célébrer et solenniser selon l'usage de l'église prétendue réformée, dont ils font tous deux profession, dans le plus bref temps que

1. Espeuilles, Hubans et Brinon-les-Allemands sont trois localités du département de la Nièvre, arr. de Nevers et de Clamecy.
2. Pour *Vergnol*, département de la Haute-Vienne.

faire se pourra, et quand l'une des parties en requerra l'autre, pour être iceux seigneur et damoiselle futurs époux unis et communs de leurs biens meubles et conquêts immeubles suivant la coutume de cette ville, prévôté et vicomté de Paris, au désir de laquelle ladite communauté et toutes les autres conventions dudit futur mariage, *etc*..... Ne seront néanmoins tenus des dettes l'un de l'autre faites et dues auparavant ledit futur mariage ; au contraire, s'il s'en trouvoit aucunes, elles seront payées et acquittées par celui ou celle du côté duquel elles procéderont et sur ses biens, sans que l'autre en soit tenu. Ladite damoiselle future épouse, assistée comme dit est, se marie, et ledit seigneur futur époux la prend avec ses droits, noms et actions, tels qu'ils lui peuvent appartenir, des successions desdits seigneur et dame ses père et mère, desquels il en entrera en communauté la somme de dix mille livres, et le surplus, ensemble tout ce qui adviendra et écherra à ladite damoiselle future épouse, tant meubles qu'immeubles, par succession, donation, legs ou autrement, sera et demeurera propre à ladite damoiselle future épouse et aux siens de son côté et ligne. Ledit seigneur futur époux a doué et doue ladite damoiselle future épouse de la somme de deux mille livres de rente par chacun an, soit qu'il y ait enfants ou non, duquel douaire elle demeurera saisie du jour du décès dudit seigneur futur époux sans qu'elle soit obligée d'en faire demande en justice, et duquel douaire elle jouira suivant ladite coutume de Paris..... Outre lequel douaire, ladite damoiselle future épouse aura pour son habitation la principale des maisons ou terres qui se trouveront appartenir audit seigneur futur époux au jour de son décès, et encore jouira des jardins et préclôtures du lieu de sa demeure ; sinon et au lieu de ladite habitation ladite damoiselle aura la somme de mille livres de rente à son choix..... Le survivant

desdits seigneur et damoiselle futurs époux aura et prendra par préciput des biens meubles de ladite communauté jusques à la somme de dix mille livres, selon la prisée de l'inventaire et sans crue, ou ladite somme de dix mille livres en deniers à son choix. S'il est vendu, aliéné ou racheté quelques héritages ou rentes appartenant à l'un ou à l'autre desdits seigneur et damoiselle futurs époux, le remploi en sera fait en autres héritages ou rentes, pour sortir pareille nature de propres à celui des conjoints à qui ils auront appartenu, etc. . . . .
Les biens dudit seigneur futur époux consistent tant en sadite charge de lieutenant général de l'artillerie de France qu'en trois mille livres de rente effectives sur l'hôtel de ville de Paris et autres effets, et en ce qui lui est dû par Madame sa mère ; . . . . . il en entrera seulement jusques à la somme de quinze mille livres en ladite future communauté, et le surplus de tous ses dits biens, ensemble ce qui lui écherra pendant ledit mariage, tant en meubles qu'en immeubles, par succession, donation ou autrement, lui sortira nature de propres à lui et aux siens de son côté et ligne. Et, en considération dudit futur mariage et pour l'estime particulière que ledit seigneur futur époux fait de la vertu de ladite damoiselle future épouse, ledit seigneur futur époux, outre toutes les conditions ci-dessus, a par ces mêmes présentes fait donation entre vifs et irrévocable à ladite damoiselle future épouse, ... et pourvu qu'elle survive ledit seigneur futur époux et non autrement, de la somme de trente mille livres une fois payée, à prendre par préférence sur tous les biens dudit seigneur futur époux, de laquelle somme elle pourra disposer en tout droit de propriété comme elle advisera bon être, et sans aucune confusion. Et, si ledit seigneur futur époux prédécède ladite damoiselle future épouse sans enfants dudit futur mariage, ou que, ayant des enfants, ils viennent à mourir avant l'âge de vingt-cinq ans, ... ledit seigneur

futur époux a par ces présentes . . . . . fait autre donation entre vifs . . . . . à ladite damoiselle future épouse . . . . . de tous et chacuns ses biens, tant meubles qu'immeubles, qui se trouveront appartenir audit futur époux en quelques lieux et endroits qu'ils se trouvent . . . . .
Comme aussi est expressément accordé que, si au contraire ladite damoiselle future épouse vient à prédécéder ledit seigneur futur époux sans enfants vivants dudit futur mariage, en ce cas elle a fait don aussi entre vifs . . . . . audit seigneur futur époux de la jouissance par usufruit, sa vie durant seulement, de tous les biens meubles et immeubles qui se trouveront appartenir à ladite damoiselle future épouse au jour de son décès. . . . .
Fait et passé à Paris, à l'égard desdits seigneurs et damoiselle futurs époux dans la maison où ladite damoiselle est présentement logée, et des autres assistants en leurs maisons, le vendredi vingt-deuxième jour d'août après midi, l'an 1681.

TABLE ALPHABÉTIQUE

[L'astérisque placé devant un chiffre de page indique une note biographique ou géographique.]

A

Aa (l'), rivière, III, 125.
Aardenbourg (la ville d'), I, *112.
Abruzzes (les), V, 42, 45.
Acadie (l') ou Nouvelle-Écosse, VI, 49, 55, 63.
Achel (le village d'), III, *126.
Achern (le bourg de), IV, 125.
Açores (les îles), II, 402.
Acosse (le village d'), II, *215.
Acqui (la ville d'), III, 207.
Acren (le ruisseau d'), II, 243, 244.
Adda (l'abbé Ferdinand d'), II, *74.
Adda (l'), rivière, III, 97, 146, 150; IV, 177-184, 189, 190, 194, 304.
Adige (l'), fleuve, III, 90-92, 196, 201; IV, 47, 166, 172, 265, 266, 303-308, 310.
Admirable (l'), vaisseau, II, 274.
Aerseele (le village d'), II, 353.
Afrique (l'), I, 35; II, 318.
Agnadel (le village d'), IV, *181.
Agosta (le port d'), I, 228.
Agreda (la ville d'), V, *254.
Agueda (l'), rivière, III, *263.
Aignan (l'abbé). Son remède, VI, 133.
Aire-sur-la-Lys (la ville d'), I, 236, 252, 253; V, 245-247; VI, 50, 64. Le fort François, 64.
Aix-la-Chapelle (la ville d'), I, 52, 292, 309.
Aix-la-Chapelle (le traité d'), I, 61, 83, 229, 252.
Aix-en-Provence (la ville d'), V, 53.
Ala (la ville d'), IV, *47, 264.
Alagon (la ville d'), V, *253.
Alb (l'), rivière, V, *36-38.
Alba (David d'), IV, *188.
Alha (la ville d'), III, 220.
Albaret (N. d'), IV, *85.
Albe (Antoine-Martin de Tolède, duc d'), V, *228; VI, 22.
Albemarle (Arnold-Just Keppel, comte d'), VI, *7, 27, 31, 33.
Albergotti (François-Zénoble-Philippe, comte), IV, *7. S'empare de Reggio et de Modène, III, 153; de Final-de-Modénois, 192-193; marche sur la Mirandole, 193; est battu par les Impériaux, 195-196; reste sous Casal, IV, 2; couvre le Montferrat, 7, 13, 33; prend part au combat de Cassano, 185; poursuit le prince Eugène, 264-265; garde les retranchements de l'Adige, 266; son rôle à la bataille de Turin (1706), 313, 316, 321-323; en Flandre (1707), V, 9; reprend Saint-Ghislain (1708), 164; défend Douay (1710), 238-244; à Denain (1712), VI, 31; campagne de 1712, 33; campagne de 1713, 79.
Alborea (le bourg d'), V, *70.

TABLE ALPHABÉTIQUE. 187

Alburquerque (la ville d'), III, *253; IV, 214.
Alcala-de-Hénarès (la ville d'), IV, *245, 246, 250.
Alcaniz (la ville d'), IV, *231.
Alcantara (la ville d'), III, *253; IV, 235, 236, 257.
Alcarraz (le bourg d'), V, *75, 76.
Alcira (la ville d'), V, *69, 72.
Alègre (Yves, marquis d'), III, 166; IV, *144, 151; prend Bouchain, VI, 38; campagne de 1713, 77, 78, 81.
Alexandre le Grand, I, 92.
Alexandre VII, pape, I, 24, 27, 28, 30-33; II, 57.
Alexandrie (la ville d'), en Piémont, III, 207, 217; IV, 274, 324, 325; VI, 67.
Alexandrin (l') ou pays d'Alexandrie, III, 97.
Alforine (le hameau d'), V, *60.
Algas (l'), rivière, V, 112.
Alger (la ville et la régence d'), I, 78; II, 12, 78.
Algériens (les), II, 12.
Algesheim (la ville de Gau-), II, *187.
Alicante (la ville d'), II, 198; IV, 248, 256, 354, 356; V, 59, 113.
Alicante (le vin d'), VI, 130.
Allemagne (l'). Campagne de 1673, I, 112-116; campagne de 1674, 145-152; campagne de 1675, 193-223; campagne de 1676, 237-239; campagne de 1677, 261-275; campagne de 1678, 287-292; campagne de 1689, II, 108-115; campagne de 1690, 120-122; campagne de 1691, 186-190; campagne de 1692, 251-262; campagne de 1693, 300-310; campagne de 1694, 326-331; campagne de 1695, 371-374; campagne de 1696, 387-389; campagne de 1697, 413-415; campagne de 1702, III, 135-144; campagne de 1703, 172-189; campagne de 1704, IV, 53-107; campagne de 1705, 118-138; campagne de 1706, 326-339; campagne de 1707, V, 13-41; campagne de 1708, 167-168; campagne de 1709, 193-198; campagne de 1710, 247; campagne de 1711, VI, 7-8; campagne de 1713, 76-77. Citée, I, 33, 38, 57, 78, 86, 100, 115, 187; II, 15, 24, 37, 45, 82, 285; III, 53, 110, 112, 119; IV, 50, 62, 64.
Allemagne (les empereurs d'). Voyez Charles-Quint, Charles VI, Joseph Ier, Léopold.
Allemagne (les impératrices d'). Voyez Bavière - Neubourg (Éléonore - Madeleine - Thérèse de), Brunswick-Hanovre (Wilhelmine-Amélie de), Espagne (Marguerite - Thérèse d').
Allemands (les), I, 68, 192, 232; II, 121, 138, 252, 278.
Alleu (le pays de l'), VI, *64.
Allmond (l'amiral), III, 240.
Almanza (la ville et la bataille d'), V, *60-69, 79.
Alme (François-Charles de Castro, comte d'), II, *218.
Almeida (la ville d'), III, *254, 263.
Almelo (la ville d'), I, 93.
Alméras (Guillaume d'), I, *234.
Alost (la ville et la châtellenie d'), I, 50, 124; II, 244, 411, 412; V, 123.
Alpes (les), II, 195, 314; IV, 5; V, 107.
Alpignan (le village d'), IV, 270, 316.
Alpuente (le village d'), IV, 253.
Alsace (l'). Sa défense par Turenne en 1674, I, 150-152, 165, 166, 170-187; campagne de 1675, 223-227; campagne de 1676, 238-244; campagne de 1677, 270-272; campagne de 1694, II, 328-330; campagne de 1704, IV, 104-105; campagne de 1705, 108-115, 118-120, 124-138; campagne

de 1706, 327-336. Citée, 1, 107, 113, 136, 246, 287, 307; II, 5, 9, 372, 374, 414, 415; III, 137, 144, 165, 173, 177, 189, 221; IV, 54, 57, 70, 74; V, 41, 193, 208.

Alsace (le régiment d'), II, 420, 429.

Alstadt (le village d'), IV, *101, 119, 331, 332, 336.

Altea (la ville d'), IV, *219.

Altenheim (le village et le combat d'), I, *194, 196, 198, 214, 217-224, 291; IV, 60.

Altkirch (la ville d'), I, *180.

Altona (la ville d'), III, 36, 38.

Altranstadt (la ville d'), V, 4.

Alzey (la ville d'), II, *252.

Amanda (M. d'), IV, 255, 256.

Amazones (la rivière des), VI, 65.

Amberg (la ville d'), III, 172.

Amelot (Michel-Jean), IV, *239-241; V, 202.

Amercœur (le faubourg d'), à Liège, II, 179, 181.

Amérique méridionale (l'), II, 14; V, 95.

Amersfort (la ville d'), I, *100.

Amezaga (Joseph-Antoine Hurtado de), V, *250.

Amfreville (André - Michel-Alexandre du Poirier, comte d'), II, *272.

Aminelas (le marquis de las), IV, *249.

Amirante de Castille (Jean-Thomas Enriquez de Cabrera, comte de Melgar, dit l'), III, *246, 251, 257, 263; IV, 213, 214, 216.

Ampurias (la ville d'), II, 314.

Amsterdam (la ville d'), I, 100, 101, 282, 300; II, 79; V, 206.

Ancône (la Marche d'), V, 42.

Andalousie (l'), V, 78.

Anderlecht (le village d'), II, *178, 410; V, 5, 115, 116.

Andernach (le village d'), I, *108-110, 113.

Andigné des Touches (Jean d'), III, *202.

Andrezel (Jean-Baptiste-Louis Picon, sieur d'), V, *105.

Angennes de Poigny (Charles d'), V, *192.

Angers (la ville d'), I, 12.

Anglais (les), 1, 19, 21, 22, 35, 80, 81, 83, 98, 99, 116, 305; II, 35, 199, 208, 245, 267-270, 316, 338-340, 360, 382, 383, 401, 438; III, 161, 162; V, 95.

Angles (le bourg d'), II, *398.

Angleterre (l'). Elle entre dans la Triple-Alliance, I, 61; voyage de Mme Henriette, 77; déclare la guerre à la Hollande, 83; elle se détache de l'alliance française, 129-133; participe à la paix de Nimègue, 229, 232, 296, 298; révolution de 1688, II, 74-95, 98-106; tentative de Jacques II en 1696, 399-401; disette, 404; traité de Ryswyk, 411-412; troupes réformées, III, 4-5; entraînée par la Hollande dans la guerre de Succession d'Espagne, 70-81; se prépare à la guerre, 108; déclare la guerre à la France, 125; affaire de l'abbé de La Bourlie, 233-235; disgrâce de Marlborough, VI, 17; offres préliminaires faites par la France pour la paix d'Utrecht, 17-19, 49-52; demandes qu'elle fait au congrès d'Utrecht et conditions qui lui sont accordées, 55, 58-59, 62-63. Citée, I, 10, 81; II, 3, 12, 28, 37, 38, 117, 199; III, 43, 53, 112, 119, 120, 160; IV, 64; VI, 17, 19, 20.

Angleterre (les rois d'), II, 74. Voyez Charles II, Guillaume III, Jacques II, Jacques III.

Angleterre (les reines d'). Voyez Anne, Este (Marie-Béatrice-Éléonore d'), Marie Stuart, Portugal (Catherine de).

Anhalt-Dessau (Léopold, prince d'), IV, *305-307; VI, 25, 28.

TABLE ALPHABÉTIQUE. 189

Anjou (Philippe de France, duc d'), III, 25. Voyez Philippe V, roi d'Espagne.
Anlezy (Louis-Antoine-Érard Damas, comte d'), IV, *127; V, 198.
Annapolis ou le Port-Royal, en Acadie, VI, 49, 55, 63.
Annay (l'abbaye d'), V, *174, 181.
Anne d'Autriche, reine de France, I, 23, 24; III, 48.
Anne, reine d'Angleterre. Elle monte sur le trône, III, 109; reçoit l'Archiduc à Londres, 250; envoie des troupes en Espagne avec Ruvigny, 264; propose un accommodement à l'Électeur de Bavière, IV, 64; envoie Marlborough négocier à Berlin, V, 4; réunit l'Irlande et l'Écosse à l'Angleterre, 100; envoie des troupes en Écosse, 103; fait envoyer des troupes allemandes en Savoie, 198; entame des négociations avec la France, 206-207; excite le duc de Savoie, VI, 8; premières ouvertures pour la paix, 15; disgracie Marlborough, 15; favorise les négociations pour la paix, 17, 19, 20, 45-46; Louis XIV s'engage à la reconnaître, 49. Citée, 100. Voyez Danemark (la princesse de).
Annecy (la ville d'), V, 197, 199.
Annibal, I, 111.
Anspach (Georges-Frédéric de Brandebourg, prince d'), III, *172.
Antibes (la ville d'), V, 49, 52.
Antilles (les îles des), IV, 357; VI, 42.
Antoing (le bourg d'), V, 11, 12, *155.
Anvers (la ville d'), II, 411; III, 79, 111, 121, 131, 167, 170; IV, 52, 153, 162, 346, 350; V, 5.
Aoste (la cité et le val d'), II, 195, 196; IV, 20, 33; V, 248.
Aoste (le régiment d'), IV, 35.
Apach (le village d'), IV, *114, 115.
Apennins (les), IV, 45.
Appershofen (le bois d'), IV, 77.
Aquilée (la ville d'), III, *244.
Aragon (l'), I, 275; II, 198; IV, 216, 222, 227, 229, 244; V, 72, 74, 76-78, 203.
Aragonais (les), V, 76.
Aranda-del-Duero (la ville d'), V, *254.
Aranjuez (la ville d'), IV, *252.
Archiduc (Charles d'Autriche, dit l'). Voyez Charles VI, empereur d'Allemagne.
Arco (Jean-Baptiste, comte et maréchal d'), III, *177; IV, 66, 67, 69.
Arco (Jean-Philippe, comte d'), III, *221, 222.
Arco (la ville d'), III, *200, 201, 203.
Arcolon (le village d'), IV, 253.
Ardennes (les), II, 140, 185.
Arènes (François de Pierre d'), V, *75, 91, 92.
Arenx (le château d'), V, *250, 252.
Argenson (Marc-René de Voyer d'), V, *224.
Argouges (François d'), II, *170, 171.
Argyll (Archibald, comte d'), II, *35.
Arias (Don Manuel), III, *45.
Arkangel (la ville d'), V, 95.
Arleux (le village d'), V, 238, *240-242; VI, 2, 3.
Armagnac (Louis de Lorraine, comte d'), III, *24, 26.
Arnauld (Antoine), V, *220.
Arnauld d'Andilly (Robert), V, *222.
Arnauld de Lusancy, V, 222.
Arnauld (Agnès), abbesse de Port-Royal, V, 217, 218, 219.
Arnauld (Angélique), abbesse de Port-Royal, V, 216-220.
Arnès (le château d'), V, *112.

TABLE ALPHABÉTIQUE

Arnheim (la ville d'), I, 92, 93, 104, 126.
Arpajon (Louis, marquis d'), VI, *11.
Arquennes (le village d'), II, 323 ; V, *116.
Arquien (Marie d'), reine de Pologne, II, 4.
Arquien (la famille de la Grange d'), II, 4.
Arran (James Hamilton, comte d'), II, *94.
Arras (la ville d'), I, 46, 50 ; III, 9 ; V, 239, 241-244 ; VI, 4.
Arroyo-del-Puerco (le bourg d'), V, *250.
Arschoot (le village d'), IV, *162.
Arsdorf (le village d'), II, *140.
Arseele (le village d'), IV, 347.
Arsenal (l'), à Paris, I, 12.
Artagnan (Charles de Batz de Castelmore, comte d'), I, *119.
Artagnan (Pierre de Montesquiou, comte d'), II, *385, 386 ; IV, 141, 154, 164, 342, 343 ; campagne de 1709, 181-184 ; fait maréchal de France, 193. Voyez Montesquiou (le maréchal de).
Artagnan (Joseph de Montesquiou, comte d'), V, *107, 108.
Artois (l'), V, 139, 142, 147, 164, 173, 182.
Aschaffenbourg (la ville d'), I, *123.
Asfeld (Alexis Bidal, baron d'), II, *8, 68, 114, 115.
Asfeld (Claude-François Bidal, chevalier, puis marquis et maréchal d'), V, *65. Il investit Carthagène, IV, 257 ; son rôle à Almanza, V, 65-66, 68 ; prend Xativa, 71 ; opérations de la campagne de 1707, 73-74, 91 ; assiège Tortose, Denia et Alicante, 109-113.
Asingen (le ruisseau de l'), IV, 83.
Asper (le village d'), V, *128.
Astaïros (le bourg d'), III, *264.

Asti (la ville d'), III, 240 ; IV, 207, 208, 312.
Astorga (Melchior de Guzman-Osorio, marquis d'), V, *249.
Asturies (Louis, prince des), V, *91.
Ath (la ville et la châtellenie d'). Prise en 1667 par les Français, I, 44 ; l'armée française s'y rassemble en 1690, II, 124 ; les environs ravagés, 140-141 ; siège de 1697, 406-409 ; assiégé en 1706 par les alliés, IV, 353. Citée, I, 230, 252, 253, 280, 296 ; II, 248, 250, 300, 385, 386, 412, 444 ; V, 11.
Athlone (Godart de Reede de Ginckel, comte d'), II, *348, 351 ; III, 121-124.
Athlone (la ville d'), II, 177.
Atienza (la ville d'), IV, *245, 247.
Attre (le village d'), II, *385.
Atys, opéra, II, 129.
Aubeterre (Léon d'Esparbès de Lussan, chevalier d'), II, *377, 397.
Aubeterre (Pierre Bouchard d'Esparbès de Lussan, comte d'), IV, *278, 279.
Aubigny-au-Bac (le village d'), V, *241.
Aubray (Dreux d'), V, *222.
Aubusson (Georges d'), archevêque d'Embrun, I, *22-24, 42.
Auchy (le village d'), V, *174.
Audenarde (la ville d'). Prise en 1667, I, 47 ; assiégée par le prince d'Orange (1674), 157 ; rendue par le traité de Nimègue, 280, 296. Citée, II, 323, 324, 325 ; V, 124, 147, 154, 162, 163.
Audenarde (la bataille d') en 1708, V, 126-138.
Audoul (Gaspard), V, *267-269.
Augenheim (l'île d'), IV, 336.
Augiers (le chevalier des), IV, *358.
Augsbourg (la ville d'), III,

TABLE ALPHABÉTIQUE.

183-185, 187, 189, 190; IV, 69, 70, 75, 76, 95.
Augsbourg (la ligue d'), II, 45, 80.
Auguste (l'empereur), VI, 114.
Auguste-Frédéric, électeur de Saxe et roi de Pologne, III, 33-35, 38-41; V, 4. Voyez Saxe (l'électeur de).
Aulnois (le château d'), I, *262.
Aumont (Antoine, maréchal d'), I, *43, 45-47.
Aunis (l'), II, 284, 315, 401; III, 241.
Aurigny (l'île d'), II, 273.
Autel (Jean-Frédéric, comte d'), II, *246, 320.
Autre-Église (le village d'), IV, *340.
Autriche (Albert, archiduc d'), I, 42.
Autriche (Don Juan d'), I, 228.
Autriche (Marie-Anne d'), reine d'Espagne, I, *42, 52, 59, 83, 134, 228.
Autriche (la maison d'), I, 232, 251; II, 28, 278-280; III, 2, 53, 137, 160, 161.
Autriche (l'), III, 179.
Auvelois (le village d'), II, *222.
Auvergne (Frédéric-Maurice de la Tour, comte d'), I, *175.
Auvergne (François-Égon de la Tour, prince d'), V, *9, 264.
Avaray (Claude-Théophile de Béziade, marquis d'), V, *75.
Avaux (Jean-Antoine de Mesmes, comte d'), I, *300, 301; II, 84; III, 70, 82-85, 116.
Avéjan (M. d'), fils, IV, *142.
Aversa (la ville d'), V, *44.
Avesnes (la ville d'), II, 183.
Avesnes-le-Sec (le village d'), VI, 26.
Avignon (l'État d'), I, 31, 33.
Axaland (l'île d'), IV, 337.
Ayen (Adrien-Maurice de Noailles, comte d'). Voyez Noailles (le duc de).
Ayen (Françoise-Charlotte-Amable d'Aubigné, comtesse d'), puis duchesse de Noailles, III, *28.

B

Backnang (le bourg de), V, *29.
Badajoz (la ville de), IV, 214, 215, 223, 224, 235; V, 204.
Bade (Hermann, prince de), I, *227.
Bade (le prince Louis de), II, *301. Campagne de 1693, 301-310; campagne de 1694, 326-331; campagne de 1695, 372-374; campagne de 1696, 387-389; campagne de 1697, 413-415; campagne de 1702, combat de Friedlingue, III, 135-144; campagne de Bavière en 1703, 174, 175, 180, 181, 184-190; campagne de 1704, IV, 54, 56, 61-65, 67, 69, 73-76, 97; siège de Landau, 101, 104; campagne de 1705 en Allemagne et en Alsace, 112, 116-120, 124-138; campagne de 1706, 328, 332, 336; sa mort, V, 14-15.
Bade (la principauté de), V, 23.
Bade-Dourlach (le marquisat de), II, 189. Voyez Dourlach.
Baden (la ville de), en Argovie. Négociations et traité de 1714, VI, 98-100.
Badia (le bourg de la), en Vénétie, IV, *306, 307.
Badia (le village de la), en Milanais, IV, 312.
Badie (Charles d'Espalungue de la), V, *73; VI, 25.
Bagnasque (le marquis de), II, 197.
Bagnevolo (le village de), IV, 181.
Balaguer (la ville de), V, *76, 200, 203, 254.
Baldichieri (le village de), IV, 312.
Bâle (la ville et le canton de), I, 136, 248, 250.
Balingarwick (le château de), II, *162.

Balthazar (Don), infant d'Espagne, I, 41-43.
Baltique (la mer), II, 403; IV, 226.
Bandeville (Louis Ier Sevin, marquis de), I, *175.
Bandeville (Louis II Sevin, marquis de), IV, *85.
Bankert (Adrien Van Trappen, dit), I, *105, 116.
Bantam (le roi de), II, 78.
Banyuls (le col de), I, 276, 277.
Bar (Alexandre de), V, *1, 2.
Bar (le duché de), I, 37; III, 24, 25; VI, 55.
Barbançon (Octave-Ignace de Ligne-Arenberg, prince de), II, *123, 208, 227, 297-298.
Barbarie (la), III, 269.
Barbastro (la ville de), IV, *244; V, 252.
Barbelroth (le village de), IV, *331.
Barbets (les), II, 148, 152, 191, 197, 310, 333; III, 228; IV, 278.
Barbezières (Charles-Louis de Barbezières-Chemerault, marquis de), II, *426.
Barbezieux (Louis-François-Marie Le Tellier, marquis de), II, *204; III, 3.
Barcelone (la ville de). Bombardée en 1691, II, 198; le maréchal de Noailles projette de l'assiéger (1694), 336, 337; assiégée et prise par Vendôme (1697), 416-432; rendue par le traité de Ryswyk, 444; tentative du prince de Darmstadt pour s'en emparer (1704), III, 259-261; prise par le prince de Darmstadt (1705), IV, 219-222; assiégée vainement par Philippe V (1706), 231-234; évacuée par les Impériaux et occupée par les mécontents, VI, 74; prise par Berwick (1714), 101-103. Citée, I, 160; II, 314, 316, 397; III, 267; IV, 227, 228, 257, 354; V, 76; VI, 10, 13.
Barcelone (l'évêque de). Voyez Sala (Benoit).
Barcelonnette (la ville de), II, 263; V, 46; VI, 67.
Bardonèches (le village de), V, *107; VI, 66.
Bareith (Christian-Ernest, marquis de Brandebourg-). Voyez Brandebourg-Bareith.
Barré (le résident), III, 113-119.
Barrillon d'Amoncourt (Paul), I, *79, 281; II, 11, 99.
Bart (Jean), II, *200. Ses prises en 1691, 199-200; campagne de 1696, 402-403; campagne de 1697, 437-438, 441-442. Cité, III, 243; IV, 225.
Bartillat (Nicolas Jehannot de), II, *136.
Barucella (le village de la), III, 193.
Barville (André-Jules, comte de), III, *165.
Bascara (la ville de), IV, 230; V, *77.
Bassano (le village de), III, 147.
Bassée (la ville de la), V, 174, 175.
Bassilly (le village de), II, *243.
Bassompierre (le château de), I, *267.
Bastille (la), I, 12, 13; II, 156; III, 12.
Bâtards du Roi (les), II, 201.
Bâtiments (la charge de surintendant des), II, 16.
Baudour (le village de), II, *248.
Bavarois (les), III, 139, 188; IV, 97.
Bavière (Ferdinand-Marie, électeur de), I, 122, 128; II, 2, 3.
Bavière (Maximilien-Emmanuel, électeur de), II, *147. S'allie avec la France (1680), 2; dans l'armée de Sobieski (1683), 25; commande l'armée impériale (1690), 120-121; voyage à Venise, 147; campagne de 1691 en Italie, 193-194; nommé gouverneur des Pays-Bas espagnols, 206;

campagne de 1692, 232, 248, 250-251; bataille de Nerwinde, 294; campagne de Flandre (1694), 320, 346; campagne de 1695, 348-350; campagne de 1697, 406-408, 412; il introduit les Français dans les places des Pays-Bas, III, 67; allié à la France, 68; il retourne en Bavière, 109-111; il s'empare d'Ulm, 136-138; ses menées contre l'Empereur, 160; campagne de Bavière avec Villars en 1703, 171-180; expédition du Tyrol, 182-183, 197, 202; cherche à traiter avec les magistrats d'Augsbourg, 183-186; première bataille d'Hochstedt, 187-188; attaque et prise d'Augsbourg, 188-190; campagne de 1704 en Allemagne; bataille d'Hochstedt; retraite sur le Rhin, IV, 59-98; campagne de Flandre (1705), 117, 139, 148-154, 163-165; campagne de 1706; bataille de Ramillies, 339-348; fait raccommoder Saint-Ghislain, 353; entame des négociations avec les alliés, V, 3; campagne de 1707 en Flandre, 4-13; commande sur la Moselle, 138, 167-168; passe en Flandre; tentative avortée sur Bruxelles, 161-164; négocie avec les alliés (1709), 205; reçoit les Pays-Bas espagnols (1711), VI, 21; stipulations du traité d'Utrecht en sa faveur, 50, 52, 64, 70; rétabli dans ses possessions par le traité de Rastadt, 95. Cité, II, 109, 209; III, 12, 211; IV, 55, 56; V, 28, 228.

Bavière (Joseph-Ferdinand-Léopold, prince électoral de), III, *2, 3, 12, 13.

Bavière (Henriette-Adélaïde de Savoie, électrice de), II, *2.

Bavière (Marie-Anne d'Autriche, électrice de), III, *2, 12.

Bavière (Thérèse-Cunégonde Sobieska, électrice de), IV, *95, 97.

Bavière (la). Campagne dans ce pays en 1703, III, 171-191; campagne de 1704, IV, 53-98. Citée, II, 308-310; III, 109, 138; IV, 46, 101; V, 28.

Bavière-Neubourg (Louis-Antoine de), grand maître de l'ordre teutonique, II, *71.

Bavière-Neubourg. Voyez Palatin (l'électeur).

Bavière-Neubourg (Éléonore-Madeleine-Thérèse de), impératrice d'Allemagne, II, *21.

Bavière-Neubourg (Marie-Anne de), reine d'Espagne, II, 277; III, 44.

Bay (Alexandre Maitre, marquis de), IV, *238, 250, 257; campagne de 1707 en Espagne, V, 78-81; campagne de 1709, 201, 204, 205; campagne de 1710, 250, 251, 257.

Bayonne (la ville de), V, 255.

Bayonne (l'évêque de). Voyez Dreuilhet (A.).

Bazeilles (le village de), I, *270.

Bazinière (Macé Bertrand, sieur de la), I, *12, 13.

Beaufort (François de Vendôme, duc de), I, *35, 66, 70, 72.

Beaumont (Jean), colonel anglais, II, *89.

Beaumont-en-Hainaut (le village de), II, *183-185.

Beaupré (l'abbaye de), V, *119.

Beauvillier (François de), II, *42.

Beauvillier (Paul, duc de), II, *42, 43.

Beauvillier (Henriette-Louise Colbert, duchesse de), II, *42.

Beauvizé (M. de), I, 144.

Beddizole (le bourg de), IV, *172.

Bedmar (Isidore-Jean de la Cueva, marquis de), III, 111, 131-133, *167, 168, 170; IV, 49-52.

Beetzaar (le village de), IV, 349.

Beindersheim (le village de), II, *252.

Beira (la province de), III, 253.
Beirlegem (le village de), V, *169.
Belfort (la ville de), I, 181, 182.
Belgrade (la ville de), II, 20.
Bellefont (Bernardin Gigault, marquis, puis maréchal de), I, *31. Au siège de Lille en 1667; il en est nommé gouverneur, 49-51; campagne de 1673, 126-128; campagne de Catalogne en 1684, II, 28-29; il commande en Normandie en 1692, 266; il assiste au désastre de la Hougue, 275-276; campagne des côtes en 1693, 285, 315. Cité, I, 61.
Bellefont (Louis-Christophe Gigault, marquis de), II, *241.
Bellefontaine (Jacques-Auguste Maynard, commandeur de), IV, *212.
Bellegarde, en Roussillon, I, 162; IV, 230.
Belleghem (le village de), V, *12.
Belle-Isle (l'île de), I, 11, 12, 159; II, 315, 402; III, 241.
Bellinghen (le village de), II, *410; V, 115.
Bellver (la ville de), II, 198, 414.
Benasque (le château de), VI, *11.
Benavente (François-Antoine Pimentel, comte de), III, *45; IV, 239.
Bénédictins (les), VI, 118.
Benfeld (le bourg de), I, *224-226.
Benheim (le village de), IV, *127, 129, 329, 331.
Benito (Don), IV, 152.
Bennerage (le hameau de), II, *178.
Bentinck (Jean-Guillaume, comte de), II, *81.
Bercello ou Brescello (la ville de), III, 98, 150, 152, 153, 158, 191, 203, 204.
Berchem (le village de), V, *154, 162, 163.

Berclau (le village de), V, *175.
Berg (le duché de), I, 107; III, 133.
Berg (la ville de), IV, *74.
Bergame (la ville de), IV, 176.
Bergeyck (Jean de Brouchoven, comte de), V, *117, 206.
Berghes (Philippe-François de Glymes, prince de), II, *175.
Berg-op-Zoom (la ville de), IV, 50.
Bergstrass (le), I, 148; II, 302, 327.
Bergues (la ville de), I, 46; IV, 349.
Bergues-Saint-Winocq (la ville de), VI, *27.
Bergzabern (le bourg de), IV, *331; V, 247.
Beringhen (Henri II de), I, *135.
Berkeley (John), II, *379, 401.
Berkelo (la ville de), I, 93.
Berlin (la ville et la cour de), V, 4.
Berloo (le comte de), II, *126, 127.
Berne (le canton de), III, 18, 19, 20.
Berrière (le colonel), I, 144.
Berry (Charles de France, duc de). Assiste à l'hommage du duc de Lorraine, III, 25; appelé au trône d'Espagne à défaut de son frère, 49; fait la campagne de 1708 en Flandre, V, 114; revient à la cour, 164; sa renonciation au trône d'Espagne, VI, 62. Sa mort, 100.
Bertholdsgarsten (la prévôté de), VI, *95.
Bertinchamps (le village de), II, *221.
Berwick (Jacques-Fitz-James, duc et maréchal de). Il prend part à l'expédition d'Irlande, II, 162; réprime la révolte des Camisards, III, 236: il est envoyé en Espagne (1703), 249; campagne de Portugal, 253, 257, 262-264; il prend le château de Nice (1705), IV,

208-212; retourne commander en Espagne (1706), 229; campagne contre les Portugais, 234-239; il rejoint l'armée de Philippe V, 242-243; campagne de Castille, 247, 248, 252-257; reprend Carthagène, 354; campagne de 1707; bataille d'Almanza, V, 59-64, 66-68, 70; fin de la campagne de 1707, 73, 74, 88; rassemble une armée sur la Moselle (1708); puis l'amène en Flandre, 138, 167; visite les places de Flandre, 138, 139; rassemble des troupes sous Mons et Saint-Ghislain, 141-142; joint l'armée de Vendôme, 143; opposé aux projets de celui-ci, 146; campagne de Dauphiné (1709), 199-200; campagne de 1710, 248-249; campagne de 1711 en Dauphiné, VI, 8-9; assiège et prend Barcelone (1714), 101-103.

Besançon (la ville de), I, 56, 59, 61, 135; II, 6; III, 231.
Bessac (M. de), II, *356-359.
Betawe (l'île de), I, 89.
Béthune (Hippolyte de), évêque de Verdun, VI, 109.
Béthune (la ville de), V, 244, 245; VI, 4, 50, 64.
Beveziers (le cap et le combat de), II, 159.
Bewelaere (le village de), II, 347.
Bezons (Jacques Bazin, maréchal de), II, *356; III, 155; siège de Tortose (1708), V, 109-110; commande en Espagne (1709), 200, 203; reçoit la Toison d'or, 201; commande sur le Rhin (1711), VI, 7; commande l'armée de la Sarre et de la Moselle en 1713, 75; assiège et prend Landau, 77-80.
Biberbach (le bourg de), IV, *76.
Bibliothèque du Roi (la), I, 10.

Bibrac (le général), IV, *170, 187.
Bibrach (le bourg de), III, *175; IV, 71; V, 38.
Biebl (le bourg et les lignes de). Voyez Bühl.
Billets de monnaie (les), IV, 107.
Billigheim (le village de), I, *244.
Binche (la ville de), I, 111, 153, 280, 296, 298, 300, 301, 306; II, 371; V, 10.
Bingen (le village de), II, 327.
Bings (Georges), amiral, V, *102, 103.
Birkenfeld (Christian III, prince de), II, *420, 429.
Birkenfeld (le bourg de), I, 193.
Biron (Charles-Armand de Gontaut, marquis de), V, *118, 122, 127; VI, 80.
Bisaccia (Nicolas Pignatelli, duc de), V, *45.
Bischen (le village de), IV, 122, 124, 125.
Bischwiller (le bourg de), IV, 101, 104, 126, 127, 137, 138, 328, 337.
Bissy (Henri de Thiard, cardinal de), évêque de Meaux, VI, 108, 123, 124, 127.
Bitche (la ville de), I, 310; VI, *69, 94.
Blagnac (N. du Mont de), IV, *27.
Blainville (Jules-Armand Colbert, marquis d'Ormoy, puis de), II, *16; III, 121, 124, 173-175, 191; IV, *91, 96.
Blanes (le port de), II, *397, 398.
Blangy (le village de), V, *241.
Blanmont (le village de), V, *5, 8.
Blanzac (Charles de la Rochefoucauld-Roye, marquis de), IV, *89, 90.
Blaugies (le village de), V, *185.
Blaugies (le bois de), V, 187, 188, 190.
Blénac (M. de), IV, *14.

Blés (le prix des), II, 317-318.
Blicquy (le village de), II, *140.
Blies (la rivière de), IV, *109, 110.
Boccachica (le fort de), II, 433, 434.
Bodegrave (la ville de), I, 101, 111.
Boham (Jean-Antoine-François de), III, *171.
Boham (le château de), V, *130.
Bohême (la), I, 114.
Bohlen (M.), II, *296.
Bohus (le), I, *295.
Boileau (l'abbé), III, 29.
Boileau-Despréaux (Nicolas), VI, *22.
Bois-d'Acren (le village de), II, *243.
Bois-de-Lessines (le village du), II, *243.
Boisfermé (M. de), IV, 103.
Boisfort (le village de), IV, *159.
Bois-le-Duc (la ville et la mairie de), I, 97, 125; II, 97, 298.
Bois-Moriau (le), II, 231, 234, 237.
Boisschot (le village de), IV, *162.
Bois-Seigneur-Isaac (le village de), II, 406.
Boisseleau (Alexandre de Rainier, marquis de), II, *166-168, 251.
Bologne (la ville de), III, 153.
Bommel (l'île et la ville de), I, 95, 103, 126.
Bondeno (le village de), IV, *310.
Bonelfe (le village et l'abbaye de), II, *220, 247, 248, 298, 299, 366.
Bonn (la ville de). Siège de 1673, I, 122, 124-126; bombardée en 1689, II, 114-115; Tallard y passe le Rhin et y met garnison, III, 133, 134; pris par les alliés en 1703, 166-167; les Hollandais veulent y conserver une garnison, VI, 57; ses fortifications doivent être démolies, 70; stipulations du traité de Rastadt, 95. Citée, I, 108, 129; II, 71, 109.
Bordage (René de Montbourcher, marquis du), II, *96.
Bordes (Philippe d'Espocy des), III, *142.
Boreel (Jacques), I, *300, 301.
Borg (le village de), IV, *114.
Borgoforte (le bourg de), III, 147, 149, 151, 156, 157, 159.
Borjas (le village de las), V, *87.
Borloo (le village de), IV, *339.
Bormida (la), III, 217-220.
Bossière (le village de), II, *228.
Bossolino (le village de), IV, 206, 207.
Bossuet (Jacques-Bénigne), évêque de Meaux, III, *10-12.
Bossut (le bourg de), II, 117; V, 5.
Bost (le hameau de), IV, *155.
Bouchain (la ville de). Assiégée et prise par Monsieur en 1675, I, 235-236; assiégée et prise par les alliés en 1711; capitulation, VI, 4-7; reprise par Villars en 1712, 38. Citée, I, 253; VI, 2, 24, 30.
Boucherat (le chancelier), II, *43; III, 25, 26.
Boufflers (Louis-François, marquis, puis duc et maréchal de), I, *176. Blessé à Ensheim, I, 176; son intervention après la mort de Turenne, 217; commande en Dauphiné (1681), II, 9; s'empare de Casal, 10; campagne de 1688, 97; campagne de 1689, 115; commande dans le Luxembourg, 125; campagne de 1690, 137-140; blessé au siège de Mons (1691), 175; campagne de Flandre, 179-186; au siège de Namur (1692), 207-210, 222; campagne de 1692, 228-230; bataille de Steinkerque, 238, 239; suite de la campagne de 1692, 242, 244-250; nommé maréchal de France, 283; commande une

armée en Flandre (1693), 284, 285 ; passe en Allemagne avec Monseigneur, 309 ; commande l'armée de Flandre (1694), 319-321 ; campagne de 1695 en Flandre, 348-351 ; rend Namur au prince d'Orange, 363 ; défense du château de cette ville, 368-369 ; campagne de 1696, 384-386 ; campagne de 1697, 406-412 ; ses conférences avec Portland, 411 ; III, 1 ; il commande le camp de Compiègne, 7-8 ; fait tracer des lignes en Flandre, 111 ; commande en Flandre en 1702, 121-133 ; campagne de 1703, 167-171 ; sa belle défense de la ville et de la citadelle de Lille (1708), 148-156, 158-160, 164-167 ; il est fait duc et pair, 167 ; inspecte les places de Flandres, 172 ; vient joindre l'armée de Villars (1709), 183 ; bataille de Malplaquet, 190 ; sa mort, VI, 22. Cité, V, 138.

Bouillon (Henri de la Tour d'Auvergne, duc de), I, 85, 149.

Bouillon (Frédéric-Maurice de la Tour d'Auvergne, duc de), I, 85.

Bouillon (Godefroy-Maurice de la Tour d'Auvergne, duc de), III, *25.

Bouillon (le cardinal de), I, 152 ; V, *263-265.

Bouligneux (Louis de la Palu, marquis de), III, *207 ; IV, 23.

Boulogne-sur-Mer (la ville de), II, 400. L'évêque : voyez Langle (P. de).

Boulonnais (le), V, 147, 173.

Boulou (la ville du), I, 161.

Bourbon (Louis III de Bourbon-Condé, duc de), II, 50, 236, 237, 295 ; III, 25 ; V, 266.

Bourbon (Louise-Françoise, légitimée de France, duchesse de), II, 51.

Bourbonnais (le régiment de), II, 230, 234, 235.

Bourbourg (la ville de), IV, 349.

Bourg (Éléonor du Maine, comte du), IV, *121. Il commande un détachement de l'armée d'Allemagne dans la campagne de 1705, 121, 122, 126 ; en 1706, commande l'avant-garde de l'armée de Villars, 327 ; prend Stattmatt, 329 ; en 1707, il occupe les lignes de la Lauter, 29, 30 ; victoire de Rumersheim, 195-198 ; campagne de 1713 sur le Rhin, VI, 77, 78, 81.

Bourg-Esch (le château de), IV, *114.

Bourgogne (Louis de France, duc de). Sa naissance, II, 13 ; son mariage avec la princesse de Savoie, 394 ; III, 5 ; il commande le camp de Compiègne, 6-7 ; assiste à l'hommage du duc de Lorraine, 25 ; va à l'armée de Flandre en 1702, 122 ; à l'armée d'Allemagne en 1703, 221-222 ; campagne de Flandre en 1708 ; bataille d'Audenarde, V, 114-128, 130, 133, 134 ; pendant le siège de Lille, 146, 151 ; revient en cour, 164 ; il ne peut être accusé des désastres de la campagne de 1708, 164 ; avait été chargé d'étudier l'affaire du cardinal de Noailles, VI, 106 ; sa mort et son éloge, VI, 43.

Bourgogne (Marie-Adélaïde de Savoie, duchesse de). Son mariage, II, *394-395 ; III, 5 ; son confesseur le P. Lecomte, 32 ; sa mort en 1712, VI, 42-43. Citée, III, 8, 11, 106.

Bourgogne (la), I, 54-56, 58, 134 ; II, 14.

Bourgogne (le cercle de), III, 69, 110, 160.

Bourlémont (Henri d'Anglure, comte de), I, *181, 257.

Bourlémont (François d'An-

glure de), évêque de Pamiers, II, *58.
Bourlie (Antoine de Guiscard, abbé de la), III, *233-235.
Bournonville (Alexandre-Hippolyte-Balthazar, duc de), I, *137, 145, 148, 150; II, 28.
Boursière (M. de), II, 342.
Boussu (le village de), V, *142.
Bouvines (le village de), V, *144.
Bouwel (le village de), IV, *163.
Bouzonville (le bourg de), IV, *113.
Bovesse (le village de), II, *220.
Boxtel (la ville de), I, *103.
Boyne (la rivière et la bataille de la), II, 162-165.
Brabant (le), I, 42, 44, 94, 111; III, 79, 84, 126.
Braine-l'Alleu (le bourg de), IV, *157; V, 115, 116.
Braine-le-Comte (le bourg de), II, 179, 406.
Brancaccio (Scipion), III, 461.
Branchon (le village de), II, *220.
Brandebourg (Frédéric-Guillaume, électeur de). En 1672, Louis XIV lui envoie le comte de Saint-Géran comme ambassadeur, I, 83; il s'allie aux Hollandais, 106; traité avec la France, 115-116, 126; il s'allie avec l'Empereur contre la France, 128; campagne de 1674, 150, 164, 165, 170, 174, 176, 181; il est battu à Mulhausen, 182; sa retraite après Turckheim, 185; les Suédois envahissent ses états, 188, 229, 233; il s'empare de Stettin, 279; succès contre les Suédois, 295; traité de Nimègue, 307-309; il conclut un traité avec la France, II, 2.
Brandebourg (Frédéric III, électeur de), II, *81. Campagne de 1689 sur le Rhin, 109; il prend Kayserswert et Bonn, 114, 115; campagne de 1690, 138-139; ses troupes dans la campagne de 1692 et de 1693, 247, 304; dans celle de 1694, 320, 331; dans la campagne de 1695, 348, 351, 371; il fait valoir ses droits sur Neuchâtel, III, 23; difficultés avec la Pologne au sujet d'Elbing, 33-34; il est proclamé et couronné roi de Prusse, 40-41. Voyez Frédéric Ier, roi de Prusse.
Brandebourg (Charles-Guillaume, prince de), II, *331.
Brandebourg (les troupes de), I, 113, 187, 295; II, 247, 304, 320, 331, 348, 351, 371; III, 171; IV, 59, 129, 132; V, 31.
Brandebourg-Bareith (Christian-Ernest, margrave de), I, *194. Il commande l'armée impériale en 1675, 194; campagne de 1692, II, 252, 254, 255; commande en 1706 les troupes de Franconie, IV, 334; sa campagne de 1707 contre Villars, V, 14-37.
Braque (François-Albert, marquis de), II, *197.
Brassac (le marquis de), IV, 188.
Brecht (le village de), IV, *164.
Bréda (la ville de), I, 111; III, 468; IV, 164.
Brée (le village de), III, *126.
Breutonego (le village de), III, 200.
Brentz (la), rivière, IV, *65.
Brescello. Voyez Bercello.
Brescia (la ville et le pays de), IV, 49, 166, 171, 173, 175, 259, 262.
Brésil (le), VI, 40.
Bresse (la), V, 199.
Bressey (Claude, comte de), II, *123, 124.
Brest (la ville de), I, 118; II, 272, 274, 399, 400, 402, 433, 437; III, 241, 286; IV, 217, 355; VI, 41.
Bretagne (la), I, 11, 12, 229; II, 199, 284, 314, 338, 380, 401; IV, 157.

TABLE ALPHABÉTIQUE.

Bretagne (Louis de France, duc de), VI, *41.
Bretesche (Esprit de Jousseaume, marquis de la), I, *293-295; II, 327.
Bretonnière (Gilles de Botterel, comte de la), IV, *3.
Bretten (le village de), II, 189.
Breuil (M. du), II, 342.
Briançon (la ville de), II, 264; V, 107, 108.
Brignoles (la ville de), V, 54.
Brihuega (la ville de), V, *258-260.
Brionne (Henri de Lorraine-Armagnac, comte de), VI, *44.
Briord (Gabriel, comte de), III, *55, 56.
Brisach (la ville de). Menacée et bombardée en 1674, I, 176, 181; chambre de réunion, II, 6; le duc de Bourgogne l'assiège et s'en empare (1703), III, 221; l'armée de Villars y passe le Rhin (1704), 56-57; tentative manquée du prince Eugène, 105-107; stipulations du traité de Rastadt à son égard, VI, 93-94. Citée, I, 120, 165, 246, 247, 248, 273, 274, 288, 289, 292; II, 310; III, 139, 231; IV, 54, 136; V, 209, 227; VI, 69, 81, 84.
Brisgau (le), IV, 74; VI, 8.
Bristol (John Robinson, évêque de), VI, *46, 47.
Broc (Éléonor de), IV, *96.
Broglie (Victor-Maurice, comte de), III, *226, 227.
Broglie (Charles-Guillaume, marquis de), IV, *178, 181.
Broglie (François-Marie, comte de). Campagne de 1707 sur le Rhin et en Bavière, V, *16, 22, 29, 34; campagne de 1712 en Flandre, VI, 30, 31; campagne de 1713 sur le Rhin, 76, 78.
Brouart (la commanderie de), II, *212.

Brouay (Paul-Hippolyte Spinola, comte de), I, *47, 49.
Brouilly (Antoine de), I, *91.
Brozas (la ville de), IV, *235, 236.
Brua (le village du), IV, 307.
Bruchsal (le bourg de), II, 372, 413; V, 30, 33-35.
Brugelette (le village de), II, *385; V, 10, 11.
Bruges (le canal de), II, 124, 125, 361, 387, 412; III, 113; IV, 165; V, 136, 142, 161, 163, 169.
Bruges (la châtellenie de), III, 131.
Bruges (la ville de), II, 250, 371, 387; III, 167; IV, 347; V, 143, 147, 153, 161, 171; VI, 26.
Brumpt (le village de), I, *178; IV, 134, 136, 137.
Brun (l'empirique), VI, 130-132.
Brunette (le fort de la), à Suse, IV, 5.
Brunstatt (le village de), I, *183.
Brunswick (les troupes de), I, 175, 189.
Brunswick-Wolfenbuttel (le duc de). Voyez Wolfenbuttel.
Brusch (la rivière de), I, 170, 172, 174, 226.
Bruxelles (la ville de). Bombardée par Villeroy (1695), II, 363-364; tentative sur cette ville (1697), 409-412; mort du prince électoral de Bavière, III, 12; tentative de Marlborough sur cette ville (1705), IV, 156-158; l'électeur de Bavière tente de s'en emparer (1708), V, 161-164. Citée, II, 134, 139, 141, 177, 178, 182, 185, 209, 251, 298, 348; III, 112; IV, 153, 342, 345-348, 353; V, 5-7, 12, 115, 116, 139, 142, 147, 206.
Bucaro (le colonel), III, 271.
Büderich (la ville de), I, *88.
Bugey (le), V, 199.
Bühl (le bourg et les lignes de)

ou Biehl, III, 173; V, 14, 15, 18, 19, 38.
Bulonde (Vivien Labbé de), I, *215; II, 191-193.
Bunol (le village de), V, *70.
Burgos (la ville de), IV, 242.
Burnet (Gilbert), II, *268.
Burselingen (le village de), IV, 95.
Busca (le comte de), fils, IV, *96.
Buschen (le village de), I, *197, 201, 203, 213.
Bussière-sur-Sambre (le village de la), II, 182, 183, 185, 370, 371, 385, 386.
Bussolengo (le bourg de), III, *196.
Buys (Guillaume), V, *205.

C

Cabriata (le village de), III, 218.
Cabriel (la rivière de), IV, 255; V, *70.
Caceres (la ville de), IV, 236.
Cadaval (Nuño II Alvarez de Portugal-Mello, duc de), II, *142, 143; V, 78.
Cadino (le village de), III, *201.
Cadix (la ville de). Les Anglais y envoient une escadre au-devant des galions (1697), II, 138; descente faite par le duc d'Ormond (1702), III, 161-162; sert de refuge en 1704 à l'escadre de Pointis, 271-275, 277, 279; dessein des alliés sur ce port, IV, 216-217. Citée, III, 163; IV, 222.
Cadogan (Guillaume), IV, *346; V, 103, 126, 128.
Cadzand (l'île de), I, 99; IV, 52; V, 136.
Calabous (le château de), V, 77.
Calabre (la), V, 45.
Calaf (la ville de), V, *251; VI, 12.
Calais (le port de), II, 381, 382, 399, 400, 401.
Calami (le), rivière, V, *54.
Calcinato (le bourg et le combat de), IV, 170, 194, 258-262, 264.
Calemberg (l'amiral), III, 250.
Callières (François de), II, *404, 405.
Calmpthout (le village de), IV, *164.
Calvisson (le bourg de), III, *230-231.
Calvo (Jean-Sauveur-François de), I, 236, *237, 293, 294.
Calzo (le village de), IV, 177.
Camaret (le port de), II, 338.
Cambray (la ville de), I, 253, 257, 259; VI, 4, 5, 24, 28-30.
Cambray (l'archevêque de). Voyez Fénelon (Fr. de Salignac de la Motte-).
Cambrésis (le), V, 11.
Cambrin (le marais de), V, *174.
Cambron (l'abbaye de), II, *140, *242; IV, 353; V, 10, 11.
Camisards (les), III, 225-237.
Campo-Galliano (le village de), III, 214.
Campo-Mayor (la ville de), IV, *214; V, 204, 205.
Campredon (la ville de), II, 119.
Canal-Blanc (le), III, 92, 193; IV, 47.
Canales (le marquis de), III, 15.
Canche (la), rivière, V, *246.
Candia (le bourg de), II, 302.
Candie (l'île et la ville de), I, 62-74.
Candie-Neuve (la ville de), I, 70.
Canée (la ville de la), I, 68.
Canneto (le bourg de), III, *97, 147, 150; IV, 178.
Canstadt (la ville de), V, *22, 30.
Cantecroix (Béatrix de Cusance, princesse de), I, *37.
Canturbery (William Sancroft, archevêque de), II, *76, 88, 98.
Cap-Breton (l'île du), VI, *63.
Capitation (la), II, 382; III, 4, 68, 69.
Capoue (la ville de), V, 43.

Cappel (la montagne de), IV, 57, 59.
Caprara (Énéas-Sylvius, comte de), I, *136, 173-175, 199, 200, 204; II, 189, 344.
Cap Raso do Norte (le), VI, *65.
Capres (Michel-Joseph de Bournonville, baron de), V, *170.
Capucins (la colline des), près Turin, IV, 276, 289, 291, 294, 296, 300.
Cap Vert (les îles du), IV, 358; VI, 41-42.
Carail (Charles-Maurice-Amédée Isnardi del Castello, marquis de), IV, *209-211, 267.
Caraman (Pierre-Paul Riquet, comte de), IV, *151, 347, 351, 352.
Caravaggio (la ville de), IV, *180, 190.
Garda (le fort de), IV, 289.
Cardone (la ville de), VI, *11, 13, 74, 102.
Careggio (le village de), IV, 312.
Carignan (Emmanuel-Philibert de Savoie, prince de), IV, 277, 278.
Carignan (Emmanuel-Philibert-Amédée de Savoie, prince de), V, 98, 99.
Carignan (le bourg de) en Piémont, II, 150, 391; IV, 276, 311, 315.
Carignan (le bourg d'Ivoy, dit), I, 269, 270.
Carlowitz (le traité de), III, 4, 41.
Carmagnole (la ville de), II, 191, 194.
Carmélites (les), I, 40.
Garnero (le cap de), III, 278.
Caro (don Joseph), V, 45.
Carpenedole (le bourg de), IV, 195.
Carpi du Modénois (le bourg de), III, 192, 212-214; IV, 311, 312.
Carpi du Véronais (le bourg de), III, 92, 93; IV, 47.

Carrickfergus (la ville de), II, *107.
Carthagène (la ville de), en Espagne, IV, 256, 257, 354.
Carthagène-des-Indes (la ville de), II, *433-437.
Casa (le village de), IV, 214.
Casal (la ville de). Boufflers s'en empare pour la France, II, 7, 9, 10; bloquée par les Piémontais (1692), 263, 311; bloquée de nouveau (1694), 333; se rend à Victor-Amédée, 374-375; prise par le comte de Thaun (1706), IV, 324. Citée, II, 31, 60, 142, 144, 193, 313, 392; III, 210, 212; IV, 2, 7, 33, 207, 208, 274, 321, 323.
Casal-Maggiore (le bourg de), III, 150, 151.
Casal-Morano (le village de), IV, *178.
Casa-Texada (le bourg de), V, *257.
Casquets (les), îlots, II, 273.
Cassano (le bourg et le combat de), IV, 181-188.
Cassart (Jacques), VI, *41-42.
Cassel (la ville de), II, 245.
Cassel (la bataille de), I, 258-259.
Cassini (Dominique-Jean), VI, *45.
Cassino (le village de), IV, 276.
Cassotte (le fort de la), à Namur, II, 213, 217, 218.
Castagnaro (le village de), III, 92; IV, 307.
Castagneto (le bourg de), IV, *202.
Casteau (le village de), I, *302, 303, 305, 408.
Castelas (André-Mathieu de), I, *225.
Castelbaldo (le village de), III, 92; IV, 47, 264, 265.
Castelbarco (le bourg de), III, 199.
Castel-dos-Rios (Manuel de Semmenat, marquis de), III, *54.

TABLE ALPHABÉTIQUE.

Castelfollit (la ville de), II, *337, 356-358.
Castellaccio (le village de), III, 220.
Castello-Branco (la ville de), III, *255.
Castello-do-Vide (le bourg de), III, *254-256, 258.
Castellon-de-Ampurias (la ville de), I, *276.
Castellon-de-la-Plana (la ville de), V, *73.
Castelnau (Michel II, marquis de), I, *111.
Castelnau (le château de), III, 233.
Castelnuovo (le village de), sur le lac de Garde, IV, 171.
Castelnuovo-d'Asti (le bourg de), III, 210.
Castel-Rodrigo (François, marquis de), I, *48, 59.
Castel-Rodrigo (la ville de), V, *79.
Castel-Visconti (le village de), IV, 177.
Castiglione (Ferdinand de Gonzague, prince de), V, *44; VI, 97.
Castiglione (le village de), près Turin, IV, *290.
Castiglione-delle-Stiviere (le bourg de), III, 149; IV, 49, 179, 194, 195, 259, 266, 321.
Castillans (les), IV, 243.
Castille (la), IV, 223, 225, 234, 238, 255; V, 72, 78, 80.
Castro (le fief de), VI, *72.
Catalans (les), II, 153; IV, 219; V, 76; VI, 10, 101, 102.
Catalogne (la). Campagne de 1674, I, 161-164; campagne de 1677, 275-277; campagne de 1678, 286-287; campagne de M. de Bellefont en 1684, II, 28-29; campagne de 1689, 118-119; campagne de 1690, 152-153; campagne de 1691, 198-199; campagne de 1692, 277; campagne de 1693, 314; campagne de 1694, 334-338; campagne de 1695, 376-378; campagne de 1696, 395-398; campagne de 1697, 416-432; les alliés la conquièrent (1705), IV, 216-219; elle se soulève contre Philippe V, 222-223; campagne de Noailles en 1706, 228-232; campagne de 1707, V, 77-78; évacuée par les Impériaux en 1713, VI, 74; soumise par Berwick, 100-103. Citée, I, 56, 251; II, 285, 444; III, 259, 261, 266, 267; IV, 225, 227; V, 59, 70, 72, 91, 204.
Catalogne (la vice-royauté de), II, 338.
Cateau-Cambrésis (le bourg du), VI, 26, 29.
Catelan (Louis), I, *66, 73.
Catheux (Henri Gouffier de), I, *222.
Catinat (Nicolas, maréchal de). Envoyé en Italie pour préparer la surprise de Casal, II, 7-10; est joué par le duc de Savoie (1690), 120; campagne de Piémont; bataille de Staffarde, 147-152; s'empare de Nice et Villefranche, 176-177; campagne de 1691 en Piémont, 190-198; campagne de 1692, 263-266; nommé maréchal de France, 283; commande en Dauphiné (1693), 285; campagne de Piémont; bataille de la Marsaille, 309-314; campagne de 1694, 331-334; campagne de 1695, 374-375; campagne de 1696; siège de Valence, 390-393; commande en Flandre (1697), 406, 468, 412; campagne d'Italie (1701), III, 69, 89-97; commande en Allemagne en 1702; assiège Landau, 135, 138-140; sa mort, VI, 22. Cité, II, 277, 317; IV, 209.
Catinat (Abdias Morel, dit), III, *231.
Caub (la ville de), II, *256, 259.
Caudete (le bourg de), V, 61.

Caumont (la maison de), II, *153.
Cavalier (Jean), III, *228-231.
Cavan (la ville de), II, *162.
Cavo-Bentivoglio (le village de), III, 193.
Cavoye (le marquis de), grand maréchal des logis, VI, 129.
Caya (la), rivière, V, 204.
Cellamare (Antoine-Joseph-Michel-Nicolas del Giudice, prince de), V, *45.
Cerdagne (la), I, 164, 286; II, 198; V, 77.
Cerea (le bourg de), III, 192, 193.
Céret (la ville de), I, 162.
Cerisy (M. de), II, 124.
Cervera (le bourg de), V, *254.
Césanne (le village de), V, *108; VI, 66.
Cette (la ville de), III, 232; V, 262, 263.
Cévennes (les), III, 232, 233, 237; IV, 4; V, 47, 262.
Chablais (le), V, 107.
Chabrillan (Antoine de Moreton, marquis de), IV, *85.
Chaillot (le village de), VI, 116.
Chaise (le P. de la), III, *30; VI, 104.
Chalon (la maison de), V, 98.
Chalon-sur-Saône (la ville de), VI, 66.
Châlons (l'évêque de). Voyez Noailles (Louis-Antoine de), Noailles (J.-B.-G. de).
Chamarande (Louis d'Ornaison, comte de), III, *178; IV, 95.
Chambre de justice (la), I, 12, 13, 76.
Chambres de réunion (les), II, 6.
Chamillart (Michel), secrétaire d'État. Il est nommé contrôleur général des finances, III, *26; cause de sa faveur; son éloge, 27; son voyage à l'armée de Flandre en 1706, IV, 348; sa mésintelligence avec Pontchartrain, 402; vient à l'armée de Flandre après la défaite d'Audenarde, 144,
146; ses négociations en vue de la paix en 1709, 206-208; sa rivalité avec Torcy, 207; il quitte les finances, 211; sa disgrâce définitive, 212.
Chamilly (Noël Bouton, maréchal de), I, 158; II, 10, 329.
Chamlay (Jules-Louis Bolé, marquis de), II, *65, 281, 318.
Champagne (la), I, 151, 268, 269; II, 309; VI, 34.
Champagne (le régiment de), I, 140, 142, 219, 220, 222; II, 117, 136, 238.
Champclos (M. de), V, 124.
Champflour (Étienne de), évêque de la Rochelle, VI, 105, 106.
Champvallon (François de Harlay, marquis de), II, *296.
Chantilly (le château de), I, 259; II, 51.
Chapelle-lès-Herlaimont (le village de), V, *8.
Charlemagne, empereur, II, 60.
Charlemont (la ville de), sur la Meuse, I, 307; II, 183.
Charlemont (la ville de), en Irlande, II, *161.
Charleroy (la ville de). Prise par Turenne (1667), I, 43; tentative du prince d'Orange, 110; siège de 1677, 260, 269; siège projeté (1690), II, 137; Boisseleau en a le gouvernement, 168; bombardée en 1692, 249-250; siège de 1693, 299-300. Citée, I, 230, 252, 253, 280, 296; II, 118, 370, 384, 444; V, 6; VI, 64, 70.
Charles-Quint, empereur, I, 20.
Charles VI, empereur, appelé l'archiduc Charles. Candidat à la succession d'Espagne, II, 344; III, 49; proclamé roi, 240, 248, 250; projet de mariage avec l'infante de Portugal, 247; passe en Hollande et en Angleterre, puis en Portugal, 250-252; son manifeste, 252-253; campagne de 1704, 262-264; s'embarque pour la Catalogne, IV, 218;

204 TABLE ALPHABÉTIQUE.

campagnes de 1705 et de 1706, 219, 222, 227, 231, 232; il est proclamé dans Madrid, 243-245; son portrait brûlé par les Espagnols, 250; se retire à Valencia et à Barcelone, 256-257; campagne de 1707, V. 59-63; entre à Madrid (1710), 256; se retire à Barcelone, 257, 262; élu empereur et couronné, VI, 13, 20; sa femme reste à Barcelone, 13; demandes qu'il fait au congrès d'Utrecht et conditions qui lui sont accordées, 51, 54, 68-71; propositions de paix faites par lui, 84-85; traité de Rastadt; il prend des titres de la monarchie espagnole, 92-97; ses menées pendant les négociations de Rastadt, 94; ne veut conclure la paix avec l'Espagne, 99. Cité, III, 255, 260, 280; IV, 240, 241, 246, 354, 356; V, 44.

Charles II, roi d'Angleterre. Sollicité par l'Espagne de s'allier à elle contre la France, I, 19-20; affaire du baron de Watteville, 22, 24; refuse d'entrer dans une ligue contre la France, 32; vend Dunkerque, 33; négociations de Madame Henriette avec lui, 76-77; traité d'alliance avec Louis XIV, 79-81; paix avec la Hollande, 97-99; intrigues pour le forcer à se détacher de l'alliance française, 129-134; son goût pour les femmes, 131; il refuse de déclarer la guerre à la France, 188; négociations pour la paix de Nimègue, 232, 233, 251-253, 279-284, 297-300; son habileté avec son Parlement, II, 3; il le casse deux fois de suite, 7; les Hollandais sollicitent son alliance contre la France, 11; il reste neutre, 29; sa mort, 34-35.

Charles II, roi d'Espagne, I, *41. Succède à son père, 41-42; sa conduite à l'égard de don Juan d'Autriche, 228; traité de Nimègue, 306; il porte le titre de duc de Bourgogne, II, 13; entre dans la ligue d'Augsbourg, 45; il révoque Gastanaga comme gouverneur des Pays-Bas, 206; reçoit un bref du pape pour l'exhorter à la paix, 281; négociations avec la Savoie, 391, 392; affaire de sa succession, III, 1, 2, 13, 15, 27; son testament en faveur du duc d'Anjou; sa mort, 41-54, 56, 76; il avait engagé le duc d'Anjou à épouser une princesse d'Autriche, 106. Cité, I, 230; II, 7, 11, 80, 430; III, 116; VI, 51, 56.

Charles IX, roi de Suède, I, 84, 115, 129, 278; II, 3, 6, 318, 340, 383.

Charles XII, roi de Suède, III, *34-41; V, 4; VI, 111-112.

Charleville (la ville de), I, 233.

Charmont (l'ingénieur), IV, *211.

Charonne (le couvent de), II, 59.

Charost (Louis-Joseph de Béthune, marquis de), V, *192.

Charrey (le baron de), IV, 312.

Chartoigne (Philippe-François de), IV, 12, *13, 23, 29.

Chartres (Philippe d'Orléans, duc de), II, 222, 240, 295; III, 25, 54. Voyez Orléans (le duc d').

Chartreuse (la), à Liège, II, 179-181.

Chartreuse de Turin (la), IV, 205.

Chassard (la cense de), II, *129.

Château-Morand (François-Joubert de la Bastide, comte de), III, *232.

Châteauneuf (Balthazar Phélypeaux de), II, 171.

Châteauneuf (Pierre-Antoine de Castagner, marquis de), III, *247, 248, 251.

Châteaurenault (François-Louis

Rousselet, comte de), II, *399, 400, 402, 437 ; III, 163, 164.
Châtel-Bellin (la seigneurie de), VI, *66.
Châtelet (la ville du), II, 118, 385 ; V, *6.
Châtellerault (le duché de), VI, 56.
Châtel-sur-Moselle (la ville de), I, *79.
Châtenois (le village de), I, *224-227.
Châtillon (l'abbaye de), I, *267.
Châtre (Louis-Charles-Edme, marquis de la), V, 25, *154.
Chaumont (Charles d'Ambly, marquis de), IV, *187.
Chaumont (Alexandre, chevalier de), II, *47-49 ; V, 267.
Chaumont (le bourg de), en Piémont, V, *209.
Chauvet (Jérémie), I, *293.
Chavagnac (Henri-Louis, comte de), IV, *356, 357.
Chemerault (Jean-Noël de Barbezières, comte de), III, *208, 209 ; IV, 10, 179, 191 ; V, 124, 126, 192.
Chênée (le village de), II, *181.
Cherbourg (la ville de), II, 270, 273, 274.
Chiari (le bourg de), III, 94, *95-97 ; IV, 49, 193.
Chiers (le), rivière, I, 269.
Chiesa (la), rivière, III, 147 ; IV, 49, 172-174, 194, 261.
Chigi (le cardinal Flavio), I, *28, 30, 32, 33.
Chigi (Mario), I, *28, 30, 32.
Chigi (la famille), I, 27.
Chinchilla (le village de), IV, 253 ; V, *60.
Chine (les cérémonies de la), III, 31-33.
Chiny (le comté de), II, 5, 444.
Chio (l'île de), II, 344.
Chivas (la ville de). Assiégée et prise par la Feuillade, IV, 198-207 ; prise par le duc de Savoie, 323. Citée, II, 334 ; IV, 38-40, 172, 268, 269, 273, 276, 321.

Choiseul (César-Auguste de Choiseul, chevalier du Plessis-Praslin, puis duc de), I, *198 ; II, 245, 395.
Choiseul (Claude, maréchal de). Il prend part à l'expédition de Candie, I, *66, 70 ; il y est blessé, 72 ; il est fait maréchal de France, II, 283 ; à l'armée d'Allemagne en 1693, 285 ; commande en Normandie en 1695, 380 ; campagne de 1696 ; il commande l'armée d'Allemagne, 387-389 ; campagne d'Allemagne en 1697, 413-414.
Choisy (Thomas de), II, *259, 260.
Christian V, roi de Danemark, I, 278, 297, 307, 308.
Christianstadt (la ville de), I, *295.
Churchill (Jean), II, *90. Voyez Marlborough (le duc de).
Churchill (Charles), IV, *158, 159, 352, 353.
Cifuentès (Ferdinand de Silva y Menezès, comte de), IV, *222.
Cilly (Claude du Fay d'Athies, marquis de), V, *63.
Cinca (la), rivière, V, *251, 252.
Ciney (le village de), II, *248, 249.
Cinq-Étoiles (le village des), II, 365.
Ciudad-Rodrigo (la ville de), III, 257, 263 ; IV, *237-239 ; V, 79-80.
Citeaux (l'ordre de), V, 215, 217, 218.
Cividate (le village de), IV, *193.
Civry (le village de). Voyez Givry.
Clare (le village et les lignes de), II, 345, 348-351, 386.
Clément XI, pape, III, 68, 98, 105, 145 ; V, 267-269 ; VI, 104.
Clérambault (Philippe de Pal-

luau, marquis de), IV, *87, 88, 89.
Clère (Charles de Martel, comte de), I, *175.
Clergé (les assemblées du), II, 59.
Clermont (Jean, lord), V, *105.
Clermont d'Amboise (la maison de), I, 259.
Clermont-Gallerande (le chevalier de), II, *296.
Clèves (la ville et le duché de), III, 121-123, 132.
Coblenz (la ville de), I, 192; II, 97, 260; IV, 50, 62.
Coehorn (Menno, baron de), III, *131, 167, 170; IV, 112.
Coëtlogon (Alain-Emmanuel, marquis de), III, *163, 243; IV, 217.
Coëtquen (Malo-Auguste, marquis de), V, *192.
Coigny (Robert-Jean-Antoine de Franquetot, comte de). Au siège de Barcelone en 1697, II, *429; est fait gouverneur de la ville, 431; prend part à l'expédition de Bavière en 1704, IV, 56-63.
Coigny (François de Franquetot, marquis de), VI, *78. Sert en Alsace en 1705, IV, 126, 128; prend part au combat de Denain, VI, 29, 31; campagne de 1713, 78.
Coislin (Armand du Cambout, duc de), I, *91.
Colbert (Jean-Baptiste). Il entre dans la confiance de Louis XIV, I, 8; son caractère, 8-10; succède à Fouquet; son animosité contre lui, 13; il établit des manufactures, 19-20; son projet d'un établissement en Afrique, 35; jalousie de Le Tellier, 36, 41; sa mort; sa famille, II, 15-16; son frère Croissy ministre grâce à lui, 18; marie sa fille au duc de Beauvillier, 42; son fils le comte de Seaux, 136.

Colbert (Antoine-Martin, dit le bailli), II, *117.
Colbert (la famille), III, 124.
Coldespis (la montagne de), IV, 6.
Coleraine (la ville de), II, 107.
Coligny-Saligny (Jean, marquis de), I, *34.
Collioure (la ville de), II, 377, 397.
Colmar (la ville de), I, 120, 181-183, 273.
Colmenero (François de), IV, *192.
Cologne (Maximilien-Henri de Bavière, archevêque-électeur de) et évêque de Liège, I, *80. Il se ligue avec la France contre la Hollande, 80-81; succès militaires, 93; s'allie avec Guillaume d'Orange et rend ses conquêtes, 122, 128; cède Charlemont et le château de Dinant à la France, 306-307; nouveau traité avec la France, II, 2; sa mort, 67, 68.
Cologne (Joseph-Clément de Bavière, archevêque-électeur de), II, *69. Son élection, 69-70; les Français sont expulsés de son électorat, 115; alliance avec les Hollandais, 138; en 1701, se met du parti de France, III, 68; il reçoit des troupes françaises dans ses places, 109-110, 160; son électorat envahi par les alliés, 120; il veut faire bombarder Cologne, 133; les Hollandais s'emparent de toutes ses places, 135; propositions que lui font les alliés, IV, 64; stipulations en sa faveur dans les préliminaires de paix, V, 228; autres dans le traité d'Utrecht, VI, 52, 70; rétabli en ses possessions par le traité de Rastadt, 95.
Cologne (l'archevêché et l'électorat de), I, 309; II, 68, 80,

TABLE ALPHABÉTIQUE.

82, 115; III, 110, 120, 131, 134; VI, 95.
Cologne (la ville de). Désignée pour un congrès, I, 115, 129; refuse de recevoir des troupes françaises, II, 68; maintient ses privilèges de ville impériale, III, 110; l'archevêque veut la bombarder, 133. Citée, I, 108.
Cologne (les troupes de l'électeur de), II, 348, 351; IV, 152; V, 189.
Coloma (Manuel), marquis de Canalès, II, *80.
Colorno (le village de), III, 152; IV, 268, 270.
Combes (le chevalier de), II, *272, 274.
Côme (la ville de), IV, 49.
Comines (le bourg de), V, *139, 209; VI, 64, 96.
Cominges (le pays de), V, *203.
Commercy (Charles - François de Lorraine-Elbeuf, prince de), III, 155.
Communa (le canal de la), IV, 180, 184.
Compagnie des Indes (la), I, 10, 97.
Compiègne (le camp de), III, 7, 8.
Comtois (les), I, 53-55, 59.
Concordia (la ville de la), IV, *44, 45.
Condé (Henri II, prince de), I, 57.
Condé (le grand). Il négocie avec le parlement de Dôle et s'empare de la Franche-Comté, I, 54-60; son portrait, 84-85; passe le Rhin à Wesel, 87; assiège Reez, 88; blessé au passage du Rhin, 90-91; retourne en France se faire soigner, 92; défend la Moselle, 108-109; il se poste à Utrecht (1673), 118, 120; occupe la châtellenie d'Alost, 124; va camper à Bois-le-Duc, 125; campagne de 1674; bataille de Seneffe, 151, 153-157; assiège Limbourg, 189; va prendre le commandement de l'armée à la mort de Turenne; campagne de 1675, 223-227; hostilité de Louvois, 259; sa mort, II, 50-51; . il s'oppose au mariage de Mademoiselle avec Lauzun, 155. Cité, I, 45, 48, 113; V, 9.
Condé (Henri-Jules de Bourbon, duc d'Enghien, puis prince de), III, 25; V, 213. Voyez Enghien (le duc d').
Condé (le régiment de), II, 124; III, 177.
Condé-sur-Escaut (la ville de), I, 235, 253, 280, 386; IV, 353; V, 11, 147, 161, 182, 209.
Condroz (le), II, 351, 385; IV, 51.
Conflans (Jean-Charles de Watteville, marquis de), II, *337.
Conflans (Jean - Chrétien de Watteville, marquis de), IV, *124.
Coni (la ville de), II, 191-193, 313, 314, 333, 391; IV, 273, 277.
Connétable de Castille (Joseph de Velasco, duc de Frias), IV, *239, 242.
Consarbrück (le village et la bataille de), I, *190, 191; IV, 108, 112.
Consbrück (M. de), VI, 48.
Constance (Rodolphe de Rodt, évêque de), II, *342, 343.
Constance (la ville et le lac de), II, 342, 343; III, 177, 178, 190; IV, 74; V, 24, 33, 34.
Constance (le sieur), ministre du roi de Siam, II, *46, 49, 50.
Constantinople (la ville de), II, 11, 24.
Contades (Georges-Gaspard de), VI, *91.
Conti (Louis-Armand de Bourbon, prince de), II, 41.
Conti (François-Louis de Bourbon, prince de). A la bataille de Steinkerque, II, *236, 237;

prend part à celle de Nerwinde, 295; nommé à la couronne de Pologne, il se rend dans ce pays; son retour, 438-442; prétend à la succession de la principauté de Neufchâtel, III, 17-23; V, 97; assiste à l'hommage du duc de Lorraine, III, 25; sa mort et son éloge, V, 212-213.
Copenhague (la ville de), III, 36, 37.
Coquelet (la montagne du), près Namur, II, 209.
Corbais (le village de), IV, *156, 160.
Corbeek (le village de), IV, *154.
Corbeil (Renaud de), évêque de Paris, V, 216.
Cork (la ville de), IV, 356.
Cornas (M. de), I, 175.
Cornbury (le régiment de), II, *89.
Cornella (le village de), II, 418, 426.
Correggio (la ville de), III, 211, 215.
Corses (les), I, 29, 32, 33.
Corswaren (le village de), II, *298.
Cortenois (le), III, 215.
Corthys (le village de), II, *298.
Corticella (le village de), III, *220.
Corzana (Diego Hurtado de Mendoza, comte de la), II, 430, *431 ; V, 71.
Costebelle (Philippe Pastour de), V, *212.
Costigliole (le bourg de), III, 220.
Cotentin (le), II, 273.
Cotron (Gaspard), IV, *186.
Conckelaere (le village de), V, *155.
Coulommiers (la ville de), III, 22, 23.
Courcillon (Philippe-Égon, marquis de), V, *192.
Courlande (la), III, 39.
Couronne (le régiment de la), V, *64, 65.

Courtade (Jean de), IV, *191.
Courtebonne (Jacques-Louis de Calonne, marquis de), IV, *71.
Courtin (Honoré), II, *405.
Courtray (la ville de). Prise en 1667, I, 46; rendue par la paix de Nimègue, 230, 280, 296; prise en 1684, II, 28; camp du maréchal de Luxembourg, 245, 248; fortifications relevées, 326; rendue par le traité de Ryswyk, 444; ses fortifications sont ruinées, IV, 347. Citée, II, 177, 300, 345, 352.
Courtray (la châtellenie de), II, 288, 346.
Cousobre (le village de), II, *185.
Cracovie (la ville de), II, 442.
Cranenbourg (la ville de), III, *122.
Cravates (les), I, 226, 294.
Crécy (Louis Verjus, comte de), II, *342, 405.
Creme (la ville de), IV, 180, 192.
Crémonais (le), III, 97; IV, 178, 189-191.
Crémone (la ville de). Surprise par le prince Eugène, III, 99-104. Citée, III, 146, 150; IV, 324, 325.
Crenan (Pierre de Perrien, marquis de), II, *375; III, 103.
Créquy (François, marquis, puis maréchal de), I, *49. Il défait Marcin, 49; s'empare de la Lorraine, 78-79; commande l'arrière-ban (1674), 176; au camp de Marlcheim, 177; perd ses bagages, 180; commande en Flandre; battu à Consarbrück, 189-192; campagne de la Moselle et d'Alsace (1677), 261-274; campagne d'Allemagne (1678), 287-292; campagne de 1679, 309; bombarde Luxembourg (1684), II, 28; sa mort et son caractère, 51-52.

TABLE ALPHABÉTIQUE.

Créquy (Charles III, duc de), I, *27-32; II, 56-57.
Créquy (François-Joseph, marquis de), II, *52; III, 100, 102, 104, 156.
Créquy (Anne-Charlotte d'Aumont, marquise de), II, *52.
Créquy (Armande de Lusignan Saint-Gelais, duchesse de), I, *27, 29, 30, 32.
Crescentin (la ville de), II, 392; IV, 2, 4, 7, 13, 14, 19, 24-27, 31-39, 269, 273.
Crespin (le hameau de), II, *386.
Crespino (le village de), IV, *310.
Creuznach. Voyez Kreuznach.
Crèvecœur (le fort de), I, *95, 97, 103, 126.
Crinchon (le), ruisseau, V, *243, 246.
Croisette (l'église de la), à Turin, IV, 281.
Croissy (Charles Colbert, marquis de), I, *300, 301; II, 16, 18, 19.
Croissy (Louis-François-Henri Colbert, comte de), V, *157; VI, 112.
Cronström (le baron de), IV, *141, 143.
Crostolo (le), III, 151, 152.
Croy (Albert-François, chevalier de), V, *192.
Cruyshautem (le village de), II, *325.
Cuenca (la ville de), IV, *253, 255.
Cujavie (Stanislas Dombski, évêque de), II, *439.
Curtatone (le village de), III, 147.
Curtillo (le village de), III, 213.
Cutz (Mylord), IV, 89.

D

Dachstein (la ville de), I, 177, *180, 187.
Dagnesseau (Henri-François), VI, *119, 120.

Dalonde (l'île de), IV, 124, 128, 326, 333, 337; V, 14, 16, 18, 19.
Dame (la ville de), IV, *347.
Dammgarten (la ville de), I, *295.
Dampierre (Henri du Val, marquis de), I, *66, 73.
Danemark (les rois de). Voyez Christian V, Frédéric IV.
Danemark (Georges, prince de), II, 90, 93; III, 72, 73, 250.
Danemark (Anne Stuart, princesse de), II, 89, 90, 95, 103; III, 73. Voyez Anne, reine d'Angleterre.
Danemark (le), I, 229, 233, 310; II, 3, 104, 403; III, 33.
Danois (les), I, 295; III, 188, 192.
Dantzig (la ville de), II, 441, 442.
Danube (le), II, 21, 22, 24, 25; III, 144, 166, 181, 185-188; IV, 59, 67, 69, 73, 75, 77-79, 83, 87, 88, 90, 93-95, 97; V, 34; VI, 82.
Darion (le village de), IV, *339.
Darmstadt (la ville et le pays de), II, 302.
Darmstadt (le prince de). Voyez Hesse-Darmstadt.
Dartmouth (la rade de), II, 87.
Dartmouth (William Legge, comte de), VI, *19.
Dauphin de France (Louis). Voyez Monseigneur.
Dauphin-infanterie (le régiment du), II, 238.
Dauphine de France (Marie-Anne-Christine-Victoire de Bavière), II, *2, 13.
Dauphiné (le). Le duc de Savoie y pénètre en 1692 et en est repoussé, II, 263-266, 277, 281; le duc de la Feuillade en est gouverneur, III, 210-211; retraite des Français en 1706, IV, 323; campagne du maréchal de Tessé en 1707, V, 46-47, 58; campagne de 1708; Villars repousse le duc

de Savoie, 106-109; campagne de 1709 sous le maréchal de Berwick, 198-200; campagne de 1710, 248-249; campagne de 1711, VI, 8-9. Cité, I, 56; II, 9, 10, 120, 151, 152, 195, 197, 310, 314, 331, 405; IV, 4, 5.
Dauphiné (le gouvernement du), II, 54.
Davia (le comte), III, *148, 149.
Dawendorf (le village de), IV, *131.
Déchy (le village de), V, *241.
Dedem (le lieutenant général), IV, 161; V, 169, 170.
Deggendorf (le bourg de), III, *188.
Delme (le village de), I, *262.
Demer (le), IV, 51, 162.
Denain (la ville de), V, 181; VI, 27.
Denain (la bataille de), VI, 28-33.
Dendermonde (la ville de), I, 47, 50; II, 411; IV, 352.
Dendre (la), rivière, II, 140, 141, 185, 243, 244, 407, 408, 412; V, 11, 117-125.
Denia (la ville de), IV, 256; V, 75, 113.
Denonville (Pierre-René de Brisay, comte de), IV, *89.
Dentekom (la ville de), I, *93.
Denterghem (le village de), II, 353, 354, 358.
Dernice (le château de), III, 207, 208.
Desana (le bourg de), III, 7.
Desenzano (la ville de), III, *198; IV, 175, 194, 195.
Desfarges (le maréchal de camp), II, *50.
Desmaretz (Nicolas), contrôleur général des finances, V, *241.
Desmaretz (Vincent-François), évêque de Saint-Malo, VI, 109.
Dettweiler (le village de), I, *178-180.
Deule (la), rivière, IV, 351; V, 12, 140, 149, 151, 237.

Deux-Ponts (le duché et la ville de), II, 6; IV, 107, 110, 121.
Deventer (la ville de), I, 93.
Dévolution (le droit de), I, 42.
Devonshire (William Cavendish, duc de), III, *250.
Deynze (la ville de). Ses fortifications sont relevées, II, 326; le prince d'Orange y vient camper, 347; combat près de cette ville (1695), 352-359. Citée, II, 124, 244, 363, 368, 369, 406, 407; IV, 350; V, 116.
Diamants de la couronne (les), II, 43.
Diaz (le P. Froylan), III, *43.
Dibbon (le hameau de), II, *332, 374.
Dieppe (la ville de), II, 339.
Dierkirch (le village de), IV, *75.
Diest (la ville de), IV, 164, 165.
Dijon (la ville de), I, 54, 58, 60; III, 9.
Dillingen (le bourg de), III, *180; IV, 62, 65, 69, 76, 78; V, 19.
Dillon (Arthur, comte), V, *199; VI, 79.
Dillon (le régiment d'infanterie de), IV, 185.
Dinant (le bourg de). Les Impériaux s'en emparent (1673), I, 126; pris par le maréchal de Créquy, 189; Louis XIV le conserve, 306-307; le prince d'Orange veut l'assiéger, II, 384-385; Boufflers le fait occuper (1702), III, 129; Owerkerque s'en empare (1704), IV, 51. Cité, II, 181, 182, 183, 351.
Disette de 1693 (la), II, *317.
Dixième (l'impôt du), V, *269-270.
Dixmude (la ville de). Prise par le maréchal d'Humières, II, 28; les Français s'en emparent (1692), 251; fortifiée par M. de Luxembourg, 300; et

par le prince d'Orange, 326; Villeroy s'en empare (1695), 362-363. Citée, II, 141, 246, 368, 369, 371, 387; V, 153; VI, 64.
Doesbourg (la ville de), I, 92-94.
Dohna (Christophe - Frédéric, comte de), I, *108.
Doire (la), rivière, II, 311; IV, 4, 5, 14-16, 38, 205, 268-270, 315-318, 320; V, 108.
Dôle (la ville de), I, 56, 57, 60, 135.
Dôle (le parlement de), I, 54, 59.
Dombes (la principauté de), II, 156.
Donaueschingen (le bourg de), IV, 59.
Donauwert (la ville de), III, 185, 186; IV, 65-69, 75, 77.
Dongois (Nicolas), VI, *119.
Donstiennes (le village de), II, *185.
Douay (la ville de). Prise par le roi en 1667, I, 45; le chevalier de Luxembourg en part pour ravitailler Lille en 1708, V, 151; assiégée et prise par les alliés en 1710, 238-244; reprise par Villars en 1712, VI, 35-37. Citée, I, 46, 230, 235; IV, 348, 352; V, 141, 147, 161, 175, 237; VI, 2, 50.
Douglas (Charles), VI, 56.
Douglas (le régiment de), I, 140, 142.
Dourlach (Charles - Guillaume de Bade, prince de), V, *18, 19.
Dourlach (la ville et la principauté de), II, 328, 373, 413; V, 23, 34-36.
Douvres (la ville de), I, 76; III, 88.
Dover (Henri Jermyn, baron), II, *90.
Dragons du Roi (le régiment des), II, *235.
Drenne (le château de), III, *201.

Dreuilhet (André), évêque de Bayonne, VI, 110.
Dreux (Jean, comte de), V, 216.
Dreux (Marie de Bourbon, comtesse de), V, 216.
Dreux (Thomas Dreux, marquis de Brezé, dit le marquis de), III, 207, 208; IV, *12, 18, 206.
Drogheda (la ville de), II, 165.
Drusenheim (le bourg de), IV, 104, 122, 128, 132, 134, 138, 328, 329; V, 193.
Druy (Eustache-Louis Marion, chevalier de), II, *313.
Druy (François-Eustache Marion, comte de), IV, *110.
Dublin (la ville de), II, 165.
Dubois (le capitaine), V, 150-151, 153.
Ducasse (Jean-Baptiste), II, *433, 436.
Du Clerc (Jean-François), VI, *40, 41.
Duero (le), III, 264.
Duguay-Trouin (Nicolas Trouin du Gué, dit), V, *212. Expédition de Rio-de-Janeiro, VI, 40-41.
Dulmunling (le village de), IV, 74.
Dumbarton (Georges Douglas, comte de), II, *94.
Dundee (John Graham, vicomte), II, *108.
Dundee (la ville de), V, 104.
Dunes (les), V, 103.
Dungannon (la ville de), II, *165.
Dunkerque (la ville de). Le roi d'Angleterre la vend à la France, I, 33; Louis XIV va la visiter, 260; les Anglais essayent de la bombarder, II, 381; le roi Jacques en part pour débarquer en Angleterre, 399-403; le prince de Conti s'y embarque pour la Pologne, 411; les corsaires de Dunkerque, III, 243; IV, 225, 226; préparatifs pour l'expédition d'Ecosse en 1708,

212 TABLE ALPHABÉTIQUE.

V, 101-103, 106; cédée aux Anglais, VI, 27; sa démolition demandée par l'Angleterre et prescrite par le traité d'Utrecht, 49, 50, 55, 57, 59, 62. Citée, I, 47; II, 200, 228, 250, 438; IV, 349, 357; V, 95, 136, 143, 156, 207-209, 228.
Dunkerquois (les), II, 199.
Dupas (M.), I, 121.
Duras (Jacques-Henri de Durfort, maréchal-duc de), I, 61, 110, 223-226; II, 109, 112, 173.
Duras (la maison de), I, 280.
Dürenbach (le village de), IV, *118.
Düsseldorf (la ville de), III, 133.
Dyle (la), rivière, IV, 152-154, 156, 157, 160, 161, 345; V, 5, 7, 8.

E

Ébernbourg (la ville d'), II, 254, 255, 257, 331, 374, 414, 415.
Èbre (l'), fleuve, V, 69, 73, 109.
Écaussines d'Enghien (le village des), V, *116.
Eckeren (le village et le combat d'), III, 167-170.
Écluse (la ville de l'), I, 99; IV, 50, 52.
Écossais (les), V, 104.
Écosse (l'). Troubles dans ce pays (1689), II, 105, 107, 108; expédition de 1708, V, 100-106, 168. Citée, I, 133; II, 87, 89, 168, 177, 274; III, 75, 243.
Édimbourg (la ville d'), II, 105, 107; V, 101, 103.
Eeghem (le village d'), II, *387.
Effiat (Antoine Coiffier, marquis d'), III, *24.
Égra (la ville d'), I, 122.
Eindhoven (le village d'), III, 126, *127.
Elbeck (le hameau d'), II, *178.
Elbeuf (Charles III de Lorraine, duc d'), I, *207.

Elbeuf (Henri de Lorraine, duc d'), II, *238, 357.
Elbeuf (Philippe de Lorraine, prince d'), IV, *201.
Elbidon (le bourg d'), III, *262.
Elbing (la ville d'), III, 33, 34.
Elderen (Jean-Louis d'), évêque de Liège, II, *71.
Électeur palatin (l'). Voyez Palatin.
Elixem (le village d'), II, *298.
Elne (la ville d'), I, 164.
Elsasshausen (le village d'), IV, 71.
Elsegem (le village d'), V, *11.
Elsenz (l'), rivière, I, 138.
Elvas (la ville d'), III, 214; V, 204, 205.
Embrun (la ville d'), II, 264, 265; V, 107.
Embrun (l'archevêque d'). Voy. Aubusson (G. d').
Emden (la ville d'), I, 96.
Ementigen (le village d'), IV, 70-72.
Emmanuel (Don Juan), V, *67.
Emmerich (la ville d'), I, *83, 88, 115.
Empereurs d'Allemagne (les), I, 20. Voyez Charles-Quint, Charles VI, Joseph, Léopold.
Empire d'Allemagne (l'), II, 3, 4, 23, 24, 37, 38, 80, 412; III, 79, 110, 125, 160, 171, 173.
Empire (les princes de l'), I, 307.
Ems (les eaux d'), IV, 124.
Enghien (Henri-Jules de Bourbon, duc d'), I, *90, 91. Voyez Condé (le prince de).
Enghien (le bourg d'), aux Pays-Bas, II, 178, 229-232, 235, 238, 243, 412; V, 118.
Euheim (le bourg d'), IV, *76.
Ennery (le château d'), I, *265.
Ennetières (le village d'), V, *145, 146.
Enscheede (la ville d'), I, *93.
Ensheim (le village et la bataille d'), I, *170-176.
Entragues (Hyacinthe de Mont-

TABLE ALPHABÉTIQUE. 213

vallat, chevalier d'), III, *101, 103.
Enz (la ville d'), III, *188.
Épinal (la ville d'), I, 79.
Eppingen (le village d'), II, 372, 387-389.
Erffa (le comte d'), IV, 337.
Escalona (Jean-Emmanuel Pacheco, marquis de Villena et duc d'), II, *334; V, 43, 45, 46.
Escanaffles (le village d'), V, *154, 162, 163.
Escaut (l'), I, 47, 235; II, 124, 141, 178, 244, 248, 250, 251, 323-325, 345, 346, 348, 350, 352, 385, 386, 407; III, 79, 111, 167, 170; IV, 350, 353; V, 11, 12, 123, 125-129, 139, 147, 161-163, 169, 182; VI, 2, 24, 27, 28, 30-34, 37.
Escouvette (le ruisseau de l'), VI, 28.
Esenta (le village d'), IV, *194.
Espagne (Marguerite-Thérèse d'), impératrice, III, 12.
Espagne (l'). Elle reconnait la préséance de la France à la suite de l'affaire Watteville, I, 20-27; elle entre dans la triple alliance, 61, 100; elle consent à la paix de Nimègue, 297, 298, 301, 307; sa situation en 1680, II, 3-4; campagne de 1684 en Espagne, 28-29; campagne de 1689, 118-119; campagne de 1690, 152-153; de 1691, 198-199; de 1692, 277; de 1693, 314; de 1694, 334-336; de 1695, 376-378; de 1696, 395-398; de 1697, 416-432; elle signe le traité de Ryswyk, 412-413, 444-445; négociations pour le partage de la succession de Charles II, III, 1-3, 13-15; le duc d'Anjou devient roi d'Espagne, 41-55; Louis XIV y envoie des subsides, 107; la guerre en Espagne en 1702, 160-165; événements de 1703, 244-249; opérations militaires en Espagne en 1704, 250-280; campagne de 1705, IV, 212-225; opérations de 1706, 227-258; campagne de 1707, 59-91; campagne de 1708, 109-114; campagne de 1709, 200-205; de 1710, 249-262; de 1711, VI, 9-14. Citée, I, 18, 33, 115, 228, 229; II, 5, 316, 344, 404; III, 119, 125.
Espagne (les rois d'), I, 20. Voyez Charles II, Philippe II, Philippe IV, Philippe V.
Espagne (les reines d'). Voyez Bavière-Neubourg (Marie-Anne de), France (Élisabeth de), Savoie (Marie-Louise-Gabrielle de).
Espagnols (les), I, 18-21, 24, 37, 43, 46, 50, 52, 76, 85, 228, 229, 232, 235, 252, 285, 286, 296, 306; II, 7, 8, 12-14, 29-32, 60, 65, 148, 153, 195, 199, 277, 334, 337, 340, 341, 375, 406, 416; III, 44, 52, 161, 162; IV, 217, 219, 235, 244, 252.
Espierres (le village d'), I, *157; II, 324; IV, 350, 351; V, 139.
Espierres (les lignes d'), II, 116, 139, 244, 250, 288, 289, 299, 323.
Espinosa-de-Hénarès (la ville d'), IV, *248.
Espinoy (Louis de Melun, prince d'), II, *303.
Essigen (le village d'), VI, *79.
Essingen (le village d'), V, *28.
Estadilla (le bourg d'), V, *251, 252.
Estaing (François III, comte d'), IV, *27, 276, 278; V, 203.
Estaires (Anne-Auguste de Montmorency, comte d'), III, 216.
Este (Renauld, cardinal d'), II, *105.
Este (Marie-Béatrice-Éléonore d'), reine d'Angleterre, II,

TABLE ALPHABÉTIQUE.

*78, 88, 90, 158; III, 7, 8. Voyez York (la duchesse d').
Este (la maison d'), I, 132.
Estingen (le bourg d'), IV, 73.
Estinnes (le village d'), II, *207; V, 10.
Estrades (Godefroy, maréchal d'), I, *21, 22, 27, 224, 300, 301.
Estrades (Gabriel-Joseph, chevalier d'), II, *241.
Estrades (Godefroy-Louis, comte d'), IV, *45, 47; V, 163.
Estrées (César, cardinal d'), II, *60-62.
Estrées (François-Annibal II, duc d'), II, *60, 63.
Estrées (Jean, comte et maréchal d'), I, *104, 117, 278; II, 285, 315, 401.
Estrées (Victor-Marie, comte et maréchal d'), II, *198, 270. 276, 285, 316; III, 105; IV, 217.
Estrémadure (l'), IV, 214, 223, 234, 238, 252, 257; V, 78, 79, 257.
États généraux des Provinces-Unies (les). Voyez Hollande (la).
Étoile (le fort de l'), près Strasbourg, I, 168-169, 291, 292.
Étrun (le village d'), VI, *4.
Ettlingen (le village et les lignes d'), V, 21, *37, 39, 41, 168, 195, 198; VI, 75, 76, 81.
Eu (le comté d'), II, 156.
Eugène (Eugène, prince de Savoie-Carignan, dit le prince). Il fait lever le siège de Coni (1691), II, 191-192; tombe dans une embuscade, 194; il est destiné à commander l'armée impériale en Italie (1701), III, 69; campagne de 1701; combat de Chiari, 89-98; il surprend Crémone, 99-104; campagne de 1702 contre Vendôme; blocus de Mantoue, 147-151; combat de Luzzara; fin de la campagne, 153-159; président du conseil de la guerre, 191; il va commander l'armée impériale à Stolhoffen (1704), IV, 63, 64; campagne en Bavière contre Tallard; victoire d'Hochstedt, 73-97; campe à Wissembourg; siège de Landau, 101-103; tente de surprendre Neuf-Brisach, 105; campagne d'Italie (1705), 169-180; bataille de Cassano et ses suites, 180-195; s'en retourne à Vienne, 258; campagne de 1706, 262-265; vient au secours de Turin assiégé; bat l'armée française, 300-324; négociations avec lui pour l'évacuation de la Lombardie, V, 2; envoie un corps d'armée à Naples, 41; campagne de 1707 en Provence; siège de Toulon, 46-58; campagne de 1708 en Flandre; bataille d'Audenarde, 124-132, 137; assemble une armée sur la Moselle, 138, 167; siège de Lille, 140, 145, 148, 149, 159; il est blessé, 149; il s'empare de la citadelle de Lille, 160, 165-167; aide Marlborough à défendre Bruxelles, 162-164; contribue à la reprise de Gand, 169-171; campagne de Flandre en 1709, 173-175; siège de Tournay, 175-180; bataille de Malplaquet, 185-193; campagne de 1710, 237-247; campagne de 1711 en Allemagne, VI, 1, 7-8; mission à Londres, 20; campagne de 1712 en Flandre; siège de Landrecies; bataille de Denain, VI, 23-33; suite de la campagne de 1712; sa retraite, 37, 38; commande l'armée impériale en 1713; campagne du Rhin, 75, 77, 83, 84, 87; plénipotentiaire impérial pour les négociations de Rastadt, 90-92; plénipotentiaire au traité de Baden, 98.
Ewertsen (Corneille), II, *87
Exeter (la ville d'), II, 89.

Exilles (le bourg d'), II, 198; V, *107, 108, 209; VI, 66.

F

Fabert (Louis, marquis de), I, *72.
Faches (le village de), V, *140.
Fagel (François-Nicolas, baron), III, *123, 250, 254; VI, 4-6.
Faille (M. de la), V, 117.
Fallais (le village de), II, *371.
Farciennes (le village de), II, *137.
Fariaux (Jacques de), I, *118, 119.
Farnèse (le palais), à Rome, I, 28-30; II, 60, 63.
Fau (le village de), IV, *114.
Faucigny (le), V, 107.
Faulquemont (le bourg de), I, *97.
Fay (Charles du), I, *247.
Felimo (la montagne de), près Turin, IV, 276.
Feluy (le village de), II, *207, 286, 323; V, 116.
Fénelon (François de Salignac de la Motte-), archevêque de Cambray, III, *10-12.
Fenestre (le col de la), II, 390.
Fenestrelles (la ville de), II, 311, 332; V, 46, 107, 108, 209; VI, 66.
Férin (le village de), V, *241; VI, 2.
Ferrara (la montagne de la), IV, 265.
Ferrarais (le), III, 92; IV, 169, 310.
Ferrette (la ville de), I, *180.
Ferté (Henri de Senneterre, maréchal de la), I, 254.
Ferté (Henri-François de Senneterre, duc de la), I, *222.
Ferté (l'hôtel de la), à Paris, II, 54.
Ferté (le régiment de la), I, 142, 245.
Fesmy (l'abbaye de), VI, *29.
Feuillade (François d'Aubusson, maréchal de la), I, *34;
62-65, 224, 284; II, 55-56, 174.
Feuillade (Louis d'Aubusson, duc de la), II, *54. Gouverneur de Dauphiné, II, 54; commandant de cette province, III, 211; il prend Suse, IV, 4-6; s'empare d'Aoste, 20; envoie de ses troupes à Vendôme, 15, 33; assiège Chivas, 172, 203-207; s'empare de Villefranche et de Nice, 195-197; tentative manquée sur Asti, 207-208; assiège Turin, 267-279, 289-292, 296, 300-302; petite campagne en Piémont, 308-309.
Feuillade (l'hôtel de la), à Paris, II, 56.
Feuquière (Antoine de Pas, marquis de), II, *191-193, 363.
Feversham (Louis de Durfort, comte de), I, *280; II, 36, 92, 93.
Feversham (la ville de), II, 91.
Ficarola (le village de), IV, *44, 46.
Ficcset (M. de), IV, *37.
Fiesco (le village de), IV, *178.
Fiesque (Jean-Louis-Mario, comte de), II, *32.
Figuières (la ville de), I, 251, 275; IV, 230.
Filley (Pierre de), IV, *211.
Fimarcon (Gaston-Paul de Cassagnet, marquis de), II, *241; III, 103.
Final (la ville de), près Gênes, II, 331; V, 49, 59.
Final-de-Modénois (le bourg de), III, 192, 195; IV, 310; V, 41.
Fives (la porte de), à Lille, I, 48.
Flamanville (le village de), II, 274.
Flandre (la). Campagne de 1668, I, 43-46; voyage du Roi (1670), 76; campagne de 1675, 188-189; campagne de 1676, 235-236; campagne de 1677, 253-261; campagne de 1678, 293-299; visitée par les am-

bassadeurs siamois, II, 49; campagne de 1689; combat de Walcourt, 115-118; campagne de 1690; bataille de Fleurus, 122-141; campagne de 1691, 177-182; campagne de 1692; bataille de Steinkerque, 206-251; campagne de 1693; Louis XIV en Flandre; bataille de Nerwinde, 285-300; campagne de 1694, 319-326; campagne de 1695; siège de Namur, 346-371; campagne de 1696, 383-387; campagne de 1697, 405-412; préparatifs de guerre, III, 111; campagne de 1702, 131-133; campagne de 1703, 166-171; campagne de 1704, IV, 49-53; campagne de 1705, 138-166; campagne de 1706; bataille de Ramillies, 339-353; campagne de 1707, V, 3-13; campagne de 1708, 114-167; campagne de 1709, 173-193; de 1710, 236-247; de 1711, VI, 1-7; de 1712; bataille de Denain, 23-39. Citée, I, 61, 94, 179, 180, 224; II, 5, 6, 444; III, 5, 109; IV, 104, 108, 111.

Flawinne (le village de), II, *208.

Fléchier (Esprit), évêque de Nîmes, V, *267.

Flers (le village de), V, *140.

Fleurus (le village et la bataille de), II, 126-138, 207, 287, 349, 365, 384.

Fleury (André-Hercule de), évêque de Fréjus, VI, 123.

Floreffe (le village de), II, *123.

Florenne (le village de), II, 183.

Floride (le marquis de la), IV, 324, 325.

Flotte (Joseph de), V, *202.

Fluvia (la), rivière, IV, *230.

Foix (Henri-François, duc de), II, *395.

Folx-les-Caves (le village de), IV, *342.

Fonseca (Diego de), III, *254.

Fontainebleau (le château de), II, 41, 51; VI, 44.

Fontanar (le village de), IV, 248.

Fontanella (le bourg de), IV, *193.

Fontanetto (le village de), IV, 7.

Fontarabie (la ville de), II, 13.

Forbin (Louis-Victor, chevalier de), IV, *187, 357; campagne de mer en 1707, V, 95-96; expédition d'Écosse (1708), 101-104, 168.

Foreland (le cap), I, *106.

Forêt-Noire (la), III, 139; IV, 54; VI, 75, 78, 94.

Fornigara (le village de), IV, *191.

Fort-Barraux (le village de), V, *107; VI, 8.

Fort-Louis du Rhin (le). Bloqué en 1705-1706, IV, 138, 326; il est dégagé, 330. Cité, II, 122, 189, 309, 413, 414; III, 173; IV, 54, 63, 101, 122, 126, 127, 132, 331, 333, 334, 336; V, 20, 21, 193; VI, 69, 76, 81, 94.

Fossano (le village de), II, 191, 194.

Fossa Scriola (la), IV, 194.

Fosse (le village de), II, *222.

Foucault (Antoine de), I, *93, 185.

Foucquet (le surintendant), I, 11-13.

Fourcy (Henry de), prévôt des marchands de Paris, II, *56.

Fourilles (Jean-Jacques de Chaumejan, marquis de), I, *78, 156.

Fraga (la ville de), IV, *231; V, 74, 250, 252.

France (Élisabeth de), reine d'Espagne, I, *41, 42.

France (les rois de), II, 57, 58. Voyez Henri IV, Louis VIII, Louis IX, Louis XIII, Louis XIV, Louis XV, Philippe-Auguste.

France (les reines de). Voyez

TABLE ALPHABÉTIQUE. 217

Anne d'Autriche, Marie de Médicis, Marie-Thérèse.
Francfort (la ville de), I, 122, 150; II, 109, 302; V, 41; VI, 13, 88.
Franche-Comté (la). Conquête de 1668, I, 53-61; conquête de 1674, 134-136; les Espagnols refusent de la céder à la France, 229-230, 253. Citée, III, 19; 23; IV, 57, 138; V, 41, 199.
Franchimont (le village de), IV, *157.
Franchises des ambassadeurs (les), à Rome, I, 29; II, 60-63, 66.
Franconie (la), I, 107; II, 189; III, 137, 172, 191; IV, 334; V, 23, 24, 26, 32.
Frankenthal (le bourg de), II, 96, 252, 327, 385; VI, 78.
Franquênes (le village de), IV, *341.
Frédéric IV, roi de Danemark, III, *33-38; V, 96.
Frédéric Ier, électeur de Brandebourg et roi de Prusse. Voyez Brandebourg (Frédéric III, électeur de). Proclamation et couronnement comme roi de Prusse, III, 40-41, 105; ses troupes assiègent Kayserswert (1702), 120-121; elles bombardent Gueldre en 1703, 174; elles font campagne en Bavière en 1704, IV, 59; son contingent en Alsace en 1705, 129, 132; campagne de 1707, V, 31; se fait adjuger la principauté de Neuchâtel, 98-100.
Frédéric-Guillaume Ier, roi de Prusse. Stipulations du traité d'Utrecht en sa faveur, VI, 63, 65-66, *71, 95.
Freistett (le village de), IV, *122, 125.
Freistroff (l'abbaye de), I, *266; IV, 113.
Fréjus (la ville de), II, 332.

Frelinghien (le village de), IV, *351.
Fresno (Pierre Fernandez de Velasco, marquis del), I, *133.
Fressines-du-Pô (le village de), II, *263.
Freystadt (la ville de), III, 172.
Frezelière (François Frezeau, marquis de la), I, *291; II, 110.
Fribourg (Jean de), V, 98.
Fribourg-en-Brisgau (la ville de). Siège de 1677, I, 274; laissée à la France par la paix de Nimègue, 307; siège de 1713; prise par Villars, VI, 82-88; le fort Saint-Pierre, 82, 83, 88, 93. Citée, I, 246, 247, 271, 273; II, 309, 310; III, 139, 140, 142, 144; IV, 57, 59, 70; V, 21; VI, 75.
Friedberg (la ville de), I, 123; III, 188.
Friedlingue (le combat de), III, 140-143.
Friesen (Henri-Frédéric, comte de), III, *224; IV, 69, 134.
Friesen (Jules-Henri, comte de), III, *222, 224, 225.
Frigilliana (Rodrigue-Manuel Manrique de Lara, comte de), III, *45.
Frise (le comte de). Voyez Friesen.
Frise (la), I, 81, 95.
Froidmont (le château de), II, *125, 126, 128, 384.
Frontera (le marquis de), V, 204.
Fronville en Ardenne (le village de), II, 371.
Fuente (Gaspard Tello de Guzman, marquis de la), I, *24-26.
Fuente-la-Higuera (le bourg de), V, *60.
Fumal (le village de), II, 298.
Furnembach (le), VI, *50, 96.
Furnes (la ville de), I, 46; II, 141, 246, 250, 251, 371; V, 158, 209; VI, 50, 64, 96.

TABLE ALPHABÉTIQUE.

Fürstenberg (Charles-Égon, comte de), II, *414; III, 143.
Fürstenberg (Ferdinand de), évêque de Münster, I, *122, 128; II, 138.
Fürstenberg (François-Égon de), évêque de Strasbourg, I, *80, 230, 231.
Fürstenberg (Guillaume-Égon, cardinal de), I, *129, 230; II, 67-71, 80.
Fürstenberg (Prosper-Ferdinand, comte de), IV, *104.

G

Gabaret (Jean), II, *272, 274.
Gacé (Charles-Auguste de Goyon, chevalier de Torigny, puis comte de), et maréchal de Matignon, I, *147, 148; IV, 142, 346; V, 102, 105. Voyez Torigny et Matignon.
Gadagne (Charles-Félix de Galéan, comte de), I, *36.
Gaëte (la ville de), V, 43, 45.
Gagst (le), rivière, V, *32.
Galen (Bernard de), évêque de Münster, I, *34-35, 80, 81, 93, 104, 113.
Galice (la), III, 254; V, 78.
Galions du Mexique (les), II, 433; IV, 216.
Galisteo (le bourg de), IV, *237.
Galles (Jacques-Édouard-François, prince de). Voyez Jacques III, roi d'Angleterre.
Gallway (Henri de Massué, marquis de Ruvigny et lord), II, *333. Il commande un corps de religionnaires en Savoie en 1694, 333-334; il arrive en Portugal (1704), III, 264; s'empare de Valencia et d'Alburquerque, IV, 213-214; blessé au siège de Badajoz, 224; commande le corps anglais en Portugal; campagne de 1706, 234, 236, 238; entrée dans Madrid; difficultés avec les populations, 243-247; il est campé à Guadalajara, 250; campagne de 1707; bataille d'Almanza, V, 60-69; il est blessé, 69; se retire en Catalogne, 75, 76, 78; s'efforce de faire lever le siège de Lérida, 84, 87-89, 91; campagne d'Espagne en 1709, 204-205.
Gallway (la ville de), II, *166.
Gambsheim (le village de), IV, *122, 125.
Gammelshausen (le village de), I, *201, 202.
Gammerages (le village de), V, *118.
Gand (la ville de). Louis XIV s'en empare (1678), I, 283; comprise dans les négociations de Nimègue, 295-301, 306; les alliés s'en emparent après Ramillies (1706), IV, 246-348; surprise par les Français (1708), V, 117, 123-124; reprise par les alliés, 169-174. Citée, I, 157; II, 124, 133, 141, 223, 250, 320, 360, 364, 407, 408; IV, 50, 165; V, 125, 126, 131, 133, 134, 136, 142, 143, 147, 153, 163; VI, 26.
Gap (l'évêque de). Voyez Malissoles (M. de).
Garde (le lac de), III, 149, 160, 194, 198; IV, 47, 171, 172, 179, 263, 264, 266, 306, 309.
Garden (le fort), près Lérida, V, 83, 89.
Gardes françaises (le régiment des), II, 235, 236; IV, 142, 159, 160.
Gardes espagnoles (le régiment des), V, 67.
Gardes suisses (le régiment des), II, 235, 236.
Garfagnana (la), IV, *45.
Gargnano (le village de), IV, *194.
Garlande (Mathilde de), 215.
Gascogne (la), II, 153.
Gascons (les), II, 153.
Gasquet (Joseph de), IV, *103.
Gassion (Charles, marquis de), IV, *96.

TABLE ALPHABÉTIQUE.

Gassion (Henri, comte de), II, *295.
Gassion (Jean, chevalier, puis comte de), II, *236, 237; VI, 2-3.
Gassion (le régiment de), I, 276.
Gastanaga (François-Antoine de Agurto, marquis de), II, *80, 81, 206.
Gaultier (François, abbé), VI, *18.
Gavardo (le bourg de), IV, 49, 172, 194, 260, 265.
Gavere (le village de), II, *244, 348; V, 125-127, 130, 154, 161-163.
Geer (le), rivière, II, *289.
Geete (la), rivière, II, 214, *289-291, 294, 295, 320; IV, 146, 148, 161, 339; V, 5.
Geispitzen (le village de), I, *172, 180.
Geldrop (le village de), III, *125.
Gembloux (le village de), II, 208, 212, 286, 319, 365; V, 5-8.
Genape (le village de), II, *228, 229, 365; IV, 156, 157; V, 7, 8, 116.
Genderpine (le village de), IV, 69.
Gênes (la ville et la république de). Bombardement par Duquesne, II, 30-34, 60; le doge à Paris, 34. Citée, III, 207, 232; IV, 259; V, 49.
Genève (la ville de), III, 233.
Gengenbach (le village de), I, *289, 290; III, 175.
Gennep (le bourg de), III, *125.
Génois (les), II, 30, 34, 65, 195.
Gensart (le bois de), V, 187.
Gentinnes (le village de), V, *8.
Gérinière (M. de la), IV, *187.
Germersheim (la ville de), I, 238, 245; IV, *99, 100, 330.
Gernsbach (la ville de), II, 189.
Gerpinnes (le village de), II, 118, 125, 183, 384, 385.
Gertruydenberg (les négociations de), V, 229-236.

Geschwind (le général), III, 183, 202.
Gessertshausen (le village de), IV, *75.
Gesvres (Léon Potier, duc de), II, 56; III, *25.
Ghislenghien (le village de), II, *407.
Gibraltar (la ville de). Prise par les Anglais (1704), III, 261-262; assiégée par les Espagnols, 265-266, 270-280; IV, 212, 227. Citée, III, 267; IV, 218; VI, 39.
Gibraltar (le détroit de), III, 240.
Gierra-d'Adda (le bourg de la), IV, 324.
Gigeri (l'expédition de), I, 36.
Giovenazzo (Dominique del Giudice, duc de), II, *14.
Girardin de Vauvré (Claude-François), II, *330.
Girone (la ville de). Assiégée par le maréchal de Bellefont, II, 29; prise par Noailles, qui s'y fait recevoir vice-roi de Catalogne, 336, 338; l'Archiduc s'en empare, IV, 222; siège de 1711, VI, 9-10. Citée, I, 275; II, 28, 153, 378, 444; V, 78, 204.
Gistour (le village de), IV, *156.
Givet (la ville de), I, 189; II, 371.
Givry (le village de), II, *207, 406; V, *10, 183.
Glen (les bois de), I, 303.
Glocester (le duc de), II, 90.
Glocester (Guillaume de Holstein, duc de), III, *72, 73.
Gmünd (la ville de), V, *22, 26, 28, 29.
Goas (Blaise de Biran, comte de), III, *219; IV, 4, 24.
Goch (le bourg de), III, *125.
Godet des Marais (Paul), évêque de Chartres, V, 214.
Godfrey (Charles), II, *89.
Godolphin (Sydney, comte), VI, *17.
Goes (Pierre, comte de), VI, *99.

TABLE ALPHABÉTIQUE.

Goësbriand (Louis-Vincent, marquis de), III, *219; V, 247.
Goïto (le bourg de), III, 98, 147, 149; IV, 171.
Gombito (le village de), IV, *191.
Gondrecourt (le village de), I, *267.
Gonzague (Louise-Marie de), reine de Pologne, I, *75.
Gooreede (l'île de), I, 99.
Gordon (Georges, duc de), II, *105, 108.
Gorée (l'île de), I, 278.
Gorgue (le bourg de la), VI, *64.
Gosselies (le village de), II, 384; V, 4.
Gossoncourt (le village de), IV, *339.
Gothembourg (la ville de), III, 36.
Gottesau (le château de), V, *34, 35.
Gouda (la ville de), V, *206.
Goupillière (Antoine Bergeron de la), II, *258, 262.
Goupillière (Mme de la), née Scarron, II, *262.
Gournay (Jean-Christophe, comte de), II, *128-130, 135.
Governolo (le bourg de), III, 159, 192.
Goyck (le village de), II, 407.
Graben (le bourg de), I, *167, 168; II, 303; V, 33, 34.
Grabenstadt (le village de), I, *174.
Grammont (le bourg de), II, *140, 244, 386; V, 120, 125.
Gramont (Antoine, maréchal de), II, *154.
Grana (le régiment de), I, 129.
Grancey (François de Rouxel, marquis de), IV, *23.
Grand Seigneur (le), I, 75, 76.
Granges (les), à Port-Royal, V, 216, 221, 222.
Granique (le), I, 92.
Grano (le village de), VI, 39.
Granville (le port de), II, 384.
Grave (la ville de), I, *95; prise par Turenne, 103, 104; défendue par Chamilly, 158, 159. Citée, I, 122, 126, 127; II, 10; III, 121, 123, 125.
Gravelines (la ville de), II, 399, 400; IV, 349.
Gray (la ville de), I, 56, 57, 60, 134.
Greder (Balthazar de), IV, *352.
Grégoire IX, pape, V, 216.
Greifswald (la ville de), I, *295.
Grenade (la ville de), IV, 216.
Grenoble (la ville de), II, 264.
Grevensbroek (le château de), III, 126.
Grey de Wark (lord), II, *36.
Griffin (Édouard, lord), V, *105.
Grigny (N. du Buis, marquis de), II, *336, 418, 426, 427.
Grimaldi (Antoine), IV, *157, 158, 159, 213.
Grimani (Vincent, cardinal), V, *42.
Groenendal (le hameau de), IV, *158.
Groix (l'île de), II, 402; III, 211.
Grol (la ville de), I, *93.
Gronfeld ou Gronsfeld (Jean-François, comte de), III, *144; V, 247.
Groningue (la ville de), I, 104.
Grötzingen (le village de), V, *30, 35.
Guadalajara (la ville de), IV, *245, 248, 251.
Guadeloupe (l'île de la), III, 241, 242.
Guadiana (la), III, 253, 255; IV, 215, 223, 224; V, 204, 250.
Guastalla (le duc de), VI, 97.
Guastalla (la ville de), III, 98, 151, 153, 156-159.
Güblingen (le bourg de), IV, *76.
Gueldre (la ville et la province de), I, 95, 97; III, 69, 70, 79, 84, 171; VI, *63, 66, 96.
Guémar (le village de), I, *186.
Guénegaud (Henri de), I, *12, 13.

Guerbignan (le village de), IV, 22-25, 29.
Guernesey (l'île de), II, 273, 381.
Guiche (Armand de Gramont, comte de), I, *89.
Guiche (Antoine IV de Gramont, duc de), V, *192.
Guillaume III, roi d'Angleterre. Voyez Orange (le prince d').
Guillestre (le col de), II, 263.
Guinaldo (le bourg de), III, *257.
Guiscard (Louis, comte de), II, *369, 370, 385; III, 140; IV, 50, 99, 100.
Guise (le château de), VI, 28.
Guitry (Guy de Chaumont, marquis de), I, *91.
Günzbourg (la ville de), III, *186.
Guyenne (la), I, 229; II, 108.
Guyon (Jeanne-Marie Bouvier de la Motte, dame), III, *10-12.

H

Haarderwijck (la ville d'), I, *100.
Haelen (le bourg de), IV, *165.
Hagenbach (le bourg de), IV, *338; V, 16, 38, 39.
Hagondange (le village d'), I, *265.
Haguenau (la ville de). Assiégée par Montecuculli, I, 225-227; Villars s'y campe (1705), IV, 129; assiégée par Thungen et défendue par Péri, 132, 134-138; reprise par les Français, 328-329. Citée, I, 244; II, 329; IV, 101, 104, 127, 327; VI, 76.
Hainaut (le), I, 44.
Haine (la), rivière, I, 303, 305; II, 139, 248, 386; V, 10, 182-184; VI, 37.
Haine-Saint-Pierre (le village de), II, *299.
Hal ou Notre-Dame-de-Hal, près Bruxelles, II, 174, 178, 179, 229, 233, 298, 299, 371,
407, 410, 411; III, 1; V, 7, 115, 117, 206.
Haldewingen (le pays de), V, *32.
Halifax (Charles Montagu, comte d'), III, 15, *16, 77, 81.
Ham-sur-Heure (le village d'), II, *386.
Hamaïde (le village de la), II, *243, 407.
Hambourg (la ville de), III, 38.
Hamilton (la maison), VI, 56.
Hamilton (Georges), comte d'Abercorn, I, *176, 208, 242.
Hamilton (le colonel), III, 242.
Hammerstadt (le village d'), V, *196.
Hannut (le village de), II, 214, 215.
Hanovre (la maison de), VI, 62.
Hanovre (Ernest-Auguste de Brunswick, électeur de), III, *16.
Hanovre (Georges-Louis de Brunswick, duc de). Reconnu comme électeur de l'Empire, III, *16; fournit des troupes à l'armée impériale en 1702, 120; commande en 1707 l'armée du Rhin, V, 37-39; fait construire les lignes d'Ettlingen, 41; généralissime des troupes impériales en 1708, 167-168; campagne de 1709, 193-198; stipulations du traité d'Utrecht en sa faveur, VI, 53-55; Louis XIV le reconnaît comme électeur, 68, 95. Cité, III, 105, 106.
Hanovre (Sophie, duchesse de), VI, *62.
Hanovre (l'électorat de), III, 16.
Hanovre (les troupes de), I, 174, 176; II, 371, 385; V, 31.
Harang (le général), I, 272, 273.
Harcourt (Henri, marquis, puis duc et maréchal d'). Campagne de 1692; commande un corps détaché dans le Luxembourg, II, 246; appelé au commandement de l'armée d'Allemagne, 260-261; en

1693, commande un camp dans le Luxembourg, 285; à Nerwinde, 294; suite de la campagne, 298, 300; dans le Luxembourg, en 1694, 320; vient couvrir Huy, 323; campagne de 1695, 354, 365, 371; campagne de 1696, 386, 389, 399, 400; campagne de 1697, 406, 413; il est envoyé comme ambassadeur à Madrid, III, 4; ses négociations pour la succession de Charles II, roi d'Espagne, 43-44; campagne d'Allemagne en 1709, V, 193-195; va commander en Flandre, 246-247; campagne de 1710, 247; commande sur le Rhin en 1711, VI, 1, 7-8; substitué à Villeroy comme gouverneur du Dauphin, VI, 122.

Hardinghen (le château de), III, 188.
Harlay (Achille III de), premier président du Parlement, VI, *45.
Harlay-Bonneuil (Nicolas-Auguste de), II, *345, 405.
Harlay de Champvallon (François de), archevêque de Paris, II, *202; III, 10, 11, 28.
Harlebecque (le village de), II, *141, 174, 326, 408; V, 161, 170.
Harling (Eberhard-Ernest, comte d'), IV, *135.
Harlue (le village d'), II, 212.
Harsch (Ferdinand-Amédée, baron d'), VI, *83. Défend Fribourg en 1713, 83-88.
Hart (le château du), II, 388.
Haslach (le bourg d'), III, *175.
Hasnon (l'abbaye d'), V, *182.
Hatten (le château de), IV, 118, 120.
Haubourdin (le village d'), V, *140.
Hausen (le bourg de), III, *175.
Haut-Bosquet (le), II, 231.
Haut-Bucq (le hameau du), II, 231.

Haute-Croix (le village de), II, 234; V, *115.
Hautefort (François-Marie, marquis d'). Prend part à l'expédition de Bavière en 1704, IV, *71-72; sa bonne conduite à la bataille d'Hochstedt, 90; en 1706, il commande le camp d'Alstadt, 332; occupe l'île du Marquisat, 336; campagne de 1707; commande un corps séparé, V, 24, 26, 27, 36; en 1708, commande un camp retranché, 154; se retire sous Mons, 163.
Hauterive (le village et le château d'), II, *178, 323-325.
Hautmont (l'abbaye d'), II, *222.
Havre (le port du), II, 270, 339, 340.
Havré (le village d'), V, *184.
Haye (Jacob Blanquet de la), I, *265.
Haye (la ville de la), I, 188; II, 82, 173; IV, 347, 348; V, 4, 205, 208; VI, 7, 23.
Haye des Noyers (M. de la), I, 11.
Hayes (M. des), IV, *8, 9.
Hecmals (le village d'), III, 167.
Heide (le baron de), II, *135.
Heidelberg (la ville d'), I, 146; II, 96, 300-302, 327, 373; V, 31, 33; VI, 78.
Heilbronn (la ville d'), I, 142; II, 254, 301, 304, 326; IV, 63; V, *28; VI, 88.
Heilissem (l'abbaye d'), III, *132; IV, 51, 139, 145.
Heinsius (Antoine), V, *207, 225, 233, 235, 236.
Heister (Sigebert, comte), III, *183, 293.
Helchin (le bourg d'), IV, *350, 353; V, 12, 142, 143, 154.
Hellenberg (le général), II, *362.
Helsingborg (la ville d'), I, 278, 295.
Hemptinne (le village d'), II, *214, 216.

Hénarès (la rivière de), IV, 245, 247, 249.
Hendaye (la ville d'), II, 13.
Hennin-Liétard (le bourg d'), V, *241, 242.
Henri IV, roi de France, III, 119.
Hensies (le village de), II, *139; V, *183.
Heppignies (le village d'), II, *128, 133.
Herbert (Arthur), II, *86, 87.
Herenthals (la ville de), IV, *162, 163.
Herenthout (le village de), IV, *163.
Herffelinghen (le village d'), V, *115.
Hérinnes-lès-Pecq ou sur-Escaut (le village d'), II, *244; V, 154, 155, 163.
Hérinnes-lès-Enghien ou sur-Marcq (le village d'), II, *230; V, 143.
Herlisheim (le bourg d'), IV, *134.
Héron (Charles de Caradas, marquis du), III, *181, 182.
Héron (le régiment du), IV, 185.
Hertogendael (l'abbaye d'), II, *320.
Hervault (Mathieu Ysoré, abbé d'), archevêque de Tours, II, *63, 64; VI, 109.
Hesse (la), II, 181.
Hesse (la maison de), II, 256.
Hesse-Cassel (Charles, landgrave de), II, *186. Il veut pénétrer dans les Ardennes; est repoussé par Boufflers, 186; campagne de 1692, 252-255; campagne de 1694, 328, 331; campagne de 1695, 372, 373; campagne de 1696, 386, 388, 389; il prend part à la campagne de 1702, III, 120, 131; assiège Traërbach, 165; prend Limbourg, 170-171; battu au Spirebach par Tallard, 222-224; prend Traërbach en 1704, IV, 105; campagne de 1706 en Italie, 303,
305, 309; battu par Médavy, 321. Cité, VI, 58.
Hesse-Darmstadt (Georges, prince de), II, *417. Il est battu par Vendôme, 395-396; défend Barcelone (1697), 417, 420, 431; en 1704, il fait une tentative infructueuse sur Barcelone, III, 259-261; défend Gibraltar, 265-272, 279; débarque en Catalogne; siège de Barcelone, IV, 218-220.
Hesse-Darmstadt (Henri, prince de), II, 417; V, 83-90.
Hessiens ou Hessois (les), II, 109, 138-140, 259, 304, 385; IV, 305, 330.
Hessy (Gabriel), IV, *254, 255.
Heule (le ruisseau d'), II, 245.
Heurne (le village de), V, *128.
Heuse (la), rivière, II, 116.
Hijar (Frédéric de Silva, duc de), III, *254.
Hildesheim (l'évêché d'), VI, 95.
Hill (le général), VI, 27.
Hochstedt (le bourg et les batailles d'), III, 186, 187; IV, 78-97.
Hochstett (le village d'), en Alsace, IV, *98.
Hockenheim (le bourg d'), VI, *78.
Hocquincourt (Gabriel de Monchy, chevalier d'), I, *202.
Hœnheim (le village d'), IV, *134.
Hoguette (Charles Fortin, marquis de la), II, *195-196, 313.
Hohenlohe (le comté de), V, *32.
Hohenzollern (François-Antoine, comte de), III, *143.
Hohle-Graben (le), IV, 58; VI, 87.
Hollandais (les), I, 19, 34, 35, 52, 76, 77, 80, 81, 83, 84, 89, 90, 94, 99, 106, 107, 114, 115, 133, 134, 233, 251-253, 278, 296-299; II, 3, 7, 68-70, 78, 81, 131, 160, 199, 270, 316, 340, 382, 404, 438, 445; III, 68, 161; IV, 117.

Hollande (la), I, 10, 20, 32, 35, 52, 61, 79-83, 94-100, 118, 229, 230, 232, 281, 282, 296-298, 300, 301, 307, 310; II, 28, 29, 35, 36, 38, 44, 75, 78, 79, 81-86, 138, 172, 173, 176, 200, 248, 290, 340, 403, 412, 445-448; III, 5, 13, 14, 33, 35, 41, 43, 53, 56-66, 69-72, 74, 78-86, 107-109, 111-120, 125, 160; IV, 64, etc. Demandes qu'elle fait au congrès d'Utrecht et conditions qui lui sont accordées, VI, 50, 51, 56-58, 63-65.
Hollande (la province de), I, 297.
Holstein (Joachim-Ernest II, duc de), I, *155.
Holstein (le duché de), III, 34-38.
Holstein-Gottorp (Frédéric II, duc de), III, *34, 36-38.
Holstein-Gottorp (Charles-Frédéric, duc de), V, *205, 225.
Holstein-Ploën (Jean-Adolphe, duc de), II, *325.
Holzheim (le village de), I, *170, 171, 226.
Hombourg (la ville de), I, *295, 310; II, 257; IV, 109, 121, 137; VI, 69, 94.
Hompesch (Reinhart-Vincent Van), VI, *2, 3, 35, 36.
Hon (le hameau de), II, *139; V, *191.
Hongrie (la). Révolte des mécontents soutenus par la France, II, 2, 11; III, 179, 188-189, 211, 237-239; voyage des princes de Conti, II, 41; victoire des Impériaux sur les Turcs, 344. Citée, I, 34; II, 96, 121; IV, 336.
Hongrois (les), III, 237.
Honneau (l'), rivière, V, *183, 187, 191; VI, 37.
Honoré III, pape, V, 215.
Hoquets (le village des), II, 263.
Horn (le village d'), III, *126.
Horn (la rivière d'), IV, 110.
Hornbach (le village d'), IV, 110.

Hornberg (le bourg d'), III, 144, 165, 175; IV, 71, 98; V, *38.
Hornes (Philippe-Maximilien, comte de), III, *128; IV, *151.
Horion (le village d'), II, 319.
Hospitalet (le village d'), II, *427.
Hostalrich (la ville d'), II, *337, 378, 395, 398.
Hôtel-de-Ville (l') à Paris, II, 53.
Hotton (le village d'), II, *183.
Hougaerde (le village d'), IV, *153, 344; V, 5, 6.
Hougue (le port et la bataille de la), II, 270, 272-276.
Houyet-en-Ardenne (le village d'), II, *183.
Hoves-lès-Enghien (le village de), II, *229-231, 242, 243.
Hudson (la baie d'), IV, 49, 55, 62.
Hugelheim (le village d'), IV, *337; V, 20.
Hulphen (le village d') ou la Hulpe, IV, *157.
Hulst (la ville de), III, *132, 167, 170; IV, 50.
Humanès (le bourg d'), IV, *248.
Humières (Louis de Crevant, maréchal d'), I, *51. Gouverneur de Lille, 51; essaie de secourir Bonn, 125; assiège Aire, 236; prend Saint-Ghislain, 253; contribue à la victoire de Cassel, 258; prend Courtray et Dixmude, II, 28; s'empare de Trèves, 97; campagne de Flandre en 1689; affaire de Walcourt, 116-118; en 1690, commande un corps de couverture, 125, 139; en 1691, à la tête d'une armée séparée en Flandre, 174; commande sur les côtes en 1693, 285, 314.
Huningue (la ville d'), I, 248, 270; II, 122; III, 137, 138, 140-142, 177; IV, 54; VI, 69, 94.
Hurtebise (la cense d'), VI, 32.

Huxelles (Nicolas de Laye du Blé, maréchal d'). Défend Mayence contre les Impériaux en 1689; sa capitulation, II, *110-113; en 1690, il est détaché vers Huningue, 122; campagne de 1691, 187-188; campagne de 1694, 329; campagne de 1697, 415; plénipotentiaire aux négociations de Gertruydenberg, V, 229-236; et au congrès d'Utrecht, VI, 46, 48.

Huy (la ville de). Occupée par les Impériaux (1673), I, 126; prise par Créquy, 189; prise par Villeroy (1693), II, 288-289; le prince d'Orange s'en empare, 323, 325; prise par les alliés (1703), III, 169-170; siège par Villeroy (1705), IV, 115, 139-143; reprise par les alliés, 145; description de la ville, 139-140. Citée, II, 97, 247, 250, 294, 298, 321, 371; IV, 146, 147, 148; VI, 57, 70.

Hyères (les îles et la ville d'), II, 400; V, 53.

I

Iberville (Pierre Le Moine d'), IV, *357.

Ichteghem (le village d'), V, *155.

Idonha-Nueva (le bourg d'), III, *258.

Igel (le bourg d'), IV, *117.

Iggingen (le village d'), V, *26.

Ile (le fort de l'), à Strasbourg, I, 291.

Ill (la rivière d'), I, 170, 174, 183, 185.

Iller (l'), rivière, III, 185, 188; IV, 74; V, *34.

Illiers (Henri, comte d'), IV, *226.

Illingen (le village d'), V, *30.

Imécourt (Jean de Vassinhac, marquis d'), IV, 330; V, *22, 33.

Imécourt (Jean-Bernard de Vassinhac d'), IV, *29.

Impératrices d'Allemagne (les). Voyez Bavière-Neubourg (E.-M.-T. de), Brunswick-Hanovre (W.-A. de), Espagne (Marg.-Th. d').

Imperiale (le cardinal Laurent), I, *28, 32, 33.

Imperiale-Lercaro (François-Marie), doge de Gênes, II, *32, 34.

Indes occidentales (les), II, 78, 433; III, 163, 245; IV, 356; V, 227; VI, 51.

Ingolstadt (la ville d'), IV, *77, 97.

Ingweiler (le village d'), I, 180; IV, 128, 138.

Inn (l'), rivière, III, 172.

Inniskilling (le château d'), II, *167.

Innocent X, pape, V, 221.

Innocent XI, pape, II, 4, 23, 38, 40, 57-70, 105, 106, 119.

Innocent XII, pape. Bien disposé pour la France, II, *262, 278; audience qu'il donne à l'ambassadeur Rébenac, 279-281; rançon qu'il paie aux Impériaux, 394; soutient la candidature de l'électeur de Saxe au trône de Pologne, 439; affaire des cérémonies chinoises; il décide contre les jésuites, III, 32; engage le roi d'Espagne à tester en faveur d'un prince français, 41-43.

Innspruck (la ville d'), III, 182.

Inor (le village d'), I, 268, *273.

Inquisition (le tribunal de l'), II, 277, 431.

Institution de l'Oratoire (l'), à Paris, II, 171.

Intendants des provinces (les), II, 205.

Inverness (la ville d'), V, 104.

Irlandais (les), II, 162, 164, 166, 266, 275; III, 155.

Irlandais (le régiment Royal-), V, 189.

Irlande (l'). Expédition du roi

TABLE ALPHABÉTIQUE.

Jacques en 1689, II, 104, 105, 107-108; expédition de 1690, 153, 158-168; Saint-Ruth y va commander en 1691, 177. Citée, 199, 206; V, 100.
Isabelle-Claire-Eugénie, infante d'Espagne, I, *42.
Isabelle (le fort), III, *131; IV, 52.
Ische (le ruisseau d'), IV, *159.
Iseo (le lac d'), IV, 166.
Isle du Vigier (M. de l'), V, *22.
Isorella (le village d'), III, 147.
Italie (l'). Le Roi y envoie le marquis de Bellefont (1663), I, 31-32; campagne de 1691, II, 190-195; campagne de 1692, 262-266; négociations de M. de Rébenac, 278-280; campagne de 1694, 331-334; campagne de 1701; combats de Chiari et de Carpi; surprise de Crémone, III, 89-105; campagne de 1702; batailles de Santa-Vittoria et de Luzzara, 144-161; campagne de 1703, 194-221; campagne de 1704, IV, 1-49; campagne de 1705 en Lombardie; bataille de Cassano, 166-195; campagne en Piémont, 195-208; campagne de 1706; bataille de Calcinato, siège de Turin; déroute des Français, 258-325. Citée, I, 38, 56; II, 4, 8-10, 60; III, 178, 179, 240; V, 2; VI, 100.
Italiens (les), I, 14.
Iviça (l'île d'), IV, 354.
Ivoy (le sieur), VI, 37.
Ivrée (la ville et le canal d'), IV, 8, 14-18, 20, 21, 212.

J

Jaar (le), rivière, II, *319.
Jacob, dit Pasteur. Voyez Pasteur.
Jacobites (les), III, 75.
Jacques II, roi d'Angleterre. Il monte sur le trône; il fait décapiter le duc de Monmouth, II, 35-37; sa conduite fâcheuse en Angleterre; il est détrôné par son gendre Guillaume d'Orange, 72-94; il se réfugie en France, 94; ses partisans en Irlande et en Écosse, 104-105; réponse que lui fait le Pape, 105-106; il passe en Irlande, 107-108; son expédition de 1690 dans ce pays, 161-168; va en Normandie pour passer en Angleterre, 266-270; il assiste à la bataille de la Hougue, 275-276; se rend en Flandre pour une nouvelle expédition, 399-401; assiste au camp de Compiègne, III, 7-8; sa mort, 86-87. Cité, II, 157, 158, 159, 411; III, 74-75.
Jacques III, roi d'Angleterre, d'abord prince de Galles, dit le Prétendant et le chevalier de Saint-Georges, II, *77. Sa naissance; contestations sur sa légitimité, 77-78, 85, 88, 93; il passe en France, 90, 158; Louis XIV le reconnaît pour roi d'Angleterre; III, 86, 87, 89; expédition manquée d'Écosse (1708), V, 100, 106, 168; les alliés exigent sa sortie de France, 207, 228; article secret qui le concerne, VI, 18; stipulations du congrès d'Utrecht, 55, 72.
Jacquier (François), I, *214, 215.
Jahnus (le général), V, *24-26.
Jambes (le faubourg de), à Namur, II, 210.
Jansénistes (les), III, 30; V, 214, 223, 268; VI, 103-107.
Jansénius, évêque d'Ypres, V, 219, 221, 223.
Janvry (M. de), II, *136.
Jardinet (l'abbaye du), près Namur, II, *208.
Jarretière (l'ordre de la), II, 158.
Jauche (le village de), IV, *340.
Jean V, roi de Portugal, IV, 238; V, 78.
Jean-Casimir V, roi de Pologne, I, *74, 75.

TABLE ALPHABÉTIQUE.

Jean Sobieski, roi de Pologne, II, 4, 20, 22, 24-27, 30, 438, 439.
Jeker (le), III, 129.
Jemeppe (le village de), II, 179, 207.
Jennings (Jean, chevalier), V, *94, 95.
Jersey (Édouard Villiers, comte de), III, 15, *16.
Jésuites (les). Ils veulent expulser le protestantisme d'Angleterre, I, 130; leur établissement dans le royaume de Siam, II, 46-47; rétablis en Angleterre par Jacques II, 73; leur église de la Savoie à Londres, 87; leurs menées dans l'Église; ils attaquent le cardinal de Noailles à propos du P. Quesnel, III, 9, 27-30; affaire des cérémonies chinoises, 31-33; affaire de la constitution Unigenitus, VI, 104-110, 118-119; édit royal en leur faveur, 117; leur maison professe à Paris, 129.
Jésuites (la cense des), près Turin, IV, 274.
Jésus (le faubourg de), à Barcelone, II, 419, 422.
Jodoigne (le village de), II, 214; IV, *344.
Joffreville (François Le Danois, marquis de), III, *254. Campagne de 1704 en Espagne, 254, 258; expédition en Castille, IV, 224-225; campagne de 1706, 236, 237, 247, 254-256; expédition en Catalogne (1707), V, 90-91; désigné comme sous-gouverneur du jeune roi, VI, 123.
Joly de Fleury (Guillaume-François), V, *268; VI, 119, 120.
Joseph, roi des Romains, puis empereur, III, *17; IV, 227; V, 41, 42, 106. Sa mort, VI, 1, 7, 15.
Joyeuse (Jean-Armand, maréchal de), II, *283, 286, 288,
289, 331, 373, 374, 401; V, 266.
Judoigne (le bourg de), IV, 152.
Juigné (Urbain Le Clerc de), II, *356.
Julien (Jacques de), III, 237.
Juliers (le pays de), II, 320, 413.
Junquera (le bourg de), IV, *248.
Junte espagnole (la), III, 45, 46, 52, 56.
Jussac (Claude, comte de), II, *136.

K

Kaiserslautern (le bourg de), I, 261; II, 97; IV, 111; VI, *79.
Kalemberg (le), II, 25, 26.
Kampen (la ville de), I, *93.
Kara Mustapha, grand vizir, II, 19-27.
Kayserswert (la ville de). Prise par l'électeur de Brandebourg en 1689, II, 114; assiégée par les alliés (1702), III, 120-121. Citée, I, 87, 88; II, 109; III, 110, 124, 133.
Kehl (le fort de). Pris par Créquy (1689), I, 289-291; pris par Villars (1703), III, 165-166; stipulations du traité de Rastadt, VI, 69, 94. Cité, I, 194, 195, 215, 271, 287; II, 414; III, 144; IV, 60, 70, 98, 122, 124, 125; V, 13, 15, 40, 193, 227; VI, 8, 81.
Keinsberg (le village de), IV, *112.
Kempten (la ville de), III, 188; IV, 69.
Kenoque (le fort de la), II, 348, 350; V, *209; VI, 39, 50, 64.
Kercado (René-Alexis Le Sénéchal, marquis de), III, *194.
Kerling (le village de), IV, *112.
Kerouaille (Mlle de). Voyez Portsmouth (la duchesse de).
Kessel (le bailliage de), VI, *66.
Kielmansegg (M. de), I, 70, 71.
Kilegrert (le général de), V, 69.
Kilmore (la ville de), II, *107.

228   TABLE ALPHABÉTIQUE.

Kindersthal (l'abbaye de), IV, 57-59.
Kintzweiller (le village de), IV, *137.
Kinzig (la), rivière, I, 194-196, 214-217, 271; II, 189, 414; III, 144, 165, 174; IV, 56, 71, 98, 125; V, 38.
Kirckbaum (M. de), IV, 16-18.
Kirn (le village de), II, 331.
Knotzenbourg (le fort de), I, *93, 95.
Kochem (la ville de), II, *115.
Kokesberg (le), I, 177, 178, 240, 272.
Komorn (l'île de), II, *20, 21.
Königsberg (la ville de), III, 41.
Königsegg (Lothaire-Joseph-Dominique, comte de), IV, *168, 169, 188, 189.
Königsmacker (le village de), IV, *112.
Kreuznach (le bourg de), I, 261; II, 97, 108, 187, 252, 328, 331, 374, 388, 419.
Krieckenbeck (le bailliage de), VI, 66.
Krumbach (le bourg de), IV, *74.
Kufstein (la ville de), III, *183.
Kuppenheim (le bourg de), V, *36.

L

Lacken (le village de), I, *145.
Ladenbourg (la ville de), I, *146, 148; II, 302, 327.
Ladonchamps (le château de), I, *265.
Laer (le village de), II, *291, 294.
Lama (la), III, 213, 215.
Lambersart (le village de), V, *140.
Lampourdan (le), IV, 230.
Lancastre (la maison de), II, 267.
Landau (la ville de). Prise en 1673, I, 120; ses fortifications, II, 329; siège de 1702 par les alliés, III, 127, 135-136; re-
prise par Tallard (1703), 222-225; assiégée par les Impériaux (1704), IV, 98-105; Villars veut l'assiéger (1706), 330, 337; siège et prise en 1713, VI, 77-80; Biron en est nommé gouverneur, 80-81. Citée, I, 153, 166, 194, 238, 244; II, 122, 188, 300, 330; IV, 54, 62, 63, 108, 111, 326; V, 21, 39, 227; VI, 69.
Lande (Jean-Baptiste du Deffand, marquis de la), III, *229.
Landenfermé (le village de), II, *289, 292.
Landrecies (la ville de), VI, *25, 27-29, 31, 34, 35.
Landstuhl (le village de), IV, 111.
Langalerie (Philippe de Gentils, marquis de), IV, *316.
Langenbrucken (le village de), II, *373.
Langenkandel (le village de), IV, *100, 101, 330, 331, 336.
Langeron (Joseph Andrault, comte de), II, *272, 274.
Langeron (Claude-François Andrault, chevalier de), V, *156.
Langethal (le hameau de), IV, *101, 126.
Langhes (les fiefs des), VI, *67.
Langle (P. de), évêque de Boulogne, VI, 109.
Languedoc (le), I, 56, 163; III, 225-237, 241; IV, 4; V, 57, 262, 263.
Lannion (Anne-Bretagne, comte de), IV, *60.
Lannion (Pierre, comte de), IV, *131.
Lano (le village de), III, 213.
Lapara de Fieux (Louis), IV, *31, 167-168, 233.
Larray (Louis de Lenet, marquis de), II, *263, 390.
Lasky (le colonel), V, *129.
Lasne (la), rivière, IV, *157, 160.
Latinne (le village de), II, *215.
Laubanie (Yrieix de Magontier

TABLE ALPHABÉTIQUE.   229

de), I, *245, 246; III, 140;
IV, 99, 102-104.
Laubardemont (Jean Martin, baron de), V, *220.
Lauffen (la ville de), V, *29.
Lautaret (le col du), V, *107.
Lauter (la), rivière, IV, 101, 118, 119; V, 168; VI, 76.
Lauter (les lignes de la), V, 13, 21, 29, 30, 37, 41.
Lauterbach (le village de), IV, 72.
Lauterbourg (la ville de), IV, *61. Attaquée par Villars (1705), 120; camp du général Thungen, 118, 124; prise par les Français (1706), 329. Citée, II, 328; IV, 126, 129, 131, 134, 330, 331, 336, 338; V, 13, 16, 30, 36, 37, 193, 194; VI, 76.
Lauthies (N. de), III, 278.
Lautrec (François de Gelas de Voisins, comte de), IV, *167.
Lauzun (Antoine-Nompar de Caumont, comte puis duc de), II, *90, 153-158, 165, 166.
Lauzun (François de Caumont, chevalier de), II, *441.
Lauzun (Geneviève-Marie de Durfort de Lorge, duchesse de), II, *158.
Lavardin (Henri-Charles de Beaumanoir, marquis de), II, 61, *62-64, 66.
Läwingen (le bourg de), III, *180, 185; IV, 62, 65, 69, 75-78, 94, 95.
Leake (Jean, chevalier), III, *251, 260, 272-274, 278, 279; IV, 354, 355.
Lebiola (le village de), IV, 46.
Le Bret (Alexandre), I, *66, 67, 72, 161, 163, 164.
Lech (le), IV, 69, 75.
Le Comte (le P.), III, *31, 32.
Lécossois (M.), lieutenant-colonel, II, 252-253.
Ledo (le canal de), IV, 311.
Lée (André de), IV, *68; V, 16, 20.

Leeuw (la ville de), IV, *146, 148, 149, 161.
Leffinghem (le village de), V, 153, 157.
Legall (François-René, baron de), II, *427; III, 181, 182, 184; IV, 250, 251, 253, 255.
Leganès (Diégo-Marie de Guzman, marquis de), II, *263; IV, 215; VI, 22.
Legnago (le bourg de), III, 211; IV, 266.
Le Guerchoys (Pierre), IV, *188, 266; V, 54.
Leith (la ville de), V, *104.
Le Maistre (Antoine), V, *219. 220.
Le Maistre de Sacy (Louis-Isaac), V, *220.
Le Maistre de Séricourt (Simon), V, *220.
Le Maistre de Vallemont, V, 220.
Lembecq (le village de), II, *223; V, 115.
Lemos (Ginez Fernandez, comte de), IV, *250.
Lens (le bourg de), V, 10, 174, 182, 237.
Lenza (la), rivière, IV, 312.
Léopold, empereur d'Allemagne. Corps auxiliaire que lui envoie Louis XIV, I, 34; alliance avec la Hollande (1672), 106; ligue contre la France, 128; il fait enlever le prince de Furstenberg, 129; lettre où Montecuculli lui annonce la mort de Turenne, 211; refuse de relâcher Furstenberg, 230; opposé à la paix de Nimègue, 297; finit par la signer, 307; révoltes des Mécontents de Hongrie, II, 2, 11; III, 179, 211, 237-239; Louis XIV lui fait demander Strasbourg, II, 7; siège de Vienne par les Turcs, 19-22, 28; entre dans la ligue d'Augsbourg, 45; affaire de l'élection de Cologne, 68-69; refuse assistance au roi Jacques

d'Angleterre, 106; envoie une armée sur le Rhin (1689), 109; battu par les Turcs, 119; alliance avec le duc de Savoie, 120, 147; le Pape l'exhorte à la paix, 281; troupes qu'il envoie en Savoie (1693), 310; envoie en Suisse des négociateurs secrets, 318, 341-345; traité de Ryswyk, 412, 443, 445; il s'oppose à l'élection du prince de Conti comme roi de Pologne, 439; mécontent du traité de partage de la succession d'Espagne, III, 2; fait la paix avec les Turcs, 4; nouvelles négociations pour le traité de partage, 13-16; offre sa médiation entre les puissances du Nord, 33, 35, 38; érige la Prusse en royaume, 40, 105; affaire du testament du roi d'Espagne, 42, 43, 45, 49; fait demander à Vaudémont la remise du Milanais, 69; ses talents politiques, 85; envoie des troupes en Italie (1701), 89; négociations avec la Savoie, 96; demande l'investiture du royaume de Naples, 105; s'allie avec les princes d'Allemagne, 106; avec la Savoie, 107, 204; déclare la guerre à la France, 125; campagne de 1702, 136, 137, 145; campagne de 1703 en Bavière, 171, 178, 179, 183, 188, 189; fait faire le procès au comte d'Arco, 222; traite avec le Portugal, 248; il proclame son second fils roi d'Espagne, 248, 250; campagne de ses troupes en 1704 en Italie, IV, 1 et suiv., 45, 46, 48; propositions qu'il fait faire à l'électeur de Bavière, 62, 64; sa mort, 226. Cité, I, 38, 83, 134, 158, 227, 252, 280; II, 66, 80, 124, 278, 279, 391, 392, 404; III, 110, 111.

Leopoldstadt (l'île de), II, *21, 22.

Le Peletier (Claude), II, 16, *17, 18, 170-172; III, 4.

Le Peletier de Souzy (Michel), I, *112; II, 172.

Lérida (la ville de), IV, 222, 244; siège de 1707, V, 74, 76, 81-90; description de la ville, 82-83. Citée, V, 252, 254.

Lescure (Jean-François de Valderiès de), évêque de Luçon, VI, 105, 106.

Lesdiguières (François de Blanchefort, duc de), I, *94.

Lesdiguières (François-Emmanuel de Bonne de Créquy, duc de), I, *216, 217; II, 54.

Lesdiguières (Jean-François-Paul de Créquy, duc de), III, *18.

Lessines (le village de), II, 140, 141, 178, 185, 243, 299, 386; V, 11, 125.

Le Tellier (Michel), I, 14, 15, 17, 36, 41; II, 41.

Le Tellier (Charles-Maurice), archevêque de Reims, III, *9; V, 266.

Le Tellier (le P.), confesseur du Roi, III, *30; VI, 104-108, 123, 124, 128, 130, 132.

Leuze (le village de), II, 124, 408.

Levis (Charles-Eugène, marquis de), V, *105.

Lewe (la ville de), I, 293, *294, 306.

Lhéry (Henri Cauchon, chevalier de), II, *33.

Lich (le village de), II, 298.

Lichtenau (le village de), I, *195, 197; IV, 123, 125.

Lichtenberg (le château de), I, *294; IV, 104.

Liechtenstein (Charles-Eusèbe, prince de), I, *114.

Liechtenstein (Philippe-Erasme, prince de), III, *218, 219, 251.

Liefkenshoek (le village de), III, 170.

Liège (la ville de). Siège de 1691, II, 179-181; prise par Marlbo-

TABLE ALPHABÉTIQUE.

rough en 1702; III, 129-131; Villeroy projette d'assiéger la citadelle (1705); IV, 116, 144. Citée, II, 247, 286, 288, 289, 298, 321, 322, 325; III, 110; IV, 50; VI, 57, 70.

Liège (la Chartreuse de), III, 131.

Liège (l'évêché de), VI, 95.

Liège (l'évêque de). Voyez Cologne (M.-H. de Bavière, électeur de), Elderen (J.-L. d').

Liège (le faubourg de Jambe, à), III, 131.

Liège (les troupes de), II, 138, 320, 348, 351; III, 131.

Lierre (la ville de), IV, *162.

Ligneris (Joseph d'Espinay, marquis de), II, *296.

Lille (la ville de). Ses faubourgs brûlés par le maréchal d'Aumont (1667), I, 46; description de la ville, 47; Louis XIV s'en empare, 48-50; il en donne le gouvernement à M. de Bellefont, puis à M. d'Humières, 50-51; construction de la citadelle, 61; siège de la ville et de la citadelle en 1708 par le prince Eugène, V, 139-143, 145, 147-156, 158-160, 164-167; projet de la reprendre, 172; stipulations du traité d'Utrecht, VI, 50, 64. Citée, I, 230; III, 134; IV, 347; V, 209; VI, 36-37.

Lille (la châtellenie de), II, 116, 288, 328, 346.

Lillebonne (Anne de Lorraine, princesse de), I, *37.

Lillo (le fort de), III, *169, 170.

Limal (le village de), II, *384; IV, 160.

Limbeck (le village de), II, 298.

Limbourg (le duché et la ville de), I, 189, 306; III, 171, 222.

Limerick (la ville et la rivière de), II, 165-168.

Limpourg (le pays de), V, *32.

Linange (Philippe-Louis, comte de), IV, *42, 49, 166, 187.

Linck (le fort de), I, *236.

Linghen (la ville de), II, 108.

Linz (la ville de), II, *21.

Lionne (Hugues de), I, *25.

Lipari (le combat de), II, 234.

Lippe (Ferdinand-Christian, comte de), II, *297.

Lippe (la), rivière, I, 87.

Lisbonne (la ville de). L'Archiduc y débarque en 1704, III, 251-252; les Anglais abritent leur flotte dans la rivière, 275, 277-279. Citée, II, 14, 143; III, 240, 243, 246, 255, 260, 264; IV, 218.

Listenois (Claude-Paul de Bauffremont, marquis de), I, *175.

Listenois (Jacques-Antoine de Bauffremont, marquis de), IV, *68.

Lithuanie (la), III, 39.

Livonie (la), III, 35, 38.

Livourne (la ville de), III, 240; V, 49.

Lizard (le cap), IV, 355.

Llivia (la ville de), V, *77.

Llobregat (le), rivière, II, 427; IV, 232.

Lobkowitz (Ferdinand-Auguste, prince de), V, *39.

Lockem (la ville de), I, *93.

Lodi (le bourg de), IV, 181, 190, 199.

Lohn (la rivière de), I, 108.

Lohr (la ville de), I, *123.

Lombardie (la), III, 182, 183, 202, 203; IV, 42, 166; V, 2.

Lomelline (la), VI, *67.

Lomont (Florent du Châtelet, comte de), VI, *27.

Lonato (la ville de), IV, *194.

Londonderry (la ville de), II, 105, 107.

Londres (la ville de). L'ambassadeur d'Espagne y insulte celui de France, I, 18, 20-22, 25-27; Jacques II quitte cette ville et Guillaume d'Orange y entre, 91-95; couronnement de Guillaume, 104; ce roi y meurt, III, 108. Citée, II, 74, 76, 89, 98, 99, 401; III, 4; VI, 20.

Londres (Henri Compton, évêque de), II, *77, 87.
Londres (la Tour de), II, 36, 76.
Longchamp (le village de), II, *212, 214, 220, 365.
Longthal (le bourg de), III, 20.
Longueval (François-Annibal, comte de), II, *397.
Longueville (la maison de), III, 17, 22.
Longueville (Charles-Paris d'Orléans, duc de), I, *90, 91.
Loo (le bourg de), VI, *64.
Lorch (le bourg de), V, *24-26.
Lorge (Guy-Aldonce de Duras, comte et maréchal de), I, 104. Commande à Nimègue, 104; campagne de 1675; ramène les troupes après la mort de Turenne; combat d'Altenheim, 200, 201, 203, 207, 211, 212, 216, 220-223; fait maréchal de France, 224; commande en Guyenne (1689), 108; sa fille épouse Lauzun, 158; campagne de 1691 en Allemagne, 186-189; campagne de 1692, 251-257; campagne de 1693, 285, 300-309; campagne de 1694, 326-331; campagne de 1695: il tombe malade, 371-374; ne commande plus, 387.
Lorraine (Charles IV, duc de), I, *37. Ses affaires domestiques; il veut céder ses états au Roi, 37-39; guerre avec l'électeur palatin, 78; s'allie avec l'Empereur, 128; campagne de 1674; batailles d'Ensheim et de Turckheim, 136, 173-174, 181; campagne de 1675, 189; sa mort, 193. Cité, 231, 232, 280; VI, 84.
Lorraine (Charles V, duc de), I, *37. Il est héritier du duché, 38; campagne de 1675, 199, 200; Louis XIV refuse de le reconnaître comme duc, 231, 232; commande l'armée impériale; campagne de 1676, 239, 241-243, 246-248; campagne de 1677, 261-264, 269-274; campagne de 1678, 288-290; exclus du traité de Nimègue, 307, 308; commande en 1683 l'armée impériale contre les Turcs, II, 20-27; campagne de 1689 dans le Palatinat, 109, 112, 114; sa mort, 121.
Lorraine (François, prince de), I, *37.
Lorraine (Léopold, duc de), II, 438; III, 5, 6, 23-26, 134, 135; VI, 54.
Lorraine (Louis-Alphonse-Ignace de Lorraine-Armagnac, dit le bailli de), III, *270.
Lorraine (le prince Charles de), IV, *12, 13, 19, 20.
Lorraine (Joseph-Innocent-Emmanuel de), IV, *187.
Lorraine (Claude-Françoise, princesse de), I, *37.
Lorraine (Nicole, duchesse de), I, *37.
Lorraine (Élisabeth-Charlotte d'Orléans, duchesse de), III, *5, 24.
Lorraine (Marie-Éléonore d'Autriche, duchesse de), III, *6.
Lorraine (la maison de), I, 231.
Lorraine (la). Le duc Charles IV la cède à Louis XIV, I, 37-39; envahie par le maréchal de Créquy (1670), 78; contestation au sujet de l'héritage du duc, 231; campagne de 1677 en ce pays, 261-270; conditions qui la regardent dans la paix de Nimègue, 280, 298, 308, 310. Citée, I, 120, 150, 180, 240; II, 5, 14; IV, 108, 133; VI, 55.
Lostanges (Jean de Béduer, marquis de), II, *175.
Louis VIII, roi de France, V, 216.
Louis IX, roi de France, V, 216.
Louis XIII, roi de France, III, 119; V, 217, 218; VI, 129.
Louis XIV, roi de France. Dé-

but de son règne personnel, I, 7-8; ses qualités, services que lui rend Colbert, 9-10; il fait arrêter Foucquet, 11-13; ses ministres, 14; il forme Louvois, 15; travaille avec Turenne, 16-17; ses règlements pour l'armée et la justice; sa politique intérieure, 17-18; sa hauteur dans l'affaire Watteville-Estrades, 22-26; affaire des Corses, 30-33; rachat de Dunkerque, 33; il envoie des troupes en Hongrie, 34; traité avec le duc de Lorraine, 38-39; construction du Louvre, 39; le Roi et Mlle de la Vallière, 40; guerre de dévolution contre l'Espagne, 42-44; sièges de Tournay, Douay, Lille, 44-50; conquête de la Franche-Comté, 53-61; réforme des troupes, 61; il envoie des troupes en Candie, 62, 65; voyage de Flandre (1670), 76; envoie une armée en Lorraine, 78; campagne de Hollande (1672), 83-103; fait la campagne de 1673, 118-120; conquête de la Franche-Comté (1674), 134-136; calme les dissentiments entre Turenne et Louvois, 151-152; envoie du secours aux Siciliens révoltés, 160-161; va à l'armée en 1675, 189; affaires de Lorraine, 231-232; campagne de 1676, 235-236; campagne de 1677, siège de Valenciennes, 253-257, 260; prise de Gand (1678), 282-283; il donne secours aux Messinois réfugiés, 285-286; négociations et traité de Nimègue, 295-301, 307-309; affaire des chambres de réunion, II, 4-7; surprise de Casal et de Strasbourg, 8-11; voyage à Strasbourg et à Luxembourg, 15; intrigues lors du siège de Vienne (1683), 23; bombardement de Gênes; le doge à Versailles, 30-34; il révoque l'édit de Nantes, 38-40; réception des ambassadeurs siamois, 48-49; fistule du Roi, 52-53; sa statue de la place des Victoires, 54-56; affaire de la Régale, 58; affaire des franchises, 60-65; travaux de Maintenon, 67; affaire de l'électorat de Cologne, 68; révolution d'Angleterre, 81, 85; il donne asile au roi Jacques, 94; grande promotion de l'ordre du Saint-Esprit, 97; campagne de 1690; il envoie Catinat en Piémont, le Dauphin en Allemagne, 120, 121; il envoie Lauzun en Irlande; faveur de celui-ci, 153-155; il lui refuse d'épouser Mademoiselle, 155-156; assiège Mons (1691), 173-176; le Roi et Mme de Montespan; il épouse Mme de Maintenon, 200-203; campagne de 1692; siège de Namur, 207-208, 212, 218, 219, 222-228; il loue Tourville de lui avoir obéi à la Hougue, 276; il fait négocier en Italie (1692), 278-281; nomination de sept maréchaux, 282-283; création de l'ordre de Saint-Louis, 283-284; il se rend à l'armée de Flandre, 284-287; négociations préparatoires de la paix de Ryswyk, 340-345; il fait duc le maréchal de Boufflers, 369; traité avec la Savoie, 394-395; négociations de Ryswyk, 403-405; il envoie le prince de Conti en Pologne, 440; traité de Ryswyk, 443-448; affaire de la succession d'Espagne; traité de partage, III, 2-3; 13-15; il fait une réforme de troupes, 3; il ordonne le camp de Compiègne, 6-8; refuse d'intervenir dans les affaires de Neuchâtel, 18-21; reçoit l'hommage du duc de Lorraine, 24-26; lettre que lui adresse la junte espagnole, 46-47; il accepte la royauté d'Espagne pour son petit-fils, 52-55; lettre et mémoire qu'il adresse à ce sujet aux Hollandais, 56-66; premières mesures prises dans les Pays-Bas, 67-69; il reconnait Jacques III comme roi d'Angleterre, 86-87; envoie des troupes en Italie, 93-94; marie le roi d'Espagne avec la princesse de Savoie, 106-107; tentative d'accommodement avec les Hollandais, 112-118; préparatifs de guerre en Italie (1702), 144-145; il fait arrêter les troupes savoyardes; lettre au duc, 204-206; en 1703, il n'admet pas le projet de Villeroy pour la campagne de Bavière, IV, 63; nomme Villars à l'armée d'Allemagne (1705), 108; il lui fait envoyer des renforts, 111; assure la défense des côtes, 216, 217; il fait négocier le retour des troupes d'Italie, V, 2-3; il envoie Chamillart en Flandre (1708), 144; négociations de 1709, 207-211; sa circulaire sur les prétentions des alliés, 210-211; négociations de paix, 225-236; congrès et traité d'Utrecht, VI, 45, 49, 50, 52, 60, 62-74; stipule pour le roi d'Espagne à Utrecht, VI, 46, 51; affligé de la mort du duc et de la duchesse de Bourgogne, 42-43; sa résignation, 44; affaire de la Constitution Unigenitus, 103-110, 118-120; soutient le roi de Suède, 110-112; édits en faveur des bâtards, VI, 113; fait son testament, 114; reçoit l'ambassadeur de Perse, 114-116; réconcilie le duc d'Orléans et le roi d'Espagne, 116-117; rend un édit en faveur des Jésuites, 117; commencement de sa maladie, 120-122; ses dispositions avant sa mort; il désire voir le cardinal de Noailles, 122-125; ses adieux au Dauphin et aux courtisans, 125-128; ses derniers jours; prend le remède de l'empirique Brun; sa mort, 128-133.

Louis XV, roi de France, V, 265; VI, 44, 125, 126.

Louvain (la ville de), I, 153; II, 209, 286, 320, 323, 348, 351, 384; III, 128; IV, 152-154, 156, 161, 162, 339, 344, 345; V, 5.

Louvignies (le marquis de), II, *149, 151, 152.

Louvignies (le hameau de), V, *11.

Louvois (le marquis de). Son caractère, I, 14, 15-16; rivalité contre Colbert, 41; opposé à Turenne, 86; entretient la guerre, 99-100; renvoie les prisonniers hollandais, 103; Turenne ne passe plus par son intermédiaire, 151, 152; M. de Vaubrun est sa créature, 216; son rôle dans la campagne de Flandre (1676), 236; sa liaison avec la maréchale de Rochefort, 238; inimitié avec Condé, 259; va à l'armée de Flandre (1677), 260; assiste à la prise de Strasbourg, II, 10; il reçoit une partie des charges de Colbert, 16; son humeur rude, 17; rivalité avec Seignelay, 19; s'oppose d'abord à la révocation de l'édit de Nantes, 39; il emploie les moyens de rigueur contre les protestants, 39, 40; son favori Huxelles, 110, 113; brouillé avec le maréchal de Luxembourg, 137; ses hauteurs et ses menaces vis-à-vis du duc de Savoie, 120, 145-146; il intercepte ses lettres au Roi, 146; hostile à Lauzun, 158; à Boisseau, 168; ses qualités pour préparer les sièges, 177; sa mort, 193, 200; il s'était

opposé à la déclaration du mariage de Mme de Maintenon avec le Roi, 203. Cité, V, 266.
Louvre (le), I, 39.
Löwenstein (la ville de), I, *95.
Luc (Charles-François de Vintimille, comte du), VI, *89, 99.
Lucan (Patrick de Sarfield, lord), II, *241, 295.
Lucento (le bourg de), IV, *205, 269, 270, 317-320.
Lucerne (le bourg et la vallée de), en Piémont, IV, *6, 278, 279.
Luçon (l'évêque de). Voyez Lescure (M. de).
Lugo (la ville de), III, 164.
Lumbre (le baron de), I, *255-256.
Lune (la), vaisseau, I, 36.
Lünebourg (le prince Christian de), III, 182.
Lünebourgeois (les), III, 36 ; IV, 330.
Lunéville (la ville de), III, 135.
Lutzingen (le village de), IV, 79, *94.
Luxembourg (le maréchal de). Campagne de Hollande en 1672, I, 103, 111 ; campagne de 1673, 121, 125-127 ; fait maréchal de France, 224 ; campagne d'Alsace (1676), 240-248 ; s'empare du comté de Montbéliard, 248-250 ; bataille de Cassel ; levée du siège de Charleroy, 258, 260 ; campagne de Flandre (1678), 293, 295 ; bataille de Saint-Denis, 302-306 ; campagne de 1690 ; bataille de Fleurus, 124-134, 139-141 ; brouillé avec Louvois, 137 ; campagne de 1691 ; siège de Mons, 173, 174, 177-179, 182-185 ; campagne de 1692 ; siège de Namur, 207-209, 212, 214-216, 220, 222 ; suite de la campagne ; bataille de Steinkerque, 228-245, 248-249 ; campagne de 1693 ; bataille de Neerwinde, 284-295, 299-300 ; campagne de 1694, 319 ; sa mort, 347.
Luxembourg (Christian-Louis de Montmorency, chevalier de), puis prince de Tingry, IV, 44, *192 ; il introduit un convoi dans Lille, V, 151-152 ; campagne de 1709 en Flandre, 181, 182, 184 ; attaque Arleux (1711), VI, 2 ; bataille de Denain, 32.
Luxembourg (le duché de). Prétendue dépendance du comté de Chiny ; est réuni à la France, II, 5-7 ; compris dans le traité de Ryswyk, 444 ; cédé à l'électeur de Bavière, VI, 21, 64, 70. Cité, II, 68, 139, 246, 285, 320, 351, 371, 413 ; III, 5 ; IV, 50, 62, 118 ; VI, 56, 63.
Luxembourg (la ville de). Blocus de 1681, II, 11 ; voyage de Louis XIV, 15 ; prise par Créquy (1684), 28 ; comprise dans le traité de Ryswyk, 444 ; les alliés pensent à l'assiéger (1705), IV, 108, 112, 113. Citée, I, 270 ; II, 45 ; III, 166 ; IV, 117 ; V, 12.
Luzzara (le bourg et le combat de), III, 153-156, 159.
Lyon (la ville de), I, 58 ; III, 231 ; V, 107 ; VI, 115.
Lyonnais (le), I, 56.
Lyonnais (le régiment de), I, 60 ; II, 235, 238.
Lys (la), rivière, II, 124, 125, 141, 174, 244, 245, 325, 326, 346, 352, 353, 412 ; IV, 350, 351 ; V, 139, 161, 169, 170, 181 ; VI, 96.

M

Maaseijk (la ville de), I, *87 ; III, 129.
Machelen (le village de), II, *384, 387.
Machioles (la cassine de), près Turin, IV, 275, 287.

Madame (Henriette d'Angleterre, duchesse d'Orléans, dite), I, *40, 76, 77, 79.
Madame (Élisabeth-Charlotte de Bavière, duchesse d'Orléans, dite), II, *37, 38.
Madame (la cassine de), près Turin, IV, 271.
Madame Royale. Voyez Savoie (la duchesse de).
Madeleine (le collège de la), à Londres, II, 87.
Madeleine (la porte de la), à Lille, V, 141, 148, 149, 159.
Mademoiselle. Voyez Montpensier (Mlle de).
Madrid (la ville et la cour de). Philippe V y est reçu avec acclamations, III, 55; conspiration découverte, IV, 215; Philippe V quitte Madrid (1706) et les alliés y entrent, 242-244; évacuation de Madrid par les alliés, d'où ils sont chassés, 249-250; nouvelle occupation en 1710, V, 254-256. Citée, I, 22, 24-26, 42, 188; II, 13, 14, 430, 431; III, 2, 4, 15, 16, 43-45, 253, 257; IV, 225, 237, 238, 241, 251-253, 257; V, 60, 91.
Maëstricht (la ville de). Les Hollandais offrent de la céder à la France, I, 97; assiégée par Louis XIV, 118-119; assiégée par le prince d'Orange (1676), 236-237; restituée aux Hollandais par la paix de Nimègue, 301. Citée, I, 87, 110, 122, 126-128, 159, 252, 292-294; II, 184, 228, 287, 345, 350, 369; III, 121, 129, 132, 167, 171; IV, 144.
Magalotti (Bardo de Bardi, comte de), I, *257.
Magnac (Jules Arnolfini, comte de), III, *141-143.
Mahony (Daniel), V, 72, *254.
Maidalchini (François, cardinal), II, *62.
Maine (Louis-Auguste de Bourbon, duc du), II, 136, 156,
239, 353-359; III, 25; VI, 113, 122, 126.
Maine (le régiment du), V, *63, 66, 67.
Maintenon (la marquise de), II, 16, 67, 200-203, 286, 403; III, 28; VI, 123, 124.
Maintenon (les travaux de), II, 67.
Maisoncelles (M. de), IV, 87, 88.
Maison-Rouge (le défilé de la), IV, *55, 56.
Major (la cassine du), près Turin, IV, 274.
Majorque (l'île de), IV, 354; V, 93; VI, 102.
Malaga (la ville de), II, 346; III, 269; IV, 221.
Malgue (la), près Toulon, V, 53.
Malines (la ville de), IV, 153, 345; V, 5, 6.
Malissoles (François Berger de), évêque de Gap, VI, 105, 106.
Malouins (les), II, 199.
Malpartida-de-Plasencia (le bourg de), IV, *236.
Malplaquet (le village et la bataille de), V, *185-193, 225.
Malte (l'ordre de), I, 96; VI, 97.
Mançanarès (le), IV, 243.
Manche (la), mer, II, 87, 271.
Manche (la province de la), IV, 246, 253.
Manchester (Charles Montagu, comte de), III, *88.
Mandel (la), rivière, II, 362.
Manerbio (le bourg de), IV, *175, 263.
Mannheim (la ville de), I, 147; II, 96, 187, 327, 328, 373; V, 31, 33; VI, 79.
Mansfeld (Henri-François, comte de), II, *392, 393.
Mantoue (Ferdinand-Charles IV de Gonzague, duc de), II, 7, 8, 10; III, *68; V, 106.
Mantoue (la ville de). Vendôme ravitaille cette ville (1702), III, 146-148; bloquée par le prince Eugène, Vendôme la délivre, 150, 151; le prince de Vaudémont s'y retire, IV,

TABLE ALPHABÉTIQUE.

325; évacuée par les troupes françaises, V, 2. Citée, III, 159, 191, 192, 211, 215; IV, 49, 195, 259, 307.

Mantoue (le duché ou le pays de), II, 195; III, 97, 100, 196, 203; IV, 45, 47, 48, 179, 325; V, 21.

Marbaix (le village de), II, *207; IV, 161.

Marcé (François-Guillaume de), IV, *103.

Marchamalo (le bourg de), IV, *250.

Marche-aux-Dames (le village de), IV, 146.

Marche-en-Famène (le bourg de), II, 179, 186, 207.

Marchiennes (la ville de), V, 181; VI, *27, 32, 35, 37.

Marcillac (François VII de la Rochefoucauld, prince de), I, *91.

Marcillac (Henri-Madeleine de Crugy, comte de), IV, *201.

Marcilly (Louis-Ferdinand, comte Marsiglii, dit), III, *222.

Marcin (Jean-Gaspard-Ferdinand, comte de), I, *48, 49.

Marcin (Ferdinand, maréchal de). Il est fait maréchal de France et va commander l'armée en Bavière, III, 189-191; effectif de son armée (1704), IV, 59; demandé comme otage par les Impériaux, 64; campagne de 1704 en Bavière; bataille d'Hochstedt, 65, 69, 79-82, 85, 87, 91-93; repasse le Rhin, 98; commande en Alsace, 105; campagne de 1705 dans ce pays, 111, 118, 119; passe à l'armée de Flandre, 139, 157; commence la campagne de 1706 à l'armée d'Alsace, 327, 328, 330; envoyé à l'armée d'Italie comme Mentor du duc d'Orléans, 314; dispute avec le prince, 315; bataille de Turin; il y est tué, 317, 319.

Marcinelle (le village de), II, *249.

Marck (Henri-Robert Eschallard de la Boulaye, comte de la), I, *144.

Marck (Catherine-Charlotte de Wallenrod, comtesse de la), II, 69.

Marck (le comté de la), I, *106, 107, 113, 309.

Maréchaux de France (les), II, 282, 283.

Marets (M. des), IV, *12.

Mariaga (Alonzo de), IV, 213.

Marialva (Gabriel Torrès, marquis de), III, *251.

Marie de Médicis, reine de France, V, 218.

Marie Stuart, reine d'Angleterre, III, 73. Voyez Orange, (la princesse d').

Marie-Thérèse d'Autriche, reine de France, I, 24, 40-43, 46, 50; II, 15, 202; III, 48.

Marienbourg (la ville de), II, 184.

Marienthal (l'abbaye de), en Alsace, IV, 129, 137.

Marienthal (le bourg de), en Franconie, V, *32.

Marillac (Jean-François, marquis de), IV, *96.

Marimont (le village de), I, *153; V, 10.

Marine (le régiment de la), I, 225; IV, 16, 174.

Marlagne (les bois de), II, *208, 222.

Marlborough (Jean Churchill, duc de), II, *90; passe au prince d'Orange, 90; campagne en Flandre (1702), III, 125-129; assiège Bonn (1703), 166; assiège Limbourg, 171; reçoit l'archiduc à Portsmouth, 250; campagne de 1704 en Flandre, IV, 50; passe en Allemagne, 62-66, 74; campagne sur le Danube, 76-78; bataille d'Hochstedt ou de Plentheim, 80-83, 86-88, 92, 94-97; suite de la campagne sur le Rhin et la Moselle, 101, 103, 105; campagne de 1705 sur la Moselle, 108, 112, 114-118, 120, 138; passe en Flandre, 144; opérations contre Villeroy, 147, 154-156, 158, 159, 161, 163, 164; en Flandre en 1706, 330, 339, 340, 347-353; voyage en Allemagne (1707), V, 4; campagne de 1707 en Flandre, 3-13; campagne de 1708; victoire d'Audenarde, V, 115, 116, 120-124, 129; il commande l'armée d'observation pendant le siège de Lille; ses opérations, 139-144, 149, 153, 158; il force le passage de l'Escaut et dégage Bruxelles, 161-164; il s'empare de Gand et de Bruges, 169-171; campagne de Flandre en 1709; siège de Tournay, 173, 175-180; bataille de Malplaquet, 185-192; négociations en 1709, 207; campagne de 1710 en Flandre, 237-247; campagne de 1711, VI, 1-7; disgracié, 14, 17, 78.

Marlborough (Sarah Jennings, duchesse de), VI, *14.

Marleheim (le village de), I, *174, 177.

Marly (Mathieu Ier de), V, 214, 215.

Marly (le château de), III, 26; VI, 120.

Maroilles (l'abbaye de), VI, *29.

Marque (la), rivière, II, 231; V, 143-147, 175.

Marquette (l'abbaye de), V, *140.

Marquion (le village de), V, *240.

Marquisat (l'île du), IV, 63, 332-336; V, 16, 18, 19; VI, 69.

Marsaille (la bataille de la), II, 312-313.

Marsal (la ville de), I, 39, 231, 232, 261.

Marseille (la ville de), II, 417; IV, 228; V, 51; VI, 114.

Marsigli. Voyez Marcilly.

Martel (le marquis de), I, *77, 78, 117.

Martelange (le village de), II, *140.

Martianai (Dom Jean), VI, *118.

Martinet (Jean de), I, *92, 93.

Martinique (l'île de la), I, 159; III, 242; IV, 357.

Marvao (le château de), III, *256, 257.

Marville (le village de), I, *267.

Marxheim (le bourg de), IV, 77.

Masarach (le village et le combat de), I, *277.

Masnuy (le village de), II, *230, 239.

Massaria (le village de), IV, *190.

Masy (le village du), en Flandre, II, 208, 365.

Masy (le village du), en Italie, IV, *305-307.

Matagorda (le fort de), à Cadix, III, 162.

Matignon (Charles-Auguste de Goyon, chevalier de Torigny, puis comte de Gacé et maréchal de), I, *147, 148.

Matignon (Jacques III Goyon, comte de), III, *18.

Maubeuge (la ville de), I, 157; II, 183, 249, 384, 406; V, 209.

Maubuisson (l'abbaye de), V, 247.

Maulévrier (Édouard-François Colbert, comte de), I, 66, 70, 72, 167, 168, 266.

Maures (les), I, 36.

Mauroy (Denis-Simon, marquis de), IV, *33, 35.

Maximes des saints (le livre des), III, 11, 12.

Mayence (la ville et l'évêché de). La ville est prise par Boufflers (1689), II, 97; siège et prise par les Impériaux, 110-114, 204. Citée, I, 108, 109, 123, 145, 150, 165, 166, 238, 261; II, 120, 187, 252, 255, 256, 303, 328, 331, 372, 373, 388, 389, 414, 415; III, 223; IV, 111; V, 32; VI, 77, 78, 81.

Mayence (l'électeur de), I, 108, 109.
Mayence (Lothaire-François de Schönborn, électeur de), VI, *89, 91.
Mazarin (le cardinal), I, 3, 7, 8, 18, 19.
Mcaux (l'évêque de). Voyez Bossuet (Jacq.-Bénigne).
Mécontents de Hongrie (les), III, 179, 188, 189, 211, 237-239.
Médavy (Jacques-Léonor Rouxel de Grancey, comte puis maréchal de), IV, *194. Il commande un corps séparé le long du lac de Garde (1703), III, 198, 203; envoyé dans le Bressan (1705), IV, 194; prépare la campagne de 1706 en Italie, 258, 259; chargé de garder les passages de l'Adige, 265, 306; commande un corps séparé, 309; bat le prince de Hesse, 321, 322; se retire à Crémone, 325; négociations avec le prince Eugène, V, 2; campagne de Provence (1707), 54.
Mediaso (le château de), III, 201.
Medina-Celi (Louis-François de la Cerda, duc de), IV, *240, 241; V, 202, 250, 255; VI, 22.
Medina-Sidonia (Jean-Claros-Alphonse Perez de Guzman, duc de), II, *198; IV, 239.
Méditerranée (la mer), I, 35; II, 80, 199, 270, 285, 316, 332, 378; III, 272, 277; V, 94.
Medoli (le village de), IV, 49.
Meeffe (le village de), II, 365.
Méhaigne (la), rivière, II, 212, 215, 216, 220, 247, 248, 298, 321, 322, 365, 366; IV, 51, 52, 147, 340; V, 5.
Mein (le), fleuve, I, 123, 148; II, 302; IV, 62; V, 41, 138.
Meinders (François von), I, *308, 309.
Meinfeld (le bourg de), IV, *338.

Meirelbeke (le village de), V, *169.
Mejorada (Pierre-Cajétan Fernandez de Angulo, marquis de), IV, *249.
Mela (la), III, 147.
Mélac (Ézéchiel de), II, *329; III, 136.
Meldert-sur-Mène (le village de), IV, *155, 156.
Melford (Jean Drummond, duc de), III, *74, 75.
Melin (N. de), I, *158, 159.
Mella (la), rivière, IV, 175.
Melle-lès-Gand (le village de), V, *169.
Melzo (le village de), IV, 190.
Menas de Mazanguna (las), IV, *237.
Mendoza (Balthazar de), inquisiteur général, III, *45.
Menidilla (M. de), IV, 255, 256.
Menin (la ville de) et sa verge, II, 245; IV, 347, 350-352; V, 146, 209; VI, 50, 64, 96.
Mensberg (le château de), IV, *114, 115.
Mequinença (la ville de), V, *74, 252.
Merbes-Bouveries (le village de), II, *228.
Mercy (Claude-Florimond, comte de), IV, *128, 135; V, 28, 39, 40; est battu à Rumersheim, 194-198.
Merdorp (le village de), IV, 51, *149, 340.
Mérode (Maximilien, comte de), I, *156.
Mertingen (le village de), IV, 69.
Mesgrigny (Jean, comte de), II, *369, 370; V, 177, 178.
Mesnager (Nicolas), VI, *16, 17. Plénipotentiaire à Utrecht, VI, 46, 48; querelle suscitée par ses laquais, 59-61.
Messelem (le village de), IV, 147.
Messine (la ville de), I, 160-161, 164, 228, 284-286.
Messinois (les), I, 284-286.

Metz (Pierre-Claude Berbier du), II, *135.
Metz (la ville de), I, 58, 264-266, 270, 283; II, 6, 139; III, 134; IV, 108, 109, 111, 113; VI, 83.
Metz (l'évêché de), VI, 75.
Metz (les évêques de), II, 6.
Meudon (le château de), III, 26; VI, 21.
Meuse (Henri-Louis de Choiseul, marquis de), V, *105.
Meuse (la), fleuve, I, 84, 86, 87, 268-270, 292, 293; II, 180, 181, 183, 208-214, 216, 222, 248, 319, 322, 348, 363, 371, 385, 406; III, 79, 111, 125-129, 170; IV, 51, 52, 108, 139-142, 144, 146, 147, 149, 156; V, 5, 12, 237.
Mezzana (l'île de), IV, 46.
Middleton (Édouard, chevalier), V, *105.
Mierlo (le village de), III, *125, 126.
Milan (la ville de), II, 8, 32; III, 158, 211; IV, 167, 289; IV, 308, 324, 325; V, 2, 41.
Milanais (le), I, 53, 59; II, 8, 10, 34, 120, 143, 148, 194, 391-393; III, 43, 69, 91-94, 96, 97, 99, 107, 145, 150, 205, 207; IV, 8, 12, 18; VI, 51, 69, 71.
Millefleurs (le bourg de), II, *151.
Milles (la montagne des), IV, 57, 59.
Minas (Antoine-Louis de Sousa, marquis das), III, *252. Commande les troupes portugaises dans la campagne de 1704, 252, 256, 257, 262; s'empare de Salvatierra (1705), IV, 212; prise de Plasencia et de Ciudad-Rodrigo, 234-238; entre dans Madrid, 243-244; prend Alcala, 245; campagne de 1707, V, 60, 78; blessé à Almanza, 69.
Mincio (le), III, 93, 147, 148, 159, 192; IV, 170-172, 174, 266, 304, 308, 310.
Mindel (la), IV, 74.
Minorque (l'île de), III, 266; V, 93-94, 113, 169.
Mirabeau (Jean-Antoine Riquetti, marquis de), IV, *188.
Miranda-del-Duero (la ville de), V, *251.
Mirande (Don Sanche de), I, *286, 287.
Mirandole (la ville et la principauté de la), III, 98, 156, 159, 193; IV, 44, 45, 48, 49, 166-171, 325.
Mirandole (le prince de la), VI, 97.
Mirandole (Brigitte Pic, princesse de la), III, *98.
Miromesnil (Jean-Baptiste Hue, marquis de), V, *80.
Mittau (la ville de), III, 39.
Modène (Renaud d'Este, duc de), III, *68, 98, 153; IV, 45; V, 1, 2.
Modène (la ville et le duché de), II, 195; III, 92, 98, 100, 105, 147, 153, 160, 211, 213; IV, 325; V, 1, 2.
Moeskirch (la ville de), III, *177; IV, 74.
Mœurs (le comté de), I, *95.
Molden (le village de), V, *154, 163.
Mole (le village de la), I, *235.
Molina (le jésuite), VI, 104, 118.
Molines (l'abbaye de), II, *183.
Molinistes (les), V, 214; VI, 103, 107, 108, 119, 120.
Molino (le général), IV, 48.
Molsheim (le bourg de), I, 170, 227.
Molsheim (le canal de), IV, 137.
Moncalieri (le village de), II, 150, 191, 313, 391; IV, 272, 277, 309, 311, 315.
Moncelle (le village de la), I, *270.
Monçon (la ville de), V, *74, 250, 252.
Moncuto (le village de), III, 210.

TABLE ALPHABÉTIQUE.

Mondovi (la ville de), II, 148, 192; IV, 277-279, 289, 309.
Monetier-de-Briançon (le village du), V, *107-108.
Monmouth (Jacques, duc de), I, *81; II, 35-37, 73.
Monnaie (la), à Paris, V, 211.
Monroux (Philippe-Marie de), V, *158.
Mons (la ville de). Blocus de 1678, I, 295, 304, 306; assiégée et prise en 1691, II, 173-176; restituée à l'Espagne par le traité de Ryswyk, 444. Citée, II, 183, 230, 365, 386, 408, 412; IV, 348, 349; V, 114, 116, 138, 161, 163, 168, 182, 183; VI, 37, 38.
Mons-en-Pévèle (le village de), V, *144, 145, 146, 182, 185.
Monsanto (la ville de), III, *258.
Monseigneur (Louis, dauphin de France, dit). Sa naissance, I, 24; son mariage, II, 2; projet de le faire élire roi des Romains, 24; assiège Philipsbourg et s'empare du Palatinat, 95-97; commande l'armée d'Allemagne (1690), 121, 122; au siège de Mons, 173; à l'armée d'Allemagne (1693), 286, 303, 308, 309; commande l'armée de Flandre (1694), 319, 321-326; exclus du premier testament du roi d'Espagne, III, 2; au camp de Compiègne, mange chez le maréchal de Boufflers, 8; projet de lui faire épouser la reine douairière d'Espagne, 44; sa mort, VI, 21-22. Cité, III, 26, 49, 54.
Monsieur (Philippe, duc d'Orléans, dit). Soupçonne sa femme de galanterie, I, 77; fait le siège de Zutphen, 93; assiège Bouchain (1675), 235; s'empare de Saint-Omer; gagne la victoire de Cassel, 257-259; droits de sa seconde femme sur le Palatinat, II, 37; marie sa fille au duc de Savoie, 146; va commander sur les côtes (1693), 284, 314, 315; marie sa dernière fille au duc de Lorraine, 5; assiste à l'hommage du duc de Lorraine, 24-26; assiste à la proclamation de Philippe V comme roi d'Espagne, 54.
Montagnes Noires (les), III, 190; IV, 72, 73, 98.
Montaigu (le village de), IV, *162.
Montal (Charles de Montsaulnin, comte du), I, *43, 110, 156, 304-306; II, 238, 361, 362.
Montalban (le fort de), II, *177; IV, 197.
Montalègre (le bourg de), V, 62.
Montalvan (la ville de), III, *256, 257.
Montanara (le village de), III, 149, 151.
Montauban (René de la Tour du Pin-), I, *182.
Montauban (le hameau de), V, *242.
Montbas (Jean Barthon, comte de), I, *89, 90, 102.
Montbéliard (Georges de Würtemberg, prince de), I, *248-250.
Montbéliard (Anne de Coligny, princesse de), I, *248.
Montbéliard (la ville et la principauté de), I, 248-250.
Montblanch (le bourg de), V, *91.
Mont-Cenis (le), II, 195; IV, 5.
Montchevreuil (Gaston-Jean-Baptiste de Mornay, comte de), II, *295.
Montclar (Joseph de Pons de Guimera, baron de), I, *167, 168, 246, 270-272.
Mont-d'Anzin (le), à Valenciennes, I, 254.
Mont-Dauphin (le fort de), III, 143; VI, 66.
Montebaldo (le village de), III, 200.

242 TABLE ALPHABÉTIQUE.

Montechiaro (le bourg de), IV, 49, *175, 194, 258, 261.
Montecuccoli (Raymond, comte de). Commande en 1673 les troupes impériales, I, *107 ; campagne de 1673, 114, 125 ; en 1675, il commande l'armée du Rhin, 189 ; il manœuvre contre Turenne, 199 ; manque d'être tué, 210 ; manifeste ses sentiments à la mort de Turenne, 211 ; poursuit l'armée française, 212-215 ; assiège en vain Haguenau et Saverne, 225-227.
Monteleone (Nicolas Pignatelli, duc de), V, *42, 44.
Montenaeken (le village de), II, *247 ; IV, 50, 51.
Montendre (Isaac de la Rochefoucauld, marquis de), III, *103.
Monterey (Jean-Dominique de Haro, comte de), I, *124, 153, 275, 277, 287.
Monterey (le fort de), près Bruxelles, IV, 157.
Montespan (la marquise de), I, 46 ; II, 51, 156, 158, 201-203.
Montesquiou (le maréchal de), campagne de 1710, V, 237-239 ; bataille de Denain, VI, 31. Voyez Artagnan (Pierre de Montesquiou, comte d').
Montferrat (le), III, 97, 107, 206, 210, 211 ; IV, 2, 7, 13, 33, 38, 39 ; V, 106 ; VI, 67, 85.
Montfort (Honoré-Charles d'Albert de Luynes, duc de), IV, *99, 100.
Montgaillard (Pierre-Jean-François de Percin de), évêque de Saint-Pons, V, *267-269.
Mont-Genèvre (le), II, 195, 264 ; V, 107, 108, 248.
Montgeorges (François Gaulmyn, chevalier de), I, *195.
Monthiers (le P. Charles), V, *265.
Montignies (le village de), V, *183.

Montigny (le village de), près Namur, II, *216.
Montigny-lès-Lens (le village de), V, *11.
Mont-Juich (la forteresse du), près Barcelone, II, 417, 418, 431 ; IV, 219-224, 232, 233 ; VI, 74, 102.
Montluc (le régiment de), IV, 153.
Montmélian (le château de), II, 145, 151, 195-197 ; IV, 208, 212.
Montodino (le village de), IV, *190-192.
Montpellier (la ville de), III, 9, 235, 236.
Montpensier (Anne-Marie d'Orléans, demoiselle de), II, 155-157.
Montpeyroux (le régiment de), I, 70.
Montrevel (Jacques-Marie de la Baume, comte de), II, *296.
Montrevel (Nicolas-Auguste de la Baume, maréchal de), II, *357, 406 ; III, 227, 228.
Mont-Royal (la forteresse de), II, *66, 67, 260, 261.
Mont-Saint-André (le village du), II, *321, 323 ; IV, 341.
Mont-Saint-Bernard (le), II, 195 ; IV, 20.
Mont-Saint-Éloi (le village du), V, *242 ; l'abbaye, *264.
Mont-Saint-Pierre (le), près Maëstricht, III, 167.
Mont-Saint-Wibert (le village de), IV, *156.
Montserrat (l'île de), VI, *42.
Montsoreau (Louis du Bouschet de Sourches, comte de), IV, *130.
Monzambano (le village de), IV, *170.
Mooregem (le village de), V, *134.
Moraleja (la ville de), IV, *257.
Morangiès (Charles-Auguste de Molette, marquis de), III, *219.
Morel (Jean, abbé), II, *342.

TABLE ALPHABÉTIQUE.

Morella (la ville de), V, *91, 92.
Mori (le village de), III, 199.
Morillas (le combat de), 163-164.
Morosini (François), I, *67-69, 72.
Morseele (le village de), II, *245.
Mortagne (le bourg de), en Flandre, II, 386; V, 182; VI, *64.
Morville (le village de), I, *263.
Morzelingen (le village de), IV, 92.
Moscolino (la cassine de), IV, 173-174, 262, 263.
Moscovites (les), III, 39, 40.
Moselle (la), I, 189-191, 262, 265-267; II, 115, 138, 140; III, 134, 223; IV, 50, 57, 62, 105, 107, 108, 111, 112, 113, 117-120, 124, 139, 144, 145; V, 138; VI, 84.
Mosse (le village de), II, 384.
Motte (le village de la), près Turin, IV, 313.
Motte (Pierre de Jarzé, comte de la), I, *222.
Motte-Houdancourt (Charles, comte de la), IV, *165. Il commande un corps séparé en Flandres en 1697, II, 406; de même pendant la campagne de 1703, III, 167, 170; campagne de 1704, IV, 50, 52; campagne de 1705, 165; il rend Ostende, 349; campagne de Flandre en 1707, V, 4, 5, 12; commande un camp volant en 1708, V, 114, 116, 143, 147, 148; s'empare de Bruges, 136; s'efforce d'arrêter les convois des alliés, 155-156; défend Gand contre Marlborough, 170-171.
Mouchan (Jean de Castillon, comte de), V, *111.
Moucy (Armand-François Le Bouteiller de Senlis, marquis de), I, *185.
Moulin (le partisan du), V, 6.
Moulin (l'abbaye du), près Namur, II, 385.
Moura (la ville de), V, *79, 81.

Mouslier (François), I, *53, 54, 57.
Mouzon (la ville de), I, 267-270.
Moyria (Chrysante de), IV, *187.
Muggensturm (le village de), II, *413.
Mühlburg (la ville de), V, 19, *34; VI, 75.
Mulhouse (la ville de), I, 182, 248.
Mullem (le village de), V, *128.
Munchhausen (le village de), V, *37.
Mundelsheim (le village de), IV, *134.
Munich (la ville de), IV, 70.
Münster (l'évêque de), VI, 57. Voyez Galen (Bernard de), Fürstenberg (Ferdinand de).
Münster (les troupes de), II, 348, 351, 415; V, 31.
Münster (le traité de), ou de Westphalie, I, 83, 97; III, 112, 115; VI, 52, 54, 84, 93.
Münster (le bourg de), en Alsace, II, 321.
Münster (le bourg de), en Bavière, IV, 75-77.
Murcie (la ville et le royaume de), IV, 253, 255-257.
Murcie (l'évêque de), IV, 228, 256.
Muret (Jean-François Lécuyer, comte de), V, *108; VI, 13.
Murg (la), rivière, V, *36, 37.
Mursay (Philippe de Valois de Villette, marquis de), II, *241; III, 193-195; IV, 170.
Mustapha Ragu, I, 75, 76.
Mutter (la), IV, 101, 104, 118, 137, 138, 326-328.
Muyden (le bourg de), I, *100, 101.

N

Naarden (la ville de), I, *100, 121.
Naast (le village de), V, *115, 116.
Nabot (Raphaël), IV, 227; V, *77.

Nago (le village de), III, 199, 201, 203.
Nahe (la rivière de), II, 331, 415.
Namur (la ville de). Assiégée et prise par le Roi (1692), II, 207-226, 276; garnison renforcée par Boufflers, 351; assiégée et prise par le prince d'Orange (1695), 352, 360, 363, 365-371; bombardée par Owerkerque (1704), IV, 51, 52. Citée, II, 123, 125, 228-230, 242, 247-249, 298, 321, 322, 325, 348, 382, 383, 385, 386, 408, 409; III, 79, 111, 128, 134; IV, 141, 144-146, 161, 339, 340; V, 114.
Namur (le comté de), VI, 21, 56, 64, 70.
Nancré (Claude-Antoine Dreux, comte de), I, *112.
Nancy (la ville de), I, 78, 238, 239, 298; III, 26, 134, 135.
Nangis (Louis-Armand de Brichanteau, marquis de), V, *35, 135, 182; VI, 213.
Nangis (Pierre-César de Brichanteau, chevalier de), V, *101, 102, 104.
Nantes (la ville de), I, 12; III, 241.
Nantes (la révocation de l'édit de), II, 38-41.
Naples (la ville et le royaume de), III, 91, 105, 145, 240; V, 41-46; VI, 51, 69.
Narbonne (Louis-Benoît de), IV, *173.
Narva (la bataille de), III, 39.
Nassau (la ville et le comté de), I, 108, 122.
Nassau (Guillaume de), dit de Belgique, V, 98-99.
Nassau (le comte de), V, 252.
Nassau-Dillembourg (Adolphe, comte de), II, *135.
Nassau-Orange (la maison de), V, 99.
Nassau-Sarrebrück (Charles-Louis, prince de), III, 127, *128.

Nassau-Sarrebrück (Gustave-Adolphe de), I, *273.
Nassau-Siegen (Georges-Frédéric, prince de), I, *156.
Nassau-Siegen (Maurice, prince de), I, *100.
Nassau-Weilbourg (le prince de), III, 223-224.
Nassau-Weilbourg (Jean-Ernest, comte de), IV, *73, 124, 137.
Navagne (le fort de), I, *128.
Navailles (Philippe de Montaut, duc et maréchal de), I, *66; expédition de Candie, 66-67, 70-71; exilé en Poitou, 73; campagne de Franche-Comté, 134; fait maréchal de France, 224; campagne de Catalogne (1677), 275-277; prend Puigcerda, 286-287.
Navarre (la), IV, 239, 243, 245.
Navarre (le régiment de), IV, *90, 332; V, 25.
Navi (le bourg de), IV, *175.
Naviglio-Grande (le), IV, 49.
Neckar ou Necker (le), rivière, I, 143, 145; II, 121, 301-304, 307, 308, 327; V, 22, 23, 29-31, 33, 44.
Neckarau (le bourg de), V, *33.
Neerlanden (le village de), II, *291, 292, 294.
Neerysche (le village de), IV, *155-157.
Nemours (Pierre de), évêque de Paris, V, 215.
Nemours (Marie d'Orléans-Longueville, duchesse de), III, *17-23; V, 97.
Nemours (la maison de), II, 2.
Néron, empereur, II, 267.
Nerwinde (le village et la bataille de), II, 290-298.
Nesmond (André, chevalier, puis marquis de), II, *272, 274, 402, 437.
Nèthe (la), rivière, IV, 162, 163.
Nettancourt (Louis III, marquis de), IV, *68, 69.
Neubourg (la ville de), entre Brisach et Huningue, I, 248;

III, 139, 140, 142, 144; IV, 54; V, 194-196.
Neubourg (la ville de), en Bavière, III, 172, *188; IV, 68, 69, 77.
Neubourg (l'abbaye de), en Alsace, IV, 104, 118, 327.
Neubourg (le village de), près Hagenbach, V, 16, 19, 38.
Neuchâtel (la principauté de), III, 17-23, 231; V, 97-100, 227; VI, 65.
Neuchâtel (Louis-Henri, chevalier de Soissons et prince de), III, *22.
Neuchâtel (Angélique-Cunégonde de Montmorency-Luxembourg, princesse de), III, *22.
Neufra (la ville de), IV, *74.
Neufville-lez-Soignies (le village de), V, *115.
Neuhausel (la ville de), II, *20.
Neumarkt (la ville de), III, 172.
Neustadt (la ville de), dans le Palatinat, I, *145, 150, 152; II, 187, 387, 415.
Neustadt (la ville de), en Bavière, III, 172.
Neuville-sur-Escaut (le village de), VI, *30, 31.
Neveu (le baron), II, 342.
Nice (la ville de). Assiégée par Catinat, II, 176; prise par Berwick (1703), III, 249; La Feuillade s'empare de la ville (1705), IV, 195-197; Berwick assiège et prend le château, 208-212. Citée, II, 145, 285, 310, 331, 374; IV, 267.
Nice (le comte de), V, 52, 209; VI, 66.
Nice-de-la-Paille (la ville de), III, 220.
Nied (la), rivière, I, 261; IV, 114.
Niederbühl (le village de), V, *37.
Niederwesen (le village de), II, *372.
Niers (le), III, 125.
Nieuport (le bourg de), II, 250, 360-362, 371; III, 84; IV, 348; V, 103, 136, 153, 156.
Nièves (l'île de), IV, *357.
Niewerbrugge (le bourg de), I, 101, 111.
Niewerdam (le fort de), II, 361; IV, 348.
Nimègue (la ville de). Prise par Turenne (1672), I, 103; M. de Lorge y commande, 104; évacuée par les Français, 125-127; réunion des plénipotentiaires, 229-233, 251, 296, 300, 301. Citée, I, 91, 93, 95.
Nimègue (les traités de), I, 3, 301, 302, 306-308. Cités, II, 2, 5, 18, 341, 445; III, 115, 121, 123, 124; VI, 54, 84, 93.
Nimes (la ville de), III, 228-230, 233, 235, 236.
Nimy (le village de), I, 303.
Ninove (la ville de), II, 140, 231, 244, 300, 407, 408-412; V, 117, 123.
Niort (la ville de), I, 73.
Nivelle (le bourg de), II, 299, 365, 385, 408, 409; V, 10, 116, 118.
Noailles (Anne-Jules, duc et maréchal de). Campagne de Catalogne (1689), II, 118-119; campagne de 1690, 152-153; campagne de 1691; prise de la Seu d'Urgel, 198-199; campagne de 1692, 277; fait maréchal de France, 283; commande l'armée de Catalogne, 285; campagne de 1693, 314; campagne de 1694; victoire du Ter, 334-338; vice-roi de Catalogne, 338; campagne de 1695; tombe malade, rentre en France, 376-377. Cité, II, 317; III, 27, 28.
Noailles (Adrien-Maurice de Noailles, duc d'Ayen, puis de), III, *28. Son mariage avec la nièce de Mme de Maintenon, 28; campagne de 1706 en Catalogne, IV, 229, 230, 231; couvre le Roussillon, 234-258; campagne de 1707 en Cata-

logne, V, 76-78 ; campagne de 1709, 204 ; vient de Catalogne pour défendre le Languedoc, 262-263 ; assiège Girone (1711), VI, 9-10.

Noailles (Louis-Antoine, cardinal de), évêque de Châlons, puis archevêque de Paris, III, *28. Attaques des jésuites contre lui à propos du livre du P. Quesnel, 27-30 ; contribue à la destruction de Port-Royal des Champs, V, 223 ; attaqué par les évêques de la Rochelle, de Gap et de Luçon ; affaire de la Constitution Unigenitus, V, 269 ; VI, 104-108, 119-120 ; ses instances pour voir le Roi à sa mort, 123-124.

Noailles (Jean-Baptiste-Gaston de), évêque de Châlons, VI, 109.

Nogent (Armand Bautru, comte de), I, *91.

Noguera Ribagorzana (la), rivière, V, *250, 252.

Noirmoutier (l'île de), I, 159.

Noményn (le bourg de), I, *261.

Nora (la vallée de), IV, 263.

Norderwyck (le village de), IV, *163.

Nordlingue (le village de), II, 308, 310 ; III, 191 ; V, 28.

Normandie (la), II, 266, 276, 284, 314, 338, 340, 380, 384, 401 ; IV, 355.

Normandie (le régiment de), II, 252.

Northumberland (Georges Fitzroy, duc de), II, *91.

Norvège (la), II, 403.

Notre-Dame (l'église), à Paris, II, 53 ; III, 31.

Notre-Dame-de-Bon-Conseil (la chapelle de), V, *116.

Notre-Dame-de-Campagne, près Turin, IV, 268.

Notre-Dame d'Europe (le cap de), III, 272.

Notre-Dame de Hal. Voyez Hal.

Notre-Dame du Pilon, près Turin, IV, *271, 292.

Nouvelle-France (la), ou Canada, V, 212.

Nouvelle-France (la), près Avesnes, II, *183.

Novare (la ville de), II, 392 ; IV, 323.

Noyelles (Frédéric, comte de), IV, *109, 147.

Nüremberg (la ville de), III, 187 ; V, 33.

O

Obaix (le village d'), V, *8.

Oberhausen (le village d'), III, 187, 188 ; V, 30, 33.

Oberkirch (le bourg d'), V, *39.

Oberklaw (le village d'), IV, 79, 91.

Obourg (le village d'), I, 303, 304 ; II, *286 ; V, 184.

Ochsenfurt (la ville d'), I, *123.

Offenbourg (la ville d'), I, 195, 196, 199, 200, 204, 205, 217, 290 ; II, 189, 414 ; III, 174, 175 ; IV, 71, 73, 98 ; V, 15, 37, 39, 40 ; VI, 8, 81.

Offendorf (le village d'), IV, *332, 333, 336, 337 ; V, 13.

Offus (le village d'), IV, *340, 341.

Oginski (Grégoire-Antoine), III, *40.

Oglio (l'), rivière, III, 93, 94, 97, 100, 104, 146, 150 ; IV, 175-180, 193, 194.

Oisy (le village d'), VI, *23, 24.

Oldenbourg (le comté d'), III, 36.

Oldenzaal (la ville d'), I, *93.

Olivença (la ville d'), IV, 224 ; V, *79, 205.

Olonne (le bourg d'), II, 402.

Ombriano (le village d'), IV, *177.

Oneille (la ville d'), IV, 212.

Ootmarsum (la ville d'), I, *93.

Opdam (Jacques de Wassenaer, seigneur d'), III, *167, 168, 170.

Oradour (Georges de Bermondet, baron d'), I, *72.
Orange (Guillaume X de Nassau, prince d'), puis roi d'Angleterre. Sa lutte contre les Witt, I, 81-82; il est nommé commandant des troupes hollandaises, 84; campagne de 1672, 89, 92, 95, 98-102, 110-111; campagne de 1673, 113, 121-127; il refuse la souveraineté des Provinces-Unies que lui offre Louis XIV, 115; campagne de 1674, 151, 153, 157, 158; campagne de 1675, 188-189, 232; négociations, 229; campagne de 1676, 235-237; suite des négociations, 252; il est battu à Cassel; assiège Charleroy, 257-260, 269; son mariage avec Marie d'Angleterre, 279; essaie d'entraîner l'Angleterre dans l'alliance de la Hollande, 279, 281, 282; campagne de 1678, 293, 295; il s'oppose à la paix, 297; bataille de Saint-Denis, 302-306; la France excite contre lui les Hollandais, II, 3; campagne de 1684, 28; il encourage la révolte du duc de Monmouth, 35; il forme la ligue d'Augsbourg, 44-45; le pape lui envoie des subsides, 69; son dessein vis-à-vis de l'Angleterre, 72; il débauche des troupes anglaises, 75; ses menées en Angleterre; préparatifs de son expédition, 78-85; son embarquement; son arrivée à Torbay, 86-87; marche sur Londres et détrône son beau-père, 89-95; il prend le gouvernement; ses premiers actes, 98-107; campagne de 1690 en Irlande; bataille de la Boyne, 160-168; campagne de 1691 en Flandres, 172-177, 181-185; fait révoquer Gastanaga, 206; campagne de 1692; il essaie de faire lever le siège de Namur, 209, 211-221, 227-229; il est battu à Steinkerque, 232-239, 242; fin de la campagne, 245, 248; exhorte les protestants français à se soulever, 264; il ne se laisse pas intimider par les préparatifs du roi Jacques, 269, 270; campagne de 1693; il est battu à Nerwinde, 286-295; son mot sur les Français, 293; fin de la campagne, 298-300; campagne de 1694, 320-326; envoie Gallway en Piémont, 334; premier traité fait par lui pour la succession d'Espagne, 344; il pousse à la continuation de la guerre, 345; campagne de 1695 en Flandres; il échappe à Villeroy, assiège et prend Namur, 347, 350-371; fait décider la continuation de la guerre, 382-383; campagne de 1696, 384-386; il arme les côtes d'Angleterre, 400; complot découvert contre lui, 401; campagne de 1697, 406-412; s'oppose à la réduction des troupes anglaises, III, 4-5; participe au traité de partage de la monarchie espagnole, 13-16; fait valoir ses droits à la succession de Neuchâtel, 20-23; il reconnait le roi de Prusse, 41; négociations avec la Hollande et avec le parlement à propos de la succession d'Espagne, 70-81; il se prépare à la guerre contre la France, 83-88; sa mort, son caractère, 108-109; ses talents, VI, 134. Cité, III, 113, 118, 120; V, 97, 99.
Orange (Marie Stuart, princesse d'), I, *279; II, 101-104, 160, 270. Voyez Marie, reine d'Angleterre.
Orange (la maison d'), I, 82.
Orange (la principauté d'), II, 7; VI, 7, 66, 71.
Orange (le fort d'), à Namur, II, 213, 219-225, 368.

248   TABLE ALPHABÉTIQUE.

Oratoire (la congrégation de l'), VI, 118.
Orba (l'), III, 218.
Orbais (le village d'), V, *7.
Orchies (le bourg d'), V, *143, 144, 182; VI, 64.
Orco (l'), IV, 204.
Oreye (le village d'), II, *320, 321.
Orihuela (la ville d'), IV, 256, 354.
Orihuela (l'évêque d'), IV, 228.
Orléans (le duc et la duchesse d'). Voyez Monsieur, Madame.
Orléans (Philippe, duc d'). Envoyé pour commander en Italie (1706), IV, 289, 303; il se met à la tête de l'armée; opérations dans le Milanais, 308-313; il arrive au siège de Turin; discussion avec Marcin; déroute et retraite de l'armée, 313-322; envoyé en Espagne (1707); il rejoint l'armée après Almanza, V, 70; campagne de 1707; prise de Valence et de Saragosse, 71-72; opérations diverses, 73-80; siège de Lérida, 81-90; il est parrain d'un infant et s'en retourne en France, 91; campagne de 1708 en Espagne, 109-112; ne retourne pas en Espagne, 200; ses intrigues dans ce pays, 201-202, 249; sa renonciation à la couronne d'Espagne, VI, 62; réconcilié avec le roi Philippe, 116-117; ses entretiens avec le Roi pendant sa dernière maladie, 121, 123, 127; est déclaré régent, 122.
Orléans (la ville d'), I, 25.
Orléans (le régiment d'infanterie d'), V, *64, 65.
Orléans-Longueville (Jean-Louis-Charles, abbé d'), III, *17, 18, 22.
Ormond (Jacques Butler, duc d'), II, *297; III, 161-164; IV, 110; VI, 23-26.
Ormoy (Jules-Armand Colbert, marquis d'), puis de Blainville, II, *16. Voyez Blainville.
Ormoy (N. de Garges d'), IV, *96.
Orneau (l'), rivière, V, *5.
Ors (le village d'), VI, 29.
Orsoy (la ville d'), I, *87, 88.
Orta (la ville d'), IV, 232.
Osasco (le château d'), IV, 6.
Osseto (la vallée d'), IV, *175.
Ossone (le duc d'). Voyez Osuna (le duc d').
Ostende (la ville d'), II, 245, 361, 371; III, 79, 84; IV, 349, 353; V, 142, 148, 153; VI, 26, 38.
Ostiches (le village d'), II, *407.
Ostiglia (la ville d'), III, 159, 192, 194-196; IV, 44-47, 325.
Osuna ou Ossone (François-Marie-de-Paule Tellez-Giron, duc d'), IV, 239; V, 78, 79; VI, *73.
Otazo (Don Miguel), II, *426, 428.
Ottemont (la tombe d'), IV, 340.
Ottersweier (le bourg d'), V, *18.
Ottoboni (Pierre, cardinal), V, *213, 214.
Ouderinghen (le village d'), IV, 65.
Ouessant (l'île d'), II, 108, 199, 276.
Ouest-Cappel (le port d'), I, *117.
Oulx (la vallée, le village et l'abbaye d'), II, *152, 197, 198; V, 107, 108, 248; VI, 66.
Ouniesta (le village d'), IV, 254.
Ourthe (la rivière d'), II, 246.
Ourtheville (le village d'), II, 246.
Overwinde (le village d'), II, *290.
Owerische (le village d'), IV, *157.
Owerkerque (Henri de Nassau, comte d'), III, *166. Campagne de 1704; bombarde Namur, IV, 50-51; commande l'armée hollandaise (1705), 144, 147, 163; va assiéger

TABLE ALPHABÉTIQUE.

Nieuport (1706) et Ostende, 348-358; commande en Flandre, 353; campagne de 1707, V, 12; en Flandre en 1708, 115.
Oxford (Aubrey de Vere, comte d'), III, *77, 81.
Oxford (la ville d'), II, 90.
Oxford (le régiment d'), II, 89.
Oyapoc (la rivière de l'), VI, 65.

P

Paderborn (l'évêché de), I, 114.
Padoue (la ville de), V, 106.
Pagnier (le colonel), VI, 6.
Palafrugell (le village de), II, 378.
Palais-Royal (le), à Paris, III, 24, 26.
Palamos (la ville de), II, 314, 336, 378; IV, 219.
Palantone (le village de), IV, *44.
Palatin (Charles II de Bavière, électeur), I, 149, 165; II, 37.
Palatin (Philippe-Guillaume de Bavière-Neubourg, électeur), II, *37, 38.
Palatin (Jean-Guillaume-Joseph de Bavière-Neubourg, électeur), II, *37, 438; III, 120, 133; IV, 137; VI, 54, 70, 78, 84, 89.
Palatinat (le). Ravagé par l'armée de Turenne, I, 124; incendies de 1674, 148-150; il passe à la branche de Neubourg, II, 37-38; incendies de 1689, 108-109; contributions que Villars y lève, IV, 330. Cité, II, 121, 251, 303, 414; III, 172; VI, 70, 75.
Palatines (les troupes), II, 138-140, 185, 246, 320, 413; IV, 110, 117, 129, 132, 305-307, 330.
Palazzolo (le village de), IV, *176, 177, 180, 190, 193.
Palerme (la ville de), I, 234, 235.

Palffy (Jean, comte), II, *263, 266.
Pallavicino (Charles - Emmanuel, baron), V, *192.
Pamiers (l'évêque de). Voyez Bourlémont (Fr. de).
Pamiers (l'évêché de), II, 58.
Pampelune (la ville de), IV, 234, 239, 251.
Panaro (le), IV, 311.
Panzano (le moulin de), III, 214.
Papes (les). Voy. Alexandre VII, Clément XI, Grégoire IX, Honoré III, Innocent X, Innocent XI, Innocent XII, Sixte-Quint, Urbain VIII.
Paponello (le village de), IV, *263.
Paradiso (la cassine du), IV, *181, 182.
Parc (l'abbaye du), près Louvain, II, 286, 287, 384.
Parelle (le marquis de), II, *145, 263.
Paris (la ville de), I, 12, 25, 31, 37, 38; II, 34, 48, 51, 201, 205, 347; III, 24; VI, 34, 105, 115, 116.
Paris (l'archevêque de). Voyez Harlay de Champvallon(François de), Noailles (L.-Ant. de).
Parisiens (les), II, 53.
Parlement d'Angleterre (le). Son opposition au roi Charles II, I, 77, 79, 232-233, 251, 281, 282; habileté de Charles II à son égard, II, 3; prorogé par le roi (1680), 7; Jacques II cherche à se passer de lui, 74; sa participation à la révolution de 1688, 84, 88, 98-102; Guillaume III obtient de lui tout ce qu'il veut, 172; ne cède pas aux volontés du roi, III, 5; il est hostile au partage de la succession d'Espagne, 16; Guillaume le décide à la guerre contre la France, 73-78; supplique que lui adressent les Hollandais, 78-81; il consent à la guerre, 83;

accorde au Roi tout ce qu'il demande, 88, 108.
Parlement de Paris (le), I, 231; II, 59, 64, 65; III, 9, 18, 19, 30, 31; V, 265, 268-269.
Parlement de Bretagne (le), II, 170, 171.
Parme (le duc de), I, 31; III, 98.
Parme (François Farnèse, duc de), VI, *72.
Parme (la ville de), III, 98-99; IV, 312.
Parmegiana (la), III, 153; IV, 311.
Parmesan (le), II, 195; III, 98, 100, 105, 146, 147, 150, 215.
Pas-de-Suse (le), II, 152, 190, 312, 332, 390.
Passau (la ville de), II, 21, 23; III, 172, 183, 191; IV, 77.
Pasteur (Jacob dit), IV, *156-158; V, 119, 120.
Patté (le colonel), IV, *166-169, 194, 264, 265, 305-308, 310.
Patriarche des Indes (Pierre Portocarrero), IV, *250.
Pau (la ville de), IV, 234.
Paul (Jean-Paul de Lorraine-Lillebonne, dit le prince), II, *295.
Pavie (la ville de), II, 293; III, 158; IV, 324.
Pays-Bas (les). Voyez Hollande (la).
Pays-Bas espagnols (les), I, 42, 43, 47, 52, 83, 229, 230, 253, 284; II, 28, 82, 206; III, 13, 67, 69, 70, 79, 82, 84, 85; IV, 49, 95; VI, 50, 63.
Pays héréditaires de la maison d'Autriche (les), III, 191.
Péage (le fort du), à Strasbourg, I, 291, 292.
Peene (l'abbaye de), I, *258.
Pelick (le défilé de), I, 167.
Peñalva (le bourg de), V, *251, 252.
Penamacor (la ville de), III, *256.
Péralez (le village de), V, *79.
Peralta (M. de), IV, 152.

Perche (le régiment du), III, 155.
Peri (Jean-Baptiste, marquis de), IV, *127, 132, 135, 136, 329, 336; V, 16, 20.
Perl (le village de), IV, *115.
Péronne (la ville de), V, 239.
Pérouse (le village de la), IV, *6; V, 46, *109.
Perpignan (la ville de), IV, 234.
Perse (l'ambassadeur de). Visite à Paris, VI, 114-116.
Pertuis ou de Perthus (le col de), I, 163, 251.
Perwez-le-Marché (le bourg de), II, *139, 140, 220, 366; IV, 161.
Pescaire (la ville de), V, *45.
Peschiera (la ville de), IV, 171.
Peteghem (le village de), V, *11.
Peter (le P. Édouard), II, *73.
Peterborough (Charles Mordaunt, comte de), IV, *218, 221, 244, 245, 250, 251; VI, 8.
Peterworth (le bourg de), III, 250.
Petite-Hollande (la), IV, 331; V, 33.
Petite-Pierre (le château de la), I, *180, 181, 270.
Petkum (Edgard-Adolphe de), V, *205, 206, 225, 226, 231.
Pfaffenhofen (le bourg de), I, 238; IV, 104, 126-128, 137, 138.
Pfiffer (Louis), V, *129.
Pforzheim (la ville de), II, 188, 189, 254, *304, 309; V, 21.
Phalsbourg (la ville de), IV, 329.
Phélypeaux (la famille), II, *170.
Philippe II, roi d'Espagne, I, 20, 42.
Philippe IV, roi d'Espagne, I, 22-27, 32, 41, 42.
Philippe V, roi d'Espagne. Il est choisi par Charles II pour son successeur, III, 45-55; il arrive à Madrid, 55; il est fiancé à la princesse de Savoie, 69; il est reconnu par la Hollande, 71; cérémonie

de son mariage, 106-107; voyage dans le Milanais et à Naples, 105, 145, 149-152; assiste au combat de Luzzara, 155; repasse en Espagne, 158; traité avec le Portugal, 244-245; fait arrêter l'amirante de Castille, 246; difficultés qu'il trouve en Espagne, 248-249; sa déclaration relative au Portugal, 253; campagne de 1704, 253-258; fait assiéger Gibraltar, 265, 275, 276; conspiration contre lui, IV, 215; il perd Valence et l'Aragon, 227; il demande à Louis XIV le duc de Berwick, 229; va assiéger Barcelone, 231; retourne à Madrid, 234; se retire à Pampelune, 239; fidélité des grands d'Espagne, 239-241; il retourne à Madrid, 241; obligé de quitter Madrid, rejoint l'armée de Berwick, 242-243; fidélité des peuples d'Espagne, 244; campagne de 1706, 245-253; campagne de 1707, V, 59; il donne une amnistie à la Catalogne et à l'Aragon, 76; baptême de son fils, 91; perd la Sardaigne et Minorque, 92-94; campagne de 1709, 200; intrigues du duc d'Orléans contre lui, 201-202; les alliés demandent son rappel, 206, 208-210; négociations pour la paix, 229-235; trahi par certains grands, 249-250; campagne de 1710, 250, 252; il est battu à Saragosse, 253-254; quitte Madrid et se retire à Valladolid, 255-256; cède les Pays-Bas à l'électeur de Bavière, VI, 21; Louis XIV stipule pour lui à Utrecht, 46, 51; sa renonciation à la couronne de France, 59, 62, 65; cessions qu'il fait au duc de Savoie, 67; il signe les traités d'Utrecht, 73; soumission de la Catalogne et prise de Barcelone, 100-103; se réconcilie avec le duc d'Orléans, 116-117.

Philippe-Auguste, roi de France, V, 216.

Philippeville (la ville de), II, 182-184, 249, 371.

Philipsbourg (la ville de). L'électeur palatin veut l'assiéger, I, 165; préparatifs de siège (1676), 238, 239; le duc de Lorraine l'assiège et la prend, 243-247; laissée à l'Empereur par le traité de Nimègue, 307; le Dauphin s'en empare (1688), II, 95-97; Villars y campe (1713), VI, 76, 77. Citée, I, 124, 137, 145, 146, 150, 152, 167, 168, 193, 194, 251, 252, 271, 273; II, 122, 188, 254, 303, 309, 327, 328, 372-374, 387, 388, 413; III, 166, 225; IV, 97, 331, 337; V, 14, 21, 31, 33, 37, 39, 194, 247; VI, 79.

Pianesse (Charles-Emmanuel-Philibert de Simiane, marquis de), II, *144, 145, 263.

Pianesse (la ville de), IV, 269, 270, 316.

Picardie (la), V, 169; VI, 34.

Picardie (le régiment de), I, 36, 181, 246, 257; IV, 114.

Piccolomini (Celio), nonce du pape, I, *25, 31.

Piémont (le). Campagne de 1690, II, 148-152; campagne de 1691, 190-195; campagne de 1692, 265-266; campagne de 1693, 309-314; campagne de 1694, 331-334; campagne de 1695, 374-375; campagne de 1696, 390-395; Vendôme y désarme les troupes du duc de Savoie, III, 206-210; campagne de Vendôme en 1704, IV, 1-42; campagne de 1705, 195-212; campagne de 1706, 267-323; campagne de 1707, V, 57-58. Cité, II, 144, 406; IV, 265; V, 2, 109.

Piémont (le régiment de), III, 155; V, 9, 188.

Piémontais (les), II, 143; IV, 2; V, 108.
Pierre Iᵉʳ, czar de Moscovie, III, *33, 35, 39; VI, 111.
Pierre II, roi de Portugal, II, 14; III, 244-248, 251-253, 255, 262-264.
Pierre-Taillade (le village de), II, *398.
Piéton (le village du), II, 207; V, 4, 8.
Pignatelli (François, cardinal), V, *42.
Pignatelli (les dragons de), IV, 349.
Pignerol (la ville et le château de). Foucquet y est emprisonné, I, 13; Catinat y va secrètement, II, 9; Louis XIV menace Victor-Amédée de l'y faire enfermer, 146; Lauzun y est emprisonné, 156; prison de Bulonde, 193; fortifié par Catinat, 311; investi par le duc de Savoie, 311-312; rendue au duc de Savoie par le traité de Turin, 394; prise par la Feuillade (1704), IV, 6; l'armée de France s'y retire après le désastre de Turin, 322-323. Cité, II, 120, 144, 150, 152, 194, 263, 264, 266, 313, 331-333, 374, 392.
Pile (le fort de la), à Strasbourg, VI, 69, 94.
Piloneti (la chapelle du), près Turin, IV, *271, 292.
Pimentel (Jean-Antoine, comte de), II, *431.
Pineda (le port de), II, *398.
Pizzighitone (la ville de), III, 97, 145; IV, 190, 191, 193, 324.
Plaisance (la ville et le pays de), en Italie, III, 105, 146, 206, 215.
Plaisance (la ville de), en Acadie, V, *212.
Plaisance (le fort de), à Terre-Neuve, VI, *50, 55, 63.
Plasencia (la ville de), III, *253; IV, 236.

Plasschendaele (le village de), V, *136.
Plentheim (le bourg de) ou Blindheim, IV, *76, 78, 79, 80, 83, 86, 87, 88, 93, 94.
Plessis (le régiment du), I, 140.
Plessis-Bellière (François-Henri de Rougé, marquis du), II, *194.
Plessis-Bellière (Jean-Gilles de Rougé, marquis du), IV, *188.
Plessis-Praslin (César de Choiseul, maréchal du), I, *31.
Plessis-Praslin (César-Auguste de Choiseul, chevalier du), puis duc de Choiseul, I, *198, 199, 243. Voyez Choiseul (le duc de).
Plosko (André-Chrysostome Zaluski, évêque de), II, *442.
Pô (le), fleuve, II, 148-151, 191, 194, 312, 313, 391; III, 91, 92, 146, 150, 151, 154, 156, 157, 159, 192, 194, 203, 212; IV, 1, 2, 7, 24, 25, 27, 31, 33, 35-39, 42-44, 46, 48, 169, 200, 206, 269-272, 291, 296, 310, 311, 315, 319.
Pointis (Jean-Bernard-Louis Desjean, baron de), II, *432-438; III, 271-278.
Poitou (le), II, 401; III, 241; V, 47.
Polastron (Louis, marquis de), V, *69.
Polesella (le village de), IV, *310.
Polésine de Rovigo (le), III, 192, 193.
Polignac (Melchior, abbé de), ambassadeur en Pologne, fait élire roi le prince de Conti, II, 439-442; négociations de Gertruydenberg, V, 229-236; plénipotentiaire à Utrecht, VI, 46-48.
Polliala (le village de), IV, 310.
Pologne (la), I, 74, 75; II, 4, 20, 22, 438-442; III, 4, 33, 34, 38-41; V, 4.
Pologne (les rois de). Voyez Au-

guste, Jean-Casimir, Jean Sobieski.
Pologne (les reines de). Voyez Arquien (Marie d'), Gonzague (Louise-Marie de).
Pologne (le primat de). Voyez Radzieiowski (Michel).
Polonais (les), III, 25, 438-442.
Poméranie (la), I, 229, 278.
Pomponne (Simon Arnauld, marquis de), II, *18, 193.
Pomponne (Henri-Charles Arnauld, abbé de), V, *214.
Pont-à-Bacheul (le village de), VI, *4.
Pontal (le fort du), à Cadix, III, 162.
Pont-à-l'Haye (le village de), V, *154, 163.
Pont-à-Marque (le village de), V, *144, 146.
Pont-à-Mousson (la ville de), I, 262, 263; VI, 83.
Pont-à-Raches (le village de), V, *151, 181.
Pont-à-Sault (le hameau de), V, *175, 181.
Pont-à-Tressin (le village de), V, 11, *143.
Pont-à-Vendin (le village de), V, *174, 175, 182, 183.
Pontchartrain (Louis Phélypeaux, comte de), chancelier, II, *170-172; III, 25, 26.
Pontchartrain (Jérôme, comte de), V, 102; VI, 128.
Pontchartrain (Marie de Maupeou, chancelière de), II, *172.
Pont-de-Beauvoisin (le), I, *31.
Ponte-Molino (le village de), III, 194, 211; IV, 47.
Ponte-San-Marco (le village de), IV, 260, *261, 262.
Pontevico (le bourg de), III, 146; IV, *177.
Pont-Major (le), près Girone, II, *28.
Pont-Saint-Esprit (le bourg du), III, 230.
Poperinghe (le bourg de), II, 245; V, *209; VI, 64.

Popoli (Rostaing Cantelmi, duc de), V, *63.
Porlier (Jean), II, *241.
Porporata (le village de la), IV, 270.
Portalègre (la ville de), III, *255.
Porte ottomane (la), I, 75.
Portia (le régiment de), I, 182.
Portland (Jean-Guillaume de Bentinck, comte de), II, *411; III, 1, 6, 15, 16, 76, 77, 81; VI, 16.
Port-Louis (la ville de), II, 399, 401; III, 241.
Port-Mahon (la ville de), IV, 358; V, 93-94, 113.
Porto (la ville de), III, *264.
Portocarrero (le cardinal), III, *42, 45.
Port-Royal (le), en Acadie, ou Annapolis, VI, 49, 55, 63.
Port-Royal des Champs (l'abbaye de). Histoire et destruction, V, 214-224.
Port-Royal de Paris (l'abbaye de), V, 217, 221, 223.
Portsmouth (Louise de Kéroualle, duchesse de), I, *79, 131.
Portugais (les), II, 14, 142; V, 59.
Portugal (le). Guerre contre l'Espagne (1661), I, 18-19, 33; projet de mariage du duc de Savoie avec l'Infante, II, 142-143; traité avec l'Espagne (1703), III, 244-245; l'Amirante de Castille s'y réfugie; le traité est rompu, 246-248; traité d'Utrecht, VI, 65. Cité, III, 161; IV, 246; V, 95-96.
Portugal (les rois de). Voyez Jean V, Pierre II.
Portugal (la reine de). Voyez Savoie-Nemours (M.-Él.-Fr. de).
Portugal (Catherine de), reine d'Angleterre, II, 88, *94, 95; III, 245.
Portugal (Élisabeth-Marie-Louise-Josèphe de Bragance, infante de), II, *142.
Poso-Laurente (le village de), IV, 254.

Pottes (le village de), II, 124, 141, *244, 248, 345, 352; V, 154.
Pourrières (le chevalier des), IV, *188.
Poussin (Jean-Baptiste), III,*88.
Pozuelo (le bourg de), IV, *237.
Pracomtal (Armand, marquis de), III, *223, 224.
Prado (le), à Madrid, IV, 243.
Pragelas (la vallée de), II, 264, 311, 332; IV, 323; V, 46, *109, 209, 248; VI, 66.
Praia (le fort de la), VI, 41.
Pralboino (le village de), III, 147.
Pramola (la montagne de), IV, 6.
Praslin (Gaston-Jean-Baptiste de Choiseul d'Hostel, marquis de), IV, *188.
Prats-de-Mollo (la ville de), II, *199; IV, 234.
Prats-del-Rey (le bourg de), VI, *11, 12.
Presbourg (la ville de), II, 22, 24.
Presbourg (la diète de), III, 238.
Président-Bergera (la vigne du), près Turin, IV, 292.
Presle (N. de Vienne, marquis de), III, *103.
Prétendant (le). Voyez Jacques III, roi d'Angleterre.
Prévôt des marchands de Paris (le). Voyez Fourcy (H. de).
Prior (Mathieu), VI, *16, 17.
Promelles (le village de), IV, *156, 157.
Protestants (les), II, 38-41, 44, 45, 264; III, 225-237; VI, 55-57.
Prouvy (le village de), VI, *33, 34.
Provence (la). Campagne de 1691, II, 176-177; les alliés la menacent (1705), IV, 247; campagne de 1707; siège de Toulon, V, 46-58. Citée, I, 56, 286; II, 198, 310, 314, 331, 332, 379, 380; III, 239, 240; V, 33.

Prusse (le royaume de), III, 40, 41, 105.
Prusse (les rois de). Voyez Frédéric Ier, Frédéric-Guillaume Ier.
Prusse (les troupes de), III, 127; IV, 117.
Puebla (le comte de la), V, 72.
Puella (le comte de la), IV, 224.
Puigcerda (la ville de), I, 286, 287, 306; II, 198; V, 77.
Pultawa (la bataille de), VI, 111.
Pumenengo (le village de), IV, *193.
Puyguyon (François de Granges de Surgères, marquis de), V, *157.
Puységur (Jacques-François de Chastenet, marquis de), II, 358.
Puy-Vauban (Antoine Le Prestre, dit du), V, *244-245.
Puyzieulx (Roger Brûlart, marquis de), IV, *55.
Pyrénées (les), I, 275; II, 198.
Pyrénées (la paix des), I, 19, 31, 37, 229, 251.

Q

Quadrelle (le village des), IV, 46.
Quadt (M. de), père, II, *296.
Quadt (Guillaume-Henri de), V, *20.
Queich (la rivière de), IV, 99, 100.
Queiras (le fort de), V, 107.
Querenaing (le village de), VI, *30.
Quesne (Abraham du), I, *234.
Quesne-Mosnier (Abraham du), III, *243, 244.
Quesnel (le P.), III, *29; VI, 104-105.
Quesnoy (la ville du), IV, 351; V, 491. Siège de 1712, VI, 24-25; repris par Villars, 37-38.
Quiérasque (la ville de), IV, 277.
Quiers (la ville de), IV, 309.
Quiétisme (le), III, 10.

Quiévrain (le bourg de), I, 157 ; II, *139; V, 183-185, 191.
Quiévrechain (le village de), V, 182.

R

Raab (le), I, 34.
Rabenhaupt (Charles de), I, *104, 158.
Rablière (le régiment de la), I, 276.
Raby (Thomas Wentworth, lord). Voyez Strafford (le comte de).
Racconis (le bourg et le château de), II, *150; IV, 278.
Radzieiowski (Michel), primat de Pologne, II, *439-441.
Ragotzi (François-Léopold, prince), III, 189, 238, 239.
Rain (la ville de), IV, *70.
Ramassano (le village de), IV, 3.
Rambures (Charles, marquis de), I, *66.
Ramée (l'abbaye de), IV, *344.
Ramillies (le village et la bataille de), IV, 340-345.
Rance (le village de), II, *184, 185.
Ranes (Nicolas d'Argouges, marquis de), I, *272-274, 288, 289.
Rantzau (Christiern, comte de), V, *126.
Rantzau (le général), V, 129.
Ranuzzi (Ange-Marie, cardinal), II, *61.
Raousset (N. de), IV, *106.
Rastadt (la ville et le château de), II, 330; IV, 112, 138, 336; V, 20, 36. Négociations de 1714 entre Villars et le prince Eugène, et traité, VI, 76, 90-98.
Ratisbonne (la ville de), III, 172 ; IV, 69.
Ratisbonne (la diète de), VI, 78, 95.
Raveillon (François de), I, *109, 122, 126.
Ravenel, chef camisard, III, *234, 235, 236.

Ravestein (la seigneurie de), III, *125.
Ravignan (Joseph de Mesmes, comte de), V, *179.
Raz-de-Blanchart (le), II, *273, 274.
Ré (l'île de), I, 45.
Rebé (Claude-Hyacinthe de Faverges, marquis de), II, *296.
Rébenac (François de Pas-Feuquières, comte de), II, *278-284.
Rechteren (Adolphe-Henri, comte de), VI, *59-61.
Reckeim (le bourg de), IV, 351.
Reez (la ville de), I, *88.
Reffuge (Pompone, marquis de), IV, *121, 122.
Régale (la), II, 58; V, 267-269.
Reggio d'Emilie (la ville de), III, 153, 215; IV, 312.
Rehnte (la), IV, 330.
Reignac (Louis de Barberin, comte de), IV, *105.
Reims (la ville de), III, 9. L'université, VI, 110.
Reims (l'archevêque de). Voyez Le Tellier (Ch.-Maurice).
Reine (le régiment d'infanterie de la), I, 185.
Reine (le régiment de dragons de la), I, 202, 266.
Reinswoode (le baron de), V, 206.
Relingue (Ferdinand, comte de), III, *270.
Remiremont (la ville de), I, 78, 181.
Renaix (le village de), II, *178.
Renau d'Éliçagaray (Bernard), II, 402.
Renchen (le village de), IV, 122, 124.
Renchenbach (le), I, *197, 198.
Renel (Louis III de Clermont d'Amboise, marquis de), I, *259, 260.
Renich (le village de), I, *266.
Renouard (Michel), I, *44, 45.
Rentes sur l'hôtel de ville (les), II, 97, 205, 206.
Renty (le marquis de), I, 143.

TABLE ALPHABÉTIQUE.

Repaire(Pierre-Jean Genest du), I, *147, 148.
Requena (le village de), V, *70.
Retz (le cardinal de), V, 222.
Revel (Charles-Amédée de Broglie, marquis de), I, *91 ; III, 103, 104, 149.
Reventlaw(Christian, comte de), III, *188 ; IV, 259.
Revere (le bourg de), IV, *43-45.
Rhebinder (Bernard-Othon), V, *199, 248.
Rheinau (le bourg de), I, *270 ; IV, 56, 57 ; VI, 8.
Rheinberg (la ville de), I, 128 ; III, 110, 126, 134.
Rheinfelden (la ville de), I,*288, 289 ; II, 122 ; VI, 89.
Rheinfels (le château de), II, *97, 256-260 ; V, 227.
Rheinhausen (le village de), V, 31.
Rhin (le), I, 87-92, 107-109, 113, 123, 136, 165-170, 186, 187, 189, 194, 196-198, 215, 218, 220, 221, 223, 224, 227, 243-248, 261, 270-274, 287-293, 309 ; II, 109, 121, 122, 187-189, 256, 309, 327-331, 372-374, 387-388, 414, 415 ; III, 120, 121, 124, 133, 135-142, 144, 165, 175 ; IV, 53-57, 60, 62, 63, 70, 97-99, 104, 107, 108, 120, 122, 124-126, 133, 138, 326, 332, 333, 338, 339, 331 ; V, 12-19, 29-33, 38-41, 138, 193-196, 198 ; VI, 1, 7, 51, 69, 74, 75-81, 93.
Rhingrave (Charles-Florent), I, *50, 237.
Richebourg (François-Philippe de Melun, marquis de), I, *253-255.
Richebourg (Guillaume de Melun-Espinoy, marquis de), ou Risbourg, III, *258 ; V, 78.
Richerand (Guy de), IV, *22.
Ricous (Louis-Gaspard de), I, *109.
Riencourt (le village de), V, *241.
Riga (la ville de), III, 38, 39.
Ringeldorf (le village de), IV, *131.
Rio-de-Janeiro (la ville de), VI, 40-41.
Risbourg. Voyez Richebourg.
Riva (la ville de), III, 201, 203 ; IV, 171.
Rivalta (le village de), IV, 184, 188.
Rivers (Richard Savage, comte), V, *59.
Rivoli (le bourg de), en Piémont, II, 194 ; IV, 207.
Rivoli (le village de), en Véronais, III, 196.
Rivolta (le bourg de), II, 390, 391.
Robecque (Eugène de Montmorency, prince de), I, *259.
Robert (le prince palatin), I, *116.
Roccavione (le général), IV, 194.
Rochecotelle (les montagnes de), II, 332.
Roche d'Allery (M. de la), IV, 267.
Rochefort (Henri-Louis d'Aloigny, maréchal de), I, *100, 101, 120, 121, 156, 224, 238, 239.
Rochefort (Madeleine de Laval, maréchale de), I, *238.
Rochefort (lord), V, 252.
Rochefort-en-Ardenne (le bourg de), II, 187, 371.
Rochelle (la ville de la), II, 315 ; VI, 40.
Rochelle (l'évêque de la). Voyez Champflour (M. de).
Rochester (la ville de), II, 94.
Rochette (le village de la), III, 210.
Roclincourt (le village de), V, *242.
Rödern (le village et le château de), IV, 118, 120, *329.
Rœux (Ferdinand-Gaston-Lamoral de Croÿ, comte de), II, *407.
Rohan (le cardinal de), évêque

TABLE ALPHABÉTIQUE.

de Strasbourg, VI, 109, 123, 124, 127.
Roi-infanterie (le régiment du), I, 211 ; II, 238 ; IV, 344 ; V, 187-188.
Rolland (Pierre Laporte, dit), III, *229, 231, 233.
Romagne (la), V, 42.
Romains (les), I, 209 ; II, 55, 119.
Romains (Joseph, archiduc d'Autriche, dit le roi des), III, *135, 136 ; IV, 101, 103, 104. Voyez Joseph Ier, empereur.
Romains (le titre de roi des), II, 24.
Romanengo (le village de), IV, *178.
Rome (la ville et la cour de), I, 27-33 ; II, 56-64, 66, 74, 119 ; III, 11, 41, 43 ; VI, 104-105, 107.
Roncadello (le village de), IV, *175.
Roncières (le chevalier de), I, *179.
Ronciglione (le fief de), VI, *72.
Ronquillo (Don Pedro), II, 91 ; III, *258 ; V, 113.
Rooke (Georges, chevalier), II, *315 ; III, 250, 259, 268, 270.
Root (le village), II, 373.
Roque (le comte de la), VI, *9.
Roquelaure (Gaston-Jean-Baptiste-Antoine, duc de), IV, *148-154 ; V, 262-263.
Rosen (Conrad, maréchal de), II, *174, 242, 298, 347, 361, 406.
Rosenbach (Jean Hartmann de), évêque de Würtzbourg, I, *123.
Rosendael (le bourg de), I, 124.
Roses (la ville de), I, 250, 275, 277 ; II, 314, 444 ; IV, 222, 231.
Rosne (la), V, *142.
Rota (le port de la), III, *274.
Rotenhuis (le fort de), V, 136.
Rothelin (le marquis de), II, *296.
Rotta (le village de), près Cadix, III, 162.

Rottanuova (le village de), IV, 305.
Rottweil (la ville de), IV, 56, 59 ; VI, 88.
Rotz (le village de), V, *128.
Roucy (François de la Rochefoucauld-Roye, comte de), IV, *71.
Rouillé de Marbeuf (Pierre), III, *224, 247 ; V, 206-208, 229.
Roussel (Dom Guillaume), VI, *118.
Rousselaere (le bourg de), II, *141, 326, 347, 360-362 ; V, 153, 158, 161 ; VI, 64, 96.
Roussillon (le). Campagne de 1677, I, 276-277 ; campagne de 1706, IV, 229-231. Cité, II, 118, 119, 153, 199 ; IV, 234, 257.
Roux-Miroir (le village de), V, *7.
Roveredo (le bourg de), IV, 47.
Rovigo (le bourg de), IV, 266.
Royal-infanterie (le régiment), IV, 83, 88, 89.
Royal-Piémont (le régiment), IV, 14.
Roye (Frédéric-Charles de la Rochefoucauld, comte de), I, *147, 148, 206-208, 222, 261, 262.
Rozeaux (M. des), brigadier, V, *194, 195.
Rozel (Alexis-François, chevalier du), IV, *110, 137, 330 ; V, 136-137, 190.
Rubentel (Denis-Louis, marquis de), II, *360, 361.
Rubiera (le village de), III, 214.
Rudiano (le village de), III, 94-96.
Ruffach (le village de), I, 187.
Ruffey (Anne-Marie-Louis Damas, marquis de), IV, *24 ; V, 105.
Rügen (l'île de), I, 278, 295.
Rumersheim (le village de), V, *196. Bataille en 1709, 197.
Runsdorp (le village de), II, 298.
Ruprechtsau (la), IV, *133.

Ruremonde (la ville de), III, 121, 123, 126, 128, 129.
Russell (Edouard), II, *378, 400.
Rütsheim (le village de), II, 415.
Ruvigny (Henri Ier de Massué, marquis de), 1, *133.
Ruvigny (Henri II de Massué, marquis de) et vicomte de Gallway, II, *333, 334.
Ruyter (l'amiral de), I, 104, 105, 116, 159, 233, 234.
Ryckevorsel (le village de), IV, *164.
Ryswyk (le château de), II, *405, 412, 442, 445, 448.
Ryswyk (les traités de), I, 1, 3; II, 319, 342-344, 412, 415, 442-448; III, 1, 3, 13, 114, 115; V, 97, 227; VI, 54, 54-57, 63, 69, 84, 93.

S

Saasbach (le village de), I, *202-206, 212.
Sabio (la vallée de), IV, *263.
Sabionnette (la), à Candie, I, 70.
Sabugal (la ville de), III, *254.
Sachitto (le village de), III, 192.
Saillant (Jean-Philippe d'Estaing, comte de), VI, *83.
Sailly (Aymard-Louis, marquis de), V, *49, 50, 51.
Sailly (le village de), V, *241.
Saint-Abre (Jean de la Cropte, marquis de), 1, *138, 144.
Saint-Albans (Charles Beauclerc, duc de), II, *90.
Saint-Amand-la-Chaussée (le village et le château de), II, *128-130, 133, 134.
Saint-Amand-les-Eaux (le village de), VI, 35, 37, 64, 96.
Saint-Amour (le colonel), IV, *179.
Sainte-Brigitte (la montagne de), près Pignerol, II, 311, 312; IV, 6.
Sainte-Catherine (le fort), à Cadix, III, 162.
Sainte-Catherine (les hauteurs de), près Toulon, V, 54, 56.

Saint-Christophe (l'île de), IV, *357; VI, 42, 49, 55, 63.
Saint-Contest (Dominique-Claude Barberie de), VI, *99.
Saint-Cyr (la maison de), II, 262.
Saint-Cyran (Jean Duvergier de Hauranne, abbé de), V, 219, 220, 223.
Saint-Denis (la bataille de), I, 302-305.
Saint-Denis-en-Brocqueroye (l'abbaye de), I, *302-305; V, 10.
Saint-Denis-sur-Méhaigne (le village de), II, 212.
Saint-Dimitri (le fort), à Candie, I, 63, 70.
Saint-Domingue (l'île de), II, 433, 436.
Saint-Donat (le bourg de), III, *134.
Saint-Esprit (l'ordre du), II, 62, 97, 369; V, 198, 264.
Saint-Fargeau (le duché de), II, *157.
Saint-Feliù-de-Llobregat (le village de), II, *418, 426; IV, 222, 239.
Saint-Fiacre (la chapelle), près Fleurus, II, *132.
Saint-Florentin (Balthazar-Phélypeaux, comte de), II, *241.
Saint-François (le couvent de), à Barcelone, IV, 224.
Saint-Frémond (Jean-François Ravend, marquis de), II, *186; battu à Carpi, III, 92; campagne de 1703 en Italie, 193, 213, 214; campagne de 1704, IV, 46; assiège la Mirandole, 48; campagne de 1706, 266; campagne d'Allemagne (1707), V, 23-25, 31; campagne de 1712, VI, 37.
Saint-Gabriel (le village de), IV, 224.
Saint-Gabriel (l'île), II, *14.
Saint-Gelais (Charles de Lusignan, marquis de), II, *117.
Sainte-Geneviève (les chanoines de), VI, 118.

Saint-Georges (la plaine de), IV, 57, 60, 72.
Saint-Géran (Bernard de la Guiche, comte de), I, *83, 135.
Saint-Gérard (le village de), II, 228, 384-386.
Saint-Germain (le village et la vallée de), IV, 6.
Saint-Germain-en-Laye (le château de), I, 84, 283, 309; II, 59, 266, 276, 399, 400; III, 86; V, 102.
Saint-Germain-des-Prés (l'abbaye de), à Paris, VI, 108.
Sainte-Gertrude (le village de), II, *289.
Saint-Ghislain (la ville de), I, 253, 280, 306; IV, 353; V, 10, 114, 142, 164, 182.
Saint-Goar (la ville de), II, *256, 258-260.
Saint-Gothard (la bataille de), I, *34.
Saint-Hilaire (Pierre de Mormès de), I, *44, 55, 88, 204-206, 208-210.
Saint-Hilaire (Armand de Mormès de). Suit Turenne à Saasbach et assiste à sa mort, I, 204-208; paroles que lui adresse son père blessé, 209, 210; fait prisonnier le baron de Lumbres, 256; ne peut arriver à temps au siège de Rheinfels, II, 261; témoin oculaire des fautes de Villeroy et du duc du Maine (1695), 351, 355, 357; ne sert point en Italie (1705), IV, 37; prend part au siège de Huy (1705), 141; suit le maréchal de Villeroy dans une reconnaissance, 149; prend part à la bataille de Ramillies, 342; va à Douay préparer de l'artillerie, 348; fait la campagne de 1708 en Flandre, V, 117-123; à la bataille d'Audenarde, 126, 132-134, 136; fait préparer du canon à Douay, 141; prend part à la bataille de Malplaquet, 186, 189; son intention en écrivant ses Mémoires, I, 2; véracité de son récit du siège de Vienne, II, 27; journal fait par lui du siège de Namur, 227; bons mémoires qu'il a du siège de Barcelone en 1697, 431-432; pourquoi il rapporte les articles du traité de Ryswyk, 444; ne fait point le détail du siège de Verceil, IV, 9.
Saint-Hilaire, frère du précédent (N. de Mormès de), I, *207, 208, 210, 291, 292.
Saint-James (le palais de), à Londres, II, 92-94.
Saint-Jean (Henri), secrétaire d'État d'Angleterre, VI, *15-17.
Saint-Jean-des-Choux (le village de), I, *242, 243.
Saint-Jean de Montmélian (le bourg de), II, *195, 196.
Saint-Jean-de-Pages (le village de), I, *162.
Saint-Julien (le faubourg de), à Gênes, II, 33.
Saint-Laurent (le fleuve du), VI, 63.
Saint-Louis (l'ordre de), II, *283, 284, 370; V, 198.
Saint-Louis (le fort), à Toulon, V, 55.
Saint-Louis des Français (l'église), à Rome, II, 63, 64, 66.
Saint-Malo (la ville de), II, 274, 276, 380, 381; VI, 40.
Saint-Malo (l'évêque de). Voyez Desmaretz (Vincent-Fr.).
Sainte-Marguerite (la tour), à Toulon, V, 55.
Sainte-Marie (la ville de), près Cadix, III, 162.
Sainte-Marie-aux-Mines (le bourg de), I, 181.
Saint-Mars (Bénigne d'Auvergne de), II, *9.
Saint-Martin (le capitaine de), I, 215.
Saint-Martin (M. de), pseudonyme de Harlay-Bonneuil, II, 345.

260 TABLE ALPHABÉTIQUE.

Saint-Martin (le château de), II, *129.
Saint-Martin (le village et la vallée de), en Piémont, II, 264; IV, 6; V, 58.
Saint-Martin (la trouée de), II, 366.
Saint-Martin-d'Asti (le village de), III, 214, 215.
Saint-Martin-de-Ré (le bourg de), II, 402.
Saint-Maur (l'abbaye de), près Turin, IV, 269, 276, *290.
Saint-Maurice (les eaux de), en Savoie, VI, *8.
Saint-Michel (le village de), près Vérone, IV, 305-307.
Saint-Olon (François Pidou de), II, *30-32.
Saint-Omer (la ville de), I, 252-253, 257-260; V, 106, 246, 247.
Saint-Ospice (le fort de), II,*177; IV, 197.
Saint-Pater (Jacques le Coustelier, marquis de), III, *219; IV, 170; V, 47, 50, 51.
Saint-Pierre (François-Marie Spinola, duc de), VI, *70.
Saint-Pierre (la porte), à Lille, I, 49.
Saint-Pierre (la gorge de), près Fribourg, IV, 57.
Saint-Pierre d'Arena (le faubourg de), II, *33.
Saint-Pierre-Lieu (le village de), II, *178.
Saint-Pierre-Pescador (le village de), I, *275.
Sainte-Placide (le village de), I, *235.
Saint-Pol (la ville de), V, *246.
Saint-Pol-Hécourt (Marc-Antoine, chevalier de), III, *243; IV, 225, 226.
Saint-Pouange (le régiment de cavalerie de), V, *25.
Saint-Quentin (la ville de), I, 46, 299; VI, 28.
Saint-Remy (le village de), I, *268.

Sainte-Renelle (le village de), II, *234, 410, 411; V, 115.
Saint-Ruhe (Charles Chalmot de), II, *151, 177.
Saint-Sébastien (la ville de), III, 260.
Saint-Silvestre (Louis du Faur de Satilieu, marquis de), I, *125; II, 192, 356, 357.
Saint-Sulpice (le séminaire de), à Paris, VI, 105.
Saint-Symphorien (le village d'), II, *300.
Saint-Thomas (Charles-Joseph-Victor Carron, marquis de), II, *393.
Saint-Trond (la ville de), II, 319-321; IV, 52, 148, 156.
Saint-Venant (la ville de), V, 245-246; VI, 50, 64.
Saint-Vincent (le comte de), IV, 236.
Saint-Vincent (le cap), II, 315.
Saissac (Louis de Guilhem de Castelnau-Clermont-Lodève, marquis de), I, *176.
Sala (Benoît), évêque de Barcelone, IV, *250, 251.
Salamanque (la ville de), IV, 239, 242, 243, 250; V, 257.
Saldanha (N. de Silva-Mendoza, comte de), I, *175.
Salins (la ville de), I, 56, 59, 135, 136.
Salisch (le général), IV, 52, 350, 351.
Salle (Louis de Caillebot, marquis de la), I, *144.
Salm (Charles-Théodore-Othon, prince de), I, *155.
Salo (la ville de), IV, 171, 172, 263-265.
Salomon (le roi), II, 43.
Saluces (la ville de), II, 150, 191, 194; IV, 279.
Saluces (le régiment de), IV, 27.
Salvaterra (la ville de), III,*254, 257; IV, 212, 213.
Salzinne (l'abbaye de), II, *219, 367.
Sambre (la), rivière, I, 43; II, 116, 118, 123, 125-130, 139,

TABLE ALPHABÉTIQUE.

182, 183, 185, 208, 212-216, 219-224, 228, 229, 249, 363, 370, 384, 385; IV, 51; V, 12; VI, 29, 31.
San-Benedetto (le bourg de), III, 203, 204, 211-215; IV, 48.
San-Clemente (le village de), IV, 254.
Sandern (le village de), IV, *94.
Sandhausen (le village de), IV, 65.
Sandwich (Édouard Montagu, comte de), I, *105.
San-Germano (François Tuttavilla, duc de), I, *162, 164.
San-Germano (le village de), IV, 13, 14.
Sanguinetto (le bourg de), IV, 47, 48.
Sanguinido (le village de), III, 192.
San-Leonce (le village de), IV, 170.
San-Martino (le village de), près Barcelone, II, 418.
San-Martino (le village de), près Vérone, IV, 305-307.
San-Mateo (le bourg de), V, *73.
San-Salvador (le château de), à Messine, I, 161.
San-Salvador (la rivière de), IV, 213.
San-Sebastiano (le village de), III, 207-209; IV, 200.
San-Secundo (le village de), III, 151.
Sansée (le village de), IV, 65.
San-Severino d'Aragon (le comte de), VI, 72.
Santa-Vittoria (le village et le combat de), III, 152, 153.
Santbergen (le village de), V, *117, 118, 121, 122.
Santhià (la ville de), IV, *14.
Santiago du Cap Vert (la ville de), VI, *41-42.
Santo-Martino (le village de), dans le Modénois, IV, 311.
Santvliet (le bourg et le fort de), III, 167; IV, *162, 164.
Sanzay (Lancelot Turpin de Crissé, comte de), IV, *202.

Saône (la), rivière, II, 14.
Saorgia (le village de), IV, 197, 211.
Sapieha (la maison), III, 40.
Sapostran (le village de), IV, *243, 248.
Saragosse (la ville de), I, 228; V, 72-75, 253-254.
Sarca (le village de), III, 201.
Sarca (la), rivière, III, 201, 203.
Sardaigne (la), V, 92, 114, 169; érigée en royaume par le traité d'Utrecht, VI, 51, 64, 70.
Sarno (le duc de), V, *252.
Sarre (la), rivière, I, 190, 261; II, 14; III, 134; IV, 109, 112, 114, 121; VI, 75.
Sarre (la province de la), II, 257.
Sarrebourg (la ville de), IV, 105, 108.
Sarrebrück (la ville de), I, 261, 272, 274.
Sarrelouis (la ville de), II, 259; IV, 108, 109, 112-115, 118; V, 244.
Sarria (le village de), II, 418.
Sart (le bois de), V, 186, 187, 188.
Sart-Dame-Aveline (le village du), II, *221.
Sartirana (M. de), III, 216.
Sas-de-Gand (le), III, 111-113, 167; IV, 165; V, 136, 169, 170.
Sault (le régiment de), I, 276.
Saulx (le régiment de), III, 155.
Saumery (le comte de), VI, 122-123.
Saussois (l'abbaye du), V, *155.
Sautricourt (le village de), V, 240.
Sauvenière (le village de), V, *5.
Saverne (la ville de), I, 179, 180, 227, 240-243, 270; IV, 135, 136.
Savillan (la ville de), II, 150, 191, 194; IV, 279.
Savoie (Charles-Emmanuel II, duc de), II, *141.
Savoie (Victor-Amédée II, duc de). Sa minorité, II, 4; il veut convertir par force les

habitants des Vallées, 40-41; traité secret avec l'Empereur (1690), 120; projets de mariage avec l'infante de Portugal, 142-143; difficultés avec sa mère, 144-145; menaces de Louis XIV, 145-146; il épouse la fille du duc d'Orléans, 146; conduite de Louvois à son égard, 146, 203-204; traité avec l'Empereur, 147; Catinat entre en Piémont; bataille de Staffarde, 147-152; il perd le comté de Nice, 176-177; campagne de 1691 en Piémont et en Savoie, 190-198; campagne de 1692, 263-266; négociations entamées, 281-282; campagne de 1693, blocus de Casal, bataille de la Marsaille, 310-314; nouvelles négociations, 318; campagne de 1694, 331-334; campagne de 1695, 374-375; campagne de 1696; paix avec la France, 389-395; marie sa fille aînée au duc de Bourgogne, 304; il est appelé à la succession de la couronne d'Espagne, III, 49; commande l'armée française en 1701, 94-95; négociations secrètes avec l'Empereur, 96; traité qu'il conclut, 107; joint cependant ses troupes à l'armée française (1702), 145; sa défection, 183, 202, 204; Vendôme désarme ses troupes, 204-205; lettres du Roi au duc; sa réponse, 205-206; campagne de 1703, 209-212; il secourt les Camisards, 230-232; Berwick prend Nice, 249; campagne de 1704; il perd Suse, Verceil et Verrue, IV, 1-4, 7, 8, 11-14, 18-21, 24-32, 35-42, 45, 48; campagne de 1705, 170, 174, 178, 183, 189, 195-205, 209; campagne de 1706; siège de Turin, sa défense; défaite de l'armée française, 265, 267-279, 296, 300, 309, 312-315, 320, 322, 324; ratifie le traité pour l'évacuation de l'Italie, V, 2-3; campagne de Provence en 1707; siège de Toulon, 46-59; campagne de 1708 en Dauphiné, 106-109; campagne de 1709, 197-200; campagne de 1711, VI, 8-9; compris dans les négociations d'Utrecht, 18; conditions qui lui sont accordées par le traité; il devient roi de Sicile, 51, 52, 66-67.

Savoie (Marie-Jeanne-Baptiste de Savoie-Nemours, duchesse de), dite Madame Royale, II, *4, 142-146; IV, 276.

Savoie (Anne-Marie d'Orléans, duchesse de), II, *146; IV, 276.

Savoie (Marie-Louise-Gabrielle de), reine d'Espagne, III,*106, 107, 162; IV, 237-238, 242; V, 255.

Savoie (la), II, 4, 151, 195, 196, 314, 404; IV, 4, 5, 33; V, 107, 109; VI, 8.

Savoie (les ambassadeurs de), II, 147.

Savoie (l'église de la), à Londres, II, 87.

Savoie-Carignan (Eugène, prince de). Voyez Eugène (le prince).

Savoie-Nemours (Marie-Élisabeth-Françoise de), reine de Portugal, II, *142.

Savoie-Nemours (la maison de), II, 142.

Savone (la ville de), II, 31; V, 49.

Savoyards (les), II, 190.

Saxe (Jean-Georges II, électeur de), I, 128.

Saxe (Jean-Georges III, électeur de), II, 25, 121, *186, 189, 251, 252.

Saxe (Frédéric-Auguste, électeur de), II, *437, 440, 442. Voyez Auguste, roi de Pologne.

Saxe (Frédéric-Auguste, prince électoral de), VI, *112-113.
Saxe-Eisenach (Jean-Jacques, duc de), I, *270, 271.
Saxe-Gotha (Jean-Guillaume, prince de), V, *56.
Saxe-Mersbourg (Philippe, prince de), II, *135.
Saxons (les), II, 109, 302, 304 ; III, 38, 192 ; IV, 305-307.
Scalette (le village de la), I, *235.
Scarpe (la), V, 164, 181, 182, 238-243 ; VI, 35, 36.
Scarpe (le fort de), près Douay, V, *244 ; VI, 36.
Scarron (Paul), II, 200, 262.
Sceaux (Charles Colbert, comte de), II, *136.
Schalachbach (le village de), V, *29.
Schärding (le bourg de), III, 172, 188.
Scharzach (l'abbaye de), IV, *124.
Schaffouse (la ville de), II, 343.
Schelestadt (la ville de), I, 120, 185, 224, 225, 240.
Schellenberg (les lignes de), IV, 65, 66, 76.
Schentining (la hauteur de), IV, 78.
Schewingem (le village de), III, 186.
Schilling (le village de), III, *175.
Schink (le fort de), I, *83, 88, 89, 93, 94, 115 ; III, 124.
Schlick (Léopold-Antoine-Joseph, comte de), III, *172.
Schönberg (Frédéric-Armand, maréchal de), I, *161. Il commande en Catalogne (1674), 161-164 ; fait maréchal de France, 224 ; empêche le Roi de livrer bataille, 235-236 ; secourt Maëstricht, 237 ; campagne de 1678, 292-293 ; il entre dans les Pays-Bas espagnols (1684), II, 28 ; sort de France pour cause de religion et sert le prince d'Orange, 70 ;
passe en Angleterre avec lui, 86 ; entre à Londres avec Guillaume d'Orange, 94 ; campagne d'Irlande (1689), 107, 108 ; nouvelle campagne en ce pays en 1690 ; il est tué à la Boyne, 161-165.
Schönberg (Charles, duc de), II, *263, 313 ; III, 250, 252, 264.
Schönberg (Maynard, comte de), II, *163, 164.
Schöning (le baron de), II, *251, 252.
Schoonhoven (le bourg de), I, *102.
Schorndorf (la ville de), V, *22-24, 26, 27, 29.
Schouwen (l'île de), I, *106, 116, 117.
Schultz (le général), I, 272 ; IV, 145, 148.
Schutter (la), rivière, I, 196, 215, 218-222.
Schutter (l'abbaye de), I, *195, 215.
Schweighausen (le village de), IV, *101, 126, 129, 130, 327.
Scilly (les îles), V, *94.
Scrivia (la), III, 217.
Sébaste (Pierre Codde, évêque de), VI, *104.
Secchia (la), III, 156, 159, 160, 192, 193, 197, 206, 211-213 ; IV, 1, 42, 45, 311.
Seckingen (le village de), II, 387.
Seclin (le village de), V, *145 ; VI, 36.
Secours (la porte du), à Turin, IV, 284, 285, 295, 297.
Sedan (la ville de), I, 85, 270.
Seeland (l'île de), III, 36.
Ségovie (la ville de), IV, 249 ; V, 202, 250.
Sègre (la), IV, 231 ; V, 75, 76, 82, 87.
Seignelay (Jean-Baptiste Colbert, marquis de), II, *16, 19, 31, 32.
Seignier (Jean-Pierre-Bruno de), IV, *90.

TABLE ALPHABÉTIQUE.

Seilern (Jean-Frédéric, baron de), II, *342, 343; VI, 99.
Seille (la), affluent de la Moselle, I, 261-264.
Selle (la), affluent de l'Escaut, VI, 29, 31, 34.
Sellingen (le hameau de), V, *20; VI, 7, 69, 94.
Selto (le village de), IV, 205.
Selz (le bourg de), IV, *329.
Selzaete (le bourg de), III, 111-113.
Seneffe (le village et la bataille de), I, 153-157, 259; V, 8, 9.
Senez (Jean Soanen, évêque de), VI, 109.
Senne (la), rivière, II, 178, 179, 299, 364, 409; V, 116, 117.
Senneterre (Henri de la Ferté, comte de), III, *198; IV, 24.
Sensée (la), rivière, V, *240; VI, 4, 23, 24.
Sera (la), rivière, IV, 199.
Serini (le général), IV, *176.
Serio (le village de), IV, 48.
Serio (le), rivière, IV, 180, 190-193.
Scrivetta (le village de), IV, 247.
Sermione (le château de), III, *198.
Serpa (la ville de), V, *79.
Serravalle (le bourg de), III, 207, 218; IV, 44, *46, 47.
Serte (le chevalier de), V, *265.
Servie (la), II, 119.
Sesia (la), rivière, IV, 8; VI, 67.
Sestrières (le col de), V, *108.
Seu d'Urgel (la ville de la), II, 198.
Sézanne (Louis-François d'Harcourt, comte de), III, *153; V, 31-33.
Sfondrati (Célestin, cardinal), VI, 104.
Sgravenmoer (M. de), II, *297.
Shovell (Clowdisley), amiral anglais, III, *240, 267, 268, 354, 355; V, 48, 52, 54, 94.
Siam (le royaume et les ambassadeurs de), II, 46-50; V, 267.

Sicile (la), I, 160-161, 228, 233-235, 250, 278, 280, 284-286; III, 107; érigée en royaume, VI, 67.
Sierck (le bourg de), I, 109; IV, 62, 112, 114, 115.
Siguenza (la ville de), V, *255.
Silenrieux (le village de), II, *184.
Sillery (Félix-François Brûlart, comte de), V, *69.
Silly (Jacques-Joseph Vipart, marquis de), IV, *120, 123, 126, 128.
Silly (le moulin de), II, 407.
Simon (Richard), oratorien, VI, *45.
Sinzendorf (Philippe-Louis, comte de), V, *207; plénipotentiaire impérial à Utrecht, 48, 49.
Sinzheim (la ville et la bataille de), I, *137-145; II, 327, 372, 387.
Sirot (Claude d'Eltouf de Pradines, baron de), I, *93.
Sixte-Quint, pape, I, 27.
Slype (le village de), V, *157.
Smyrne (la flotte de), I, 80; II, 199, 315.
Soanen (Jean), évêque de Senez, V, 214; VI, 109.
Sobieski (Alexandre, prince), II, *438.
Sobieski (Jacques, prince), II, *438, 439.
Soest (la ville de), I, *114, 122.
Soignies (le bourg de), II, 228, 230, 299, 385, 412; V, 5, 115.
Soignies (la forêt de), II, 409; IV, 156-159.
Soissons (Eugène-Maurice de Savoie-Carignan, comte de), I, *86, 87.
Soissons (le chevalier de). Voyez Neuchâtel (le prince de).
Solari (le comte), III, *157, 199, 201-203, 219.
Solebay (le combat de), I, 104, 106.
Soleil (la cense du), II, *247.
Soleil (le), vaisseau, II, 273, 274.

TABLE ALPHABÉTIQUE. 265

Soleure (la ville de), II, 343.
Soliero (le village de), III, 213.
Solms (Louis-Henri, comte de), II, *93.
Solms (le comté de), I, 122.
Solre (le village de), II, 185.
Sombreffe (le village de), II, *221, 323, 384, 385; V, 5.
Somerset (Charles Seymour, duc de), III, *250.
Somme (la), rivière, V, 243.
Sommers (Jean, lord), III, *76, 77, 84.
Soncino (le bourg de), III, 146; IV, 177, 193.
Sontheim (le village de), V, *30.
Sora (Michel et Gabriel), V, 93.
Sorbonne (la), II, 57, 59; VI, 109, 110.
Soresina (le village de), IV, *178.
Soria (Diego de), I, 160.
Souabe (le pays et le cercle de), III, 137, 189; IV, 64, 76, 136; V, 22, 24, 26, 195; VI, 88.
Soubise (François de Rohan, prince de), VI, *44.
Souches (Louis Rattuit, comte de), I, *153, 154, 157, 158.
Souffel (le ruisseau de), IV, 134.
Sourois (François d'Escoubleau, marquis de), II, *71.
Soultz (le village de), I, *244.
Sousternon (Antoine d'Aix de la Chaise, comte de), V, *154, 162.
Soye-sur-Sambre (le château de), II, *324.
Soyecourt (Jean-Maximilien de Belleforière, marquis de), II, *136.
Soyecourt (Adolphe de Belleforière, chevalier de), II, *136.
Spaar (le baron de), III, *167, 170; IV, 165, 166.
Spaen (Alexandre de), I, *309.
Spinola (la maison), I, 47.
Spire (Lothaire-Frédéric de Metternich, évêque de), I, 307.
Spire (la ville de), I, 166; II, 97, 108, 188, 252; IV, 330, 331; V, 33; VI, 77.

Spire (la bataille de), III, 223.
Spirebach (le), I, 244; II, 188, 254, 372, 388, 415; III, 223, 224; IV, 330; VI, 77.
Sporck (Jean de), I, *127.
Staffarde (l'abbaye et la bataille de), II, 149-150.
Stahrenberg (Ernest-Rüdiger, comte de), II, *21, 96.
Stahrenberg (Guidobaldo, comte de), II, *96; commande en Italie pendant l'hiver de 1702, III, 159, 192; campagne de 1703, 199, 206; belle marche du Trentin en Piémont, 211-221; campagne de 1704 en Italie, IV, 21, 24, 45; au siège de Chivas, 202; surprend Asti, 207-208; en Espagne en 1709, V, 200; campagne de 1710; entrée à Madrid, batailles de Saragosse et de Villaviciosa, 251-262; campagne de 1711; tentative sur Tortose, VI, 11-13; évacue la Catalogne, 74.
Stahrenberg (Richard, comte de), II, *96.
Stanhope (Jacques, comte de), V, *93, 94, 258-259.
Stanley (lord), III, 16.
Statt (le faubourg de), à Huy, IV, 141, 142.
Stattmatt (le village de), IV, *126, 328, 329, 336, 337.
Staufen (le village de), III, 142, 144.
Steckborn (le village de), II, *342, 343.
Stein (le colonel), I, 138, 139, 144.
Steinheim (le village de), IV, 94.
Steinkerque (le village et la bataille de), II, *230, 233-242, 245; V, 116, 118.
Stekene (le village de), III, 170.
Stellata (le village de la), IV, *44-46.
Stenay (la ville de), I, 268, 269, 293.
Stettfeld (le village de), V, *31.
Stettin (la ville de), I, 278.

Stevensweert (la ville de), III, *128.
Stockach (le bourg de), IV, *61.
Stockheim (le château de), III, *129.
Stolhoffen (le village et les lignes de), II, 328, 413; III, 172, 173, 180; IV, 54, 56, 62-64, 71, 73, 75, 120, 123-125, 128, 133, 134, 326, 335, 337; V, 14-16, 20, 38.
Stoppa (Jean-Baptiste de), II, *241.
Stoquois (la hauteur de), II, 231, 234, 237.
Stradella (le bourg de), III, *216; IV, *311.
Strafford (Thomas Wentworth, lord Raby, puis comte de), IV, *16, 19, 24, 46, 59.
Stralsund (la ville de), I, 295; VI, 112.
Strasbourg (la ville de). Le pont de cette ville brûlé par Ricous, I, 109; manœuvres de Turenne autour de cette ville (1674), 166-170; lettre de Turenne aux bourgmestres, 186-187; les ennemis cherchent à y passer le Rhin (1675), 193-194; Montecuccoli y passe, 224, 225; il rentre par là en Allemagne, 227; les habitants refusent le passage au duc de Saxe-Eisenach, 271; le pont est brûlé par Créquy, 288, 290, 291; les forts du Rhin, VI, 69; réunion de Strasbourg à la France, II, 5, 7, 9, 10; le Roi y va, 15; le pont est démoli en exécution du traité de Ryswyk, III, 165; Tallard y réunit son armée, IV, 53, 54, 56. Citée, I, 137, 196, 200, 216, 217, 221; II, 414; III, 138, 139, 175; IV, 57, 63, 70, 98, 99, 128-130, 132, 137, 327; V, 13, 15, 16, 41, 208, 209, 227; VI, 77, 81, 91, 94.
Strée (le village de), II, *185.
Streiff (Charles-Frédéric, baron de), IV, *113, 136, 333, 334.

Strihoux (le bois de), II, 232, 238.
Stura (la), rivière, IV, 204, 205, 268, 269, 317-320.
Stuttgart (la ville de), II, 308; V, 21-23; VI, 91.
Styrum (N. de Limbourg, comte de), II, 135.
Styrum (Hermann-Otto, comte de Limbourg-), III, *172, 185-187, 189.
Suède (la), I, 21, 298-301, 308-310; II, 3, 104; II, 33.
Suède (les rois de). Voyez Charles XI, Charles XII.
Suédois (les), I, 54, 188, 229, 233, 295; II, 189; III, 36.
Suisses (les cantons). Levées faites par le Roi en ce pays (1667), I, 52; diète tenue à l'occasion de la conquête de la Franche-Comté, 57; ils ne bougent pas lors de la seconde conquête, 136; penchent vers les alliés (1690), II, 122; ils refusent de rompre avec la France, 169; négociations secrètes en Suisse entre les Français et les alliés, 341-343, 382, 383; mêlés à l'affaire de Neuchâtel, III, 17-20, 23; ils fournissent des troupes aux Hollandais, 68; ils refusent leur territoire pour le passage des troupes françaises (1704), IV, 55-56. Cités, I, 53; III, 139, 177, 231; VI, 89.
Suisses (les régiments), I, 154.
Sully (Eudes de), évêque de Paris, V, 215.
Sulz (le bourg de), IV, *61, 101, 118, 120, 126.
Sund (le détroit du), III, 36.
Sundenheim (le ruisseau de), IV, 87.
Sunderland (Robert Spencer, comte de), II, *83.
Surbourg (le village de), IV, *127, 129.
Surville (Louis-Charles d'Hautefort, marquis de), V, *176.

TABLE ALPHABÉTIQUE.

Défense de Tournay en 1709, 176-180.
Suse (la ville de). Prise par Catinat (1690), II, 151-152 ; le duc de Savoie veut la reprendre, 194 ; fortifiée par Catinat, 195 ; en 1693, Catinat s'attache à la défendre, 310-311 ; le duc de Savoie la menace (1694), 331-334 ; assiégée et prise par La Feuillade (1704), IV, 5-6 ; prise par le prince Eugène (1707), V, 58. Citée, II, 263, 266, 310, 311, 374, 390 ; IV, 207, 324, 325 ; V, 2.
Susine (la porte), à Turin, IV, 274, 279, 281, 284, 294.
Suslingen (le village), IV, 92.
Swammerdam (le bourg de), I, *111.

T

Tabago (l'île de), I, 278.
Tachard (le P. Guy), II, *47, 49.
Tage (le), III, 255, 264 ; IV, 218, 251, 252 ; V, 250.
Tagliata (la), III, 153.
Talavera-de-la-Reyna (le bourg de), V, *257.
Tallard (Camille de la Baume d'Hostun, comte puis maréchal de), II, *257. Il assiège Saint-Goar et est blessé, 257-262 ; ses terres de Dauphiné brûlées par les ennemis, 265 ; commande un corps d'armée en 1694, 331 ; va camper sur le Spirebach, 372 ; garde les passages de la Sambre (1693), 385-386 ; son ambassade à Londres, III, 4 ; il y retourne en 1701, 67 ; commande un camp volant (1702), 126 ; ses opérations sur le Rhin, 133-135 ; fait lever le siège de Traërbach, 165 ; tentative sur les lignes de Stolhoffen, 172-173 ; commande l'armée du Rhin, 175 ; sa campagne ; prise de Landau, 221-225 ; campagne de Bavière (1704) ; il revient en Alsace, IV, 53-60 ; ses opérations avec Villeroy, 62-63 ; il repasse en Bavière ; opérations et sièges, 70-78 ; bataille de Plentheim ou d'Hochstedt, 78-92 ; fait prisonnier, il est envoyé en Angleterre, 96 ; entame des négociations pour la paix, VI, 14, 17, 18 ; revient à Paris, 19.
Tallemant (Paul, abbé), VI, *45.
Talmash (Thomas), II, *339.
Talon (Denis), II, *64.
Tamise (la), I, 104, 116 ; II, 76, 228.
Tanaro (le), rivière, III, 220 ; IV, 312 ; V, 67.
Taormine (la ville de), I, 235.
Tardif (Rémy), IV, *292.
Tarentaise (la), II, 195.
Tarentaise (le régiment de), IV, 35.
Taro (le), III, 151.
Tarracen (M. de), IV, 346, 347.
Tarragone (la ville de), II, 431 ; IV, 222 ; V, 91, 109.
Tartares (les), II, 20, 21, 27.
Tartaro (le), III, 92, 193, 196 ; IV, 308.
Tauber (le), rivière, V, *32.
Tavagny (François de), IV, *43.
Taviers (le village de), II, *220, 366.
Tawern (le village de), I, *190.
Tende (le col de), IV, 192 ; V, 47, 49.
Ter (le), rivière, II, 335, 395 ; VI, 9.
Terbank (l'abbaye de), IV, *153.
Terre-neuve (l'île de), V, 212, 228 ; VI, 49, 55, 63.
Tessa (le village de la), III, 153.
Tessé (René de Troullay, comte et maréchal de), II, *190. Blessé à l'attaque de Veillane, 190 ; secourt Saint-Frémond à Carpi, III, 93 ; en garnison à Mantoue, 159 ; commande l'armée de Vaudémont, 210 ; va commander en Espagne (1704), 265 ; au siège de Gi-

braltar, 276, 279; campagne de 1705 en Estrémadure, 214-215, 223-225; campagne de 1706, 229-231, 234, 239; campagne de 1707 en Provence; défense de Toulon, V, 46-58.

Tessin (le), rivière, III, 206; IV, 199.

Tessone (le), rivière, III, 151, 152.

Tettau (Daniel de), II, *323-325.

Teutonique (l'ordre), II, 71; V, *32.

Thann (le bourg de), I, 182.

Thannhausen (le bourg de), IV, *74.

Thaun (Ulrich-Philippe-Laurent, comte de), IV, *267, 285, 287, 291, 319, 324; V, 42-45, 248.

Thian (le comte de), II, *320.

Thielt (le bourg de), II, *244, 326, 387; IV, 347.

Thieusies (le village de), I, 303, 304; II, 408.

Thille (la), rivière, V, *5.

Thionville (la ville de), I, 265, 267; IV, 62, 108, 113.

Thisnes (le village de), II, *215, 220.

Thoronet (le bourg du), V, *54.

Thouy (Antoine-Balthazar de Longecombe, marquis de), III, *254; V, 108, 258.

Thungen (Jean-Charles, baron de), II, *373. Gouverneur de Mayence, 373, 374; campagne de 1696, 388-389; campagne de 1704 en Bavière, IV, 56, 59, 61; assiège Ulm, 97; campagne de 1705 en Allemagne; battu par Villars, 118-120; va camper à Stolhoffen, 124; assiège Haguenau, 134; ses quartiers d'hiver, 138; campagne de 1706, 336-339; campagne de 1707, V, 30; commande l'armée impériale, 37, 41.

Thurner (le village de), IV, *59.

Tiberia (le marquis de), V, *43.

Ticengo (le village de), IV, *178, 193.

Tidone (le), III, 207.

Tilladet (Jean de Cassagnet, marquis de), II, *236, 241.

Tilly (Claude de Tserclaes, comte de), III, *120, 122, 168, 169; V, 9, 241-242.

Tingry (le prince de). Voyez Luxembourg (le chevalier de).

Tingu (le major), I, 64.

Tirlemont (la ville de), II, 320, 321; IV, 152, 153, 155, 339.

Titaguas (le village de), IV, 253.

Tobolino (le château de), III, *200, 201.

Tœkœly (Emeric, comte), II, *2, 22, 24.

Tolède (la ville de), IV, 244, 246, 251, 252; V, 257.

Tolhuys (le village de), I, *88.

Tongres (la ville de), I, 110; II, 287, 321; III, 129, 133, 167; IV, 339.

Tonning (la ville de), III, *36.

Torbay (la rade de), II, 87; IV, 355.

Torbole (le bourg de), III, 198, 199, 203; IV, *175.

Torcy (Jean-Baptiste Colbert, marquis de), III, *25; négociations de 1709; son voyage à La Haye, V, 207-208; négociations pour la paix en 1710, 225-236; puis en 1711, VI, 16, 17. Cité, 127.

Tordesillas (le bourg de), V, *257.

Torigny (Charles-Auguste de Goyon, chevalier de), plus tard comte de Gacé et maréchal de Matignon, I, *147, 148. Voyez Gacé et Matignon.

Torino (le village de), IV, *190, 191.

Tormès (la), rivière, V, *257.

Torne (le village de), III, 218.

Torne (le naviglio de la), IV, 183, 184.

Torralba (Antoine, marquis de), V, *175-177.

Torre-Allegada (le village de), V, *205.
Torrega (la ville de), V, *84, 87.
Torrejon (le bourg de), IV, *242, 243.
Torrelle-de-Montgris (la ville de), II, 378.
Torrente (le bourg de), V, *251, 252.
Torrès (Christophe de Moscoso y Montemajor, comte de las), IV, *8, 227, 243.
Torrès-de-Sègre (la ville de), V, *75.
Tortone (la ville de), IV, 324.
Tortose (la ville de), IV, 222; V, 69, 73, 74, 76, 109-112; VI, 12.
Toscane (la), I, 31.
Toscane (Côme III de Médicis, grand-duc de), II, 4, 91; III, *41, 42, 68.
Toul (la ville de), I, 298.
Toul (les évêques de), II, 6.
Toulon (la ville de). Menacée par les ennemis (1695), II, 379, 380; armements de 1696, 399; armements de 1697 pour le siège de Barcelone, 417, 437; menacée par les alliés en 1703, III, 240; armements en 1704, 262, 266; armements en 1705, IV, 217, 218; armements en 1706 pour le siège de Barcelone, 228, 231, 233; assiégée par le duc de Savoie (1707), V, 45-57, 94. Citée, II, 337; III, 232, 267, 277, 278; IV, 358; V, 94.
Toulouse (Louis-Alexandre de Bourbon, comte de). Assiste à l'hommage du duc de Lorraine, III, 25; fait secourir Cette contre un débarquement, 232; fait armer des vaisseaux à Toulon et fortifier le port, 239, 240; combat naval de Velez-Malaga, 261-262, 266-270; se rend à Toulon pour le défendre (1705), 217, 218, 225; vient à Toulon (1706), 231; déclaré prince du sang, VI, 113; dernières paroles du Roi, 127.
Tour (Inigo-Lamoral, comte de la), III, *181, 182, 184, 185; V, 195.
Tour-de-Villeneuve (M. de la), IV, 35.
Tourinnes-lès-Ourdons (le village de), II, 286; V, *7, 8.
Tournaisis (le), II, 18, 116, 323, 346.
Tournay (la ville de). Prise en 1667, 1, 44; construction de la citadelle, 61; comprise dans la paix de Nimègue, 230, 280, 281; chambre de réunion qui y est établie, II, 6; Boufflers y assemble l'armée (1693), 285, 286; Tallard y mène un corps de troupes (1696), 386; Villeroy y assemble l'armée (1697), 406; pris par les alliés en 1709, V, 175-180; comprises dans les traités d'Utrecht et de Rastadt, 50, 64, 96. Citée, I, 76, 157; II, 300; IV, 348, 350; V, 11, 132, 138, 143, 147, 162, 163, 485; V, 209, 265; VI, 5, 23, 37.
Tournefort (Henri du Vivier-Lansac, comte de), V, *12.
Tournon (le régiment de), III, 229.
Tournus (l'abbaye de), V, 263.
Tours (l'archevêque de). Voyez Hervault (M. d').
Tourville (Anne-Hilarion de Costentin, comte de), II, *270. Bataille de Beveziers, 159, 160; bataille de la Hougue, 270-276; fait maréchal de France, 283; son escadre en 1693, 285; capture la flotte de Smyrne, 315-316; campagne dans la Méditerranée (1694), 334, 337; campagne de 1695, 379, 380; commande en Poitou (1696), 401.
Touticourt (le bois de), II, 407.
Townshend (Charles, vicomte), V, *207.

Tracy (Jean-Louis du Halegoët, marquis de), II, *233, 234.
Traërbach (le château et la ville de), III, *134, 165; IV, 105, 327.
Trafalgar (le cap de), III, 275.
Tra-los-Montes (la province de), V, 79.
Trauttmansdorff (Charles-Joseph, comte de), VI, *89.
Travendal (le traité de), III, *37.
Trazegnies (Jean, marquis de), I, *44.
Trémoïlle (Joseph-Emmanuel, cardinal de la), V, *265.
Treno (le village de), IV, 3.
Trente (la ville de), III, 90, 158, 199, 201, 202.
Trentin (le), III, 89, 179, 182, 196, 197; IV, 47-49, 263, 264, 303, 305.
Trèves (la ville de). Prise par Rochefort (1673), I, 120-121; siège et prise par les alliés (1675), 189-193; prise par Humières (1689), II, 97; prise par Marlborough (1704), IV, 105; description, 108; prise par Villars (1705), 117. Citée, I, 264, 266; IV, 112, 122; VI, 77.
Trèves (Gaspard de la Leyen, électeur de), I, 109, *120.
Trèves (Charles-Joseph de Lorraine, électeur de), VI, 58.
Trèves (l'abbaye Saint-Martin, à), IV, 122.
Treviglio (le bourg de), IV, *180, 188, 189.
Trezzo (le village de), IV, 181.
Tricerro (le village de), III, 7.
Trimal (le village de), V, *8.
Trin (la ville de), IV, 2, 4, 7, 24, 33, 38.
Trinité (le comte de la), IV, 16.
Triomphant (le), vaisseau, II, 274.
Trogné (le baron de), IV, *51.
Trois-Évêchés (les), IV, 108, 116; V, 41.

Trois-Trous (le fort des), près Bruxelles, II, 409.
Tromp (Corneille Van), I, *116, 159, 160.
Trouille (la), V, *163, 184.
Trousse (Philippe-Auguste Le Hardy, marquis de la), II, *143, 145, 146.
Tserclaës (Albert de), comte de Tilly, II, *180-182, 247, 287; III, 253.
Tubinge (la ville de), II, *189.
Tubize (le village de), II, *234, 299; V, 115, 117.
Tudela (la ville de), V, *253.
Tuile (le fort de la), dans le val d'Aoste, IV, 20.
Tuileries (le palais des), à Paris, I, 39.
Tunderen (le bailliage de), III, 38.
Turckheim (le bourg et le combat de), I, *183-185.
Turcs (les). Contingent français envoyé contre eux à l'Empereur (1663), I, 34; siège et prise de Candie (1668), 62-74; ambassade envoyée en France, 75-76; ils envahissent l'Autriche; siège de Vienne; ils sont défaits par Sobieski, II, 19-28; traité de paix avec l'Empire, 109; gagnent une bataille sur les Impériaux (1689), 119; perdent l'île de Chio, 344; traité de Carlowitz (1699), III, 4; font la paix avec la Pologne, 33. Cités, I, 33; II, 2, 11, 29, 38, 66, 106, 341, 404; III, 41, 238; VI, 111.
Turenne (le maréchal de). Sa rancune contre Louvois, I, 17; commande l'armée sous le Roi (1667), 43; reprend Dendermonde, 50; campagne de Hollande (1672), 84, 88, 92-93, 103, 106-110; son portrait, 85-86; campagne de 1673 en Allemagne, 112-114, 122-124; campagne de 1674; bataille de Sinzheim, 136-153; suite de la campagne, bataille

TABLE ALPHABÉTIQUE.   271

d'Ensheim, combats de Mulhausen et de Turckheim, 165-187; campagne de 1675 en Allemagne, 193-202; escarmouche de Saasbach; mort de Turenne, 202-213. Cité, I, 3, 216; IV, 124.
Turenne (Louis-Charles de la Tour d'Auvergne, prince de), II, *241.
Turin (la ville de). Catinat veut en occuper la citadelle (1690), II, 147; l'armée française menace la ville (1691), 190; Catinat s'avance sur Turin (1696), 390; La Feuillade vient assiéger la ville (1705), IV, 204, 205; blocus; le duc d'Orléans arrive au siège (1706); défaite des Français devant Turin, 266-303, 309, 313-322. Citée, II, 143, 146, 391, 392, 395; III, 96, 205; IV, 2, 5, 27.
Turquie (la), VI, 115.
Tuttlingen (la ville de), IV, *73, 74.
Tyrconnel (Richard Talbot, comte de), II, *104, 105, 165, 166.
Tyrol (le), III, 178, 179, 182-184, 197, 202; IV, 303; V, 34.

U

Ulm (la ville d'). Enlevée par surprise (1702) par l'électeur de Bavière, III, 136-137; Legall y bat le comte de la Tour, 181, 184; prise par le général Thungen (1704), IV, 97; diète tenue dans cette ville (1713), VI, 88. Citée, III, 177, 185; IV, 65, 74, 94.
Unigenitus (la constitution), VI, 103-110, 118-120.
Unna (la ville d'), I, *113.
Urago (le village d'), III, 96; IV, *175, 176, 193, 194.
Urbain VIII, pape, V, 218.
Urgel (la ville d'), IV, 222.
Urmond (le village d'), I, *292.

Ursins (la princesse des), VI, 63.
Usson (Jean, marquis d'), II, *420, 438; III, 106, 185-187.
Ustiano (la ville d'), III, 146, 147; IV, 176, 178.
Utrecht (la ville d'), I, 92, 97, 103, 111, 118, 120.
Utrecht (les négociations et le traité d'), III, 23; VI, 11-20, 22-23, 46-74.
Uzès (Louis de Crussol, duc d'), II, *295.

V

Vachette (le hameau de la), V, *199.
Vaihingen (la ville de), II, *309.
Vaisseaux (le régiment des), III, 101.
Valbelle (Jean-Baptiste, chevalier de), I, *161.
Val-d'Aro (le), II, 398.
Valdecañas (Melchior d'Avellaneda, marquis de), V, *258.
Valdecañas (la ville de), IV, 255.
Valdoc (le), près Turin, IV, 274, 283, 285.
Valence (le royaume de). Il se soulève contre Philippe V, IV, 222; l'Archiduc le soumet complètement, 227; campagne de l'armée de Berwick (1706), 255-257; campagne de 1707, V, 61, 71-74, 77, 78. Cité, IV, 216, 219, 234, 243, 355; V, 109.
Valence (la ville de), en Espagne. L'Archiduc quitte cette ville (1706), IV, 257; il y revient (1707), V, 59; elle se rend à Philippe V, 71; elle est démantelée, 73. Citée, IV, 238; V, 60, 62, 110.
Valence-du-Pô (la ville de), II, 393; III, 212; IV, 324, 325; VI, 67.
Valencia-de-Alcantara (la ville de), III, *256, 257; IV, 213, 214, 256.
Valenciennes (la ville de). As-

siégée et prise par le Roi (1677), I, 253-257; réclamée par l'Espagne à Nimègue, 280; sert de refuge à l'électeur de Cologne, III, 134. Citée, I, 235; II, 347, 384; IV, 348; V, 115, 177, 183, 191; VI, 32, 37.

Valentin (le), près Turin, IV, 271.

Valernod (M. de), V, 157.

Valette (Louis-Félix de Nogaret, marquis de la), II, *245, 250, 285, 288, 300, 320, 324.

Valette (la), près Toulon, V, 53.

Valin (le marquis de), I, *88.

Valladolid (la ville de), IV, 246; V, 255.

Vallavoire (François-Auguste, marquis de), I, *161.

Valle (Don Antonio del), IV, *249.

Vallées du Piémont (les), II, 40, 148, 152, 197; IV, 278.

Vallengin (le), VI, 65.

Val-les-Béguines (le village du), IV, 145.

Vallière (Louise-Françoise Le Blanc de la Baume, duchesse de la), I, 40-41; V, *266, 267.

Vallins (Armand de), I, *88.

Val-Saint-Lambert (le), IV, 389.

Val-Saint-Pierre (le), III, 139.

Valsemé (Louis-Ferry Malet de Graville, marquis de), IV, *90.

Van Beuningen (Conrad), I, *52, 53.

Van Beverningk (Jérôme), I, *296, 301.

Van-den-Berg (le sieur), V, 206.

Vanderbeek (le village de), II, *299.

Van-der-Dussen (le sieur), V, 206.

Van Gent (Guillaume-Joseph), I, *105.

Vanloo (la ville de), I, 125.

Vanqueuille, près Turin, IV, *290.

Van Tromp (Corneille), I, *116, 159, 160.

Var (le), fleuve, V, *49, 50, 52.

Vardöhuus (le port de), V, *95.

Varsovie (la ville de), III, 40.

Vatican (le palais du), à Rome, II, 65.

Vauban (le maréchal de). Dirige le siège de Maëstricht (1673), I, 119-120; conduit celui de Namur (1692), II, 217; son soin à épargner les hommes, 227; va commander en Bretagne (1695), 380; au siège d'Ath, 407; fait faire un camp retranché près Dunkerque (1706), IV, 349; sa mort, V, 97; sa dîme royale, 269.

Vaubecourt (Louis-Claude de Nettancourt-Haussonville, comte de), IV, *33, 34, 199.

Vaubonne (Joseph Guibert, marquis de), II, *414; III, 196-199, 201-203; IV, 2, 3; V, 45; VI, 75, 78.

Vaubrun (Nicolas II. Bautru, marquis de), I, *168, 169, 187, 200, 211, 212, 216-222.

Vaudémont (Charles-Henri de Lorraine, prince de), I, *37. Sa naissance, 37-38; défend Besançon (1674), 135; battu à Seneffe, 153-154; force les lignes d'Espierres (1689), II, 116; campagne de 1690, 133; en 1695, commande un corps sur la Lys, 350; réussit à se retirer devant Villeroy, 352-359; envoie du renfort à Nieuport, 361; défend Bruxelles, 363-365; reste campé derrière Gand (1696), 384; marche vers le canal de Bruges, 387; il reconnaît Philippe V et lui reste fidèle (1701), III, 69; campagne de 1702 en Italie, 150, 154, 156; prend Guastalla, 157; campagne de 1703, 191-196; quitte son commandement, 211; campagne de 1705, IV, 190; se retire à Mantoue (1706), 325; négocie l'évacuation de la Lombardie, V, 2. Cité, II, 383; III, 211.

TABLE ALPHABÉTIQUE.

Vaudémont (le prince Thomas de), III, 100, 102, 104, 216.
Vaudois (les), IV, 6.
Vaudrey (Jean-Charles, comte de), IV, *167.
Vaulx-lès-Tournay (le village de), II, *248.
Vaux (le château de), près Melun, I, 11.
Vaux-de-Cernay (l'abbaye des), V, 215.
Veillane (le bourg de), II, 190, 194, 333, 334, 390.
Velaine-sur-Sambre (le village de), II, *126, 127, 134.
Velas (le bourg de), IV, 253.
Velasco (Francisco de), II, *416-418, 425-428, 430; IV, 220, 221.
Velderen (le baron de), IV, 147.
Velez-Malaga (la ville et la bataille de), III, *262, 267-270.
Velos (le comte de), II, 342, 343.
Vendôme (Louis-Joseph, duc de), I, *222. Blessé à Altenheim, 222; combat à Steinkerque; II, 236, 237; commande en Provence (1694), 332; va commander en Catalogne (1695), 377-378; campagne de 1696; combat d'Hostalrich, 395-398; campagne de 1697; prise de Barcelone, 416-431; va commander en Italie (1702); ravitaille Mantoue; victoire de Luzzara, III, 145-159; plan pour la campagne de 1703, 178-180; expédition du Trentin; prise d'Arco et de Trente, 183, 191-203; il désarme les troupes de Savoie, 204-206; suite de la campagne de 1703, 206-221; campagne de 1704 en Piémont, IV, 1-8; siège de Verceil, 8-14; siège d'Ivrée, 14-18; siège de Verrue, 20-42; détachements qu'il fait de son armée, 48; campagne de 1705 en Italie, 167, 168, 171-173, 177-183; combat de Cassano, 184-192; suite de la campagne, 192-203; campagne en Italie en 1706; combat de Calcinato, 258-266; envoie des secours à la Feuillade, 276; opérations sur l'Adige, 303-307; rappelé d'Italie et envoyé en Flandre, 289, 308; campagne en ce pays, 351-353; campagne de 1707 en Flandre, V, 4, 10; campagne de 1708; prise de Gand; bataille d'Audenarde, 114-136; ses opérations contre les alliés pendant le siège de Lille, 141, 143, 146, 147, 151, 155; il pense à assiéger Ostende, 142; il s'en va à Bruges, 156-157; il laisse Marlborough passer l'Escaut, 161-163; revient à Paris, 164; va commander en Espagne; bataille de Brihuega et de Villaviciosa, 257-261; campagne de 1711 en Espagne, VI, 10-13; sa mort à Vinaroz, 39.
Vendôme (Philippe de), grand prieur de France, III, 220; IV, 1, 42-49, 166, 167, 170, 172-182, 198.
Vénerie (le château de la), IV, 205, 268, 318.
Venise (la ville et la république de), II, 4, 59, 147, 395; III, 4, 68, 90, 91; IV, 47-49; V, 213-214.
Vénitiens (les), I, 32, 62-65, 67, 70, 73, 74; II, 344; III, 198; IV, 47-49, 166, 306, 307.
Venloo (la ville de), III, 124, 126-128.
Ventadour (la duchesse de), VI, 125, 126.
Vérac (le régiment de dragons de), 185.
Vera-Cruz (le port de la), II, 402.
Verboom (Prosper-Joseph de), IV, *158, 159, 164; V, 252.
Verceil (la ville de), II, 148; IV, 2, 7-12, 15, 19, 21, 33, 42, 212.
Verdit (le sieur), V, 45.

Verdun (la ville de), I, 193; V, 247.
Verdun (les évêques de), II, 6. Voyez Béthune (Hippolyte de).
Verjus. Voyez Crécy (M. de).
Vermandois (le), vaisseau, II, 435.
Vérone (la ville et le pays de), III, 90, 91; IV, 47, 48, 265, 266, 307.
Verrue (la ville de). Vendôme projette de l'assiéger, IV, 13; siège et prise par Vendôme (1704-1705), 21, 25-42; fortifications rasées, 212. Citée, II, 148; IV, 1, 2, 167, 168, 195, 202, 203, 267.
Verrue (Marie-Joseph-Ignace-Jérôme de Scaglia, comte de), IV, *96.
Versailles (le château et la ville de), I, 39, 260; II, 34, 43, 48, 176, 228, 285, 286; III, 24-26; VI, 115.
Verseilles (Jacques Badier, marquis de), V, *24, 26.
Verteillac (Nicolas de la Brousse, comte de), II, *175, 176.
Vianna (la ville de), III, *264.
Vic (le bourg de), I, 261.
Vich (la plaine de), IV, 219; VI, 10.
Vicoigne (l'abbaye de), V, *264.
Victoires (la place des), à Paris, II, 54-56.
Vidano (le village de), III, 151.
Vidreras (le bourg de), II, *398.
Vieille-Marine (le régiment de la), I, 207, 208.
Vienne (la ville de), en Autriche. Le cardinal de Furstenberg y est transféré, I, 129; assiégée par les Turcs; délivrée par Sobieski, II, 20-28; les Mécontents de Hongrie s'avancent jusque près de Vienne, III, 179, 211, 239; le prince Eugène y vient prendre la présidence du conseil de guerre, 191; l'Archiduc en part pour se rendre en Hollande, 250. Citée, II, 96; III, 136, 159.
Vienne (la cour de), I, 114, 188, 227; II, 251, 252, 281, 340; III, 15, 16, 248; V, 28.
Viennois (le), V, 107.
Vieux-Palais (le), près Turin, IV, 269, 270.
Vieux-Parc (le château du), près Turin, IV, 205.
Vieuxpont (Guillaume-Alexandre, marquis de), IV, 329; VI, *30, 31.
Vigevano (la ville et le pays de), IV, 324; VI, *67, 69.
Vignamont (le village de), IV, 139, 141, 145.
Vignory (Pierre Renaud des Landes, comte de), I, *189.
Vigo (le port de), III, *163-165.
Vijk (la ville de), I, *97.
Villabuona (le village de), III, 92.
Villadarias (Franco del Castillo-Faxardo, marquis de), III, *162, 253, 255, 257, 265, 271-273, 276; V, 250.
Villanova (le village de), IV, 172.
Villarceaux (Charles de Mornay, marquis de), II, *136.
Villa-Real (le marquis de), IV, 238.
Villars (Louis-Hector, marquis, puis duc et maréchal de). Campagne de 1692, II, 250-251; commande en Alsace en 1702, sous Catinat; combat de Friedlingue, III, 138-144; emporte les retranchements de la Kinzig, 165-166; attaque les lignes de Stolhoffen, 172-174; passe en Bavière et joint l'électeur, 174-176; campagne de Bavière, 176-181, 183; première bataille d'Hochstedt; Villars revient en France, 185-189; il est envoyé contre les Camisards de Languedoc; traité avec eux, 228-233; commande l'armée de la Moselle, (1704); campagne sur la Moselle et la Sarre, IV, 108-118;

il passe en Alsace, 118-119; tentative de Lauterbourg; il passe le Rhin, 119-122; campagne contre le général Thungen et le prince de Bade, 122-138; campagne d'Allemagne (1706), 326-332; affaire de l'île du Marquisat, 332-336; projet d'assiéger Landau, 337-339; campagne de 1707 en Allemagne; prise des lignes de Stolhoffen, V, 13-21; campagne dans le Würtemberg, 21-34; canonnade de Dourlach, 34-36; fin de la campagne, 36-39; contributions levées par lui en Allemagne, 21-24, 33, 34; campagne de 1708 en Dauphiné, 107-108; il commande l'armée de Flandre en 1709, 173-175, 182; bataille de Malplaquet; il est blessé, 185-192; est fait pair, 193; campagne de 1710, 238-246; campagne de 1711, VI, 1-6; campagne de 1712 en Flandre, 24-28; bataille de Denain, 28-33; il s'empare de plusieurs places en Flandre, 33-38; commande l'armée d'Alsace en 1713, 75; mouvements en Alsace; siège et prise de Landau, 76-81. Force les lignes de Fribourg et assiège cette place, 81-87. Prend la ville, 87-89. Choisi comme plénipotentiaire; négociations de Rastadt, 89-92. Cité, IV, 76, 145, 350, 353.

Villars (Armand, comte de), III, *273; IV, 357, 358; V, 93.

Villaviciosa (la bataille de), V, 264.

Villefranche-sur-Mer (la ville de), II, 177; III, 232; IV, 195-197.

Villefranche du Pô (la ville de), II, 392.

Villemont (M. de), I, 144.

Villena (le marquis de). Voyez Escalona (le duc d').

Villena (la ville de), V, *60.

Villeneuve-d'Asti (le bourg de), III, 210; IV, 278.

Villeroy (Nicolas de Neufville, maréchal de), II, *42.

Villeroy (François de Neufville, maréchal de), I, *60. Galanterie qu'il fait au Roi au siège de Dôle, 60; à la bataille de Steinkerque, II, 236; son crédit, 262; nommé maréchal de France, 283; commande en Flandre sous Luxembourg (1693), 286; prend Huy, 288; prend Charleroy, 299-300; en Flandre sous Monseigneur (1694), 324; commande l'armée de Flandre (1695), 346-351; affaire de Deynze, 352-360; suite de la campagne, 361-366, 370-371; campagne de 1696 en Flandre, 383-387; campagne de 1697, 406-412; va commander en Italie (1701) sous le duc de Savoie, III, 94-96; il est fait prisonnier dans Crémone, 99, 101, 102; commande en Flandre avec Boufflers (1703), 167, 169, 223; campagne de Flandre en 1704, IV, 49, 50; il passe en Alsace, 62, 63; va camper à Offenbourg, 71, 73; campagne d'Alsace, 98-101, 104; commande l'armée de Flandre (1705), 111; prend Huy et attaque la citadelle de Liège, 115-116; Villars renforce son armée, 117; campagne de Flandre, 139-163; campagne de 1706, sous l'électeur de Bavière; bataille de Ramillies, 339-348; entretien avec le Roi dans sa dernière maladie, VI, 120-121; gouverneur du Dauphin, 122.

Villeroy (Louis-Nicolas de Neufville, duc de), II, 356; III, *18.

Villers-Perwin (le village de), V, *8.

Villes forestières (les), I, *288.

Ville-sur-Haine (le village de), II, *229.

Villestelon (le village de), IV, 277, 313.
Villette (Philippe de Valois, marquis de), II, *272.
Villingen (la ville de), III, 176; IV, *59, 61, 72, 73.
Vimy (le bourg de), VI, *2.
Vinalmont (le village de), II, *321, 324.
Vinaroz (le village de), VI, *39.
Vincennes (le château de), I, 12; IV, 215; V, 219; VI, 22, 129.
Vinzasca (le village de la), IV, *190.
Violaine (Daniel de), III, *130.
Visalte (le château de la), IV, 8.
Visconti (Annibal, marquis), III, *151, 152, 206, 207, 209; IV, 46, 176, 316.
Vishofen (le bourg de), III, 172.
Vitré (la ville de), II, 314.
Vitry-sur-Scarpe (le village de), V, *240-242.
Vittoria (la ville de), V, 255.
Vivans de Noaillac (Henri de), II, *137.
Vivans (Jean de Vivans de Noaillac, marquis de), IV, 337; V, *16-21, 31, 33, 37-40.
Viverone (le village de), IV, *14.
Vivier-d'Oye (le village du), IV, *157, 158.
Vivonne (Louis-Victor de Rochechouart, duc de), I, *91, 224, 228, 235, 284.
Vizé (la ville de), I, *86; II, 348, 371.
Voghera (la ville de), III, *247.
Vöhrenbach (la ville de), VI, *82.
Voorn (l'île et la ville de), I, *95, 99.
Vosges (les), I, 184.
Voskapel (le hameau de), V, *116.
Voysin (Daniel-François), chancelier, V, *212; VI, 124, 128.
Vraignes (Henri de Pingré de), V, *58.
Vynckt (le village de), II, 353, 356.

W

Waës (le pays de), I, 47; III, 111, 167, 170.
Waibstadt (la ville de), I, *143, 144.
Wahal (le), I, 88, 89; III, 124.
Walcheren (l'île de), I, 99.
Walcourt (la ville et le combat de), II, *116-117, 249.
Waldeck (Georges-Frédéric, comte de), II, *86, 124, 129-131, 133, 138, 178, 179.
Waldeck (le comté de), I, 122.
Waldkirch (la ville de), IV, *56, 71, 136.
Waldruck (le hameau de), V, *5.
Walhain-Saint-Paul (le village de), V, *7.
Wallenstein (Charles-Ernest, comte de), III, *243.
Wallons (les), I, 254; V, 43.
Walsdorf (le village de), II, 373.
Walters (Lucie), II, 35.
Wangen (le château de), IV, 147, 148, 150, 152.
Wanzenau (le village de la), I, *170; IV, *98.
Warelles (le château de), II, 231, 232, 238.
Waremme (le village de), II, 289, 319.
Warneton (le village de), V, *139, 180, 181, 209; VI, 64, 96.
Wartigny (César de Brouilly, marquis de), IV, *23.
Warton (le colonel), II, 89.
Wassèges (le village et les lignes de), III, *129, 132; IV, 50, 51, 146-153, 156, 161.
Wasselonne (le bourg de), I, *177-179.
Wassenaer (Jean, baron de), III, 240.
Wasserbillig (le village de), IV, *112.
Waterford (la ville de), II, 165.
Waterloo (le village de), IV, *157, 158.

TABLE ALPHABÉTIQUE.

Watteville (Charles, baron de), I, *20-26, 33.
Watteville (Louis du Fossé de la Motte, comte de), II, *123, 124.
Wattripont (le village de), V, *142.
Wavre (le village de), II, *384; V, 8.
Wavrin (le village de), V, *175.
Webbecom (le village de), IV, *162.
Webbenum (M. de), II, 126.
Wedel (le général), II, *246.
Weert (le village de), III, *126.
Weil (le bourg et la plaine de), I, *246; II, 309; IV, 60.
Weinsheim (le village de), II, *306.
Weissenhorn (le village de), IV, *74.
Welde (le village du), IV, 68.
Werne (la ville de), I, *113.
Wertach (le), IV, 69, 75.
Wertheim (la ville de), I, *123.
Werton (l'amiral), III, 274.
Wervicq (le bourg de), V, *209; VI, 64, 96.
Wesel (la ville de), I, 83, 87, 88, 104, 107, 113, 115; III, 120, 124.
Weser (le), I, 114, 309.
Westminster (l'abbaye de), II, 98, 100, 103.
Westphalie (la), I, 113.
Westphalie (le traité de). Voyez Münster (le traité de).
Westphalie (les troupes de), IV, 117.
Wetzel (le général), IV, 305-307, 309.
Wezersheim (le village de), IV, 98, 134, 136, 137, *327, 328.
Whitehall (le palais de), II, 92, 93.
Wiblingen (le village de), I, 146; II, *308.
Wiersheim (le village de), IV, 125.
Wilferdingen (le village de), V, *30.
Wilkes (le général), IV, 91.

Willstedt (le village de), 1, *196, 214-218; IV, 125; VI, 81.
Wiltz (le comte de), IV, *47.
Wilvorde (le village de), II, 409.
Winden (le village de), I, *166.
Windschäg (le village de), I, *196.
Windsor (le palais de), III, 250.
Winnenden (le bourg de), V, *29.
Wissembourg (la ville et les lignes de), I, 120, 244; II, 329; IV, 101, 118-120, 122; V, 13, 20, 37, 247; VI, 7.
Witt (Jean et Corneille de), I, *81, 82, 101, 130.
Wittlicht (le bourg de), I, *109, 113.
Wœrth (le bourg de), IV, 118, 119, 126.
Wolfenbüttel (Rodolphe-Auguste, duc de Brunswick-), III, *68, 106.
Wolfenbüttel (les troupes de), III, 192.
Worms (la ville de), II, 97, 108, 252, 253, 327, 385; V, 32; VI, 77, 78.
Wörnitz (la), rivière, IV, *66, 67, 75, 77.
Wuestwezel (le village de), IV, *164.
Würtemberg (le duché de). Le maréchal de Lorge y entre et y lève des contributions, II, 188; campagne de 1693, 303, 309. Cité, I, 195, 203, 206; II, 372; III, 173; IV, 56, 62, 73, 97, 136; V, 24.
Würtemberg (Frédéric-Charles, duc-administrateur de), II, *254; battu par Lorge (1692), 254-255; envoyé aux lignes d'Espierres qu'il force, 288, 299; campagne de 1694, 323, 324; attaque le fort de la Kenoque, 347-348; commande un corps sous Bruges (1695), 371; en Flandre en 1696, 387; dans l'armée de Marlborough (1704), IV, 77; prend Hornberg (1707), V, 38.

Würtemberg (Charles-Alexandre, prince de), IV, *173, 187; VI, 80.
Würtzbourg (la ville de), I, 122, 123.
Würtzbourg (l'évêque de). Voyez Rosenbach (J. de).
Wynendaele (le village de), II, *387.

X

Xadraca (la ville de), IV, *243, 247.
Xanten (la ville de), III, *120, 122.
Xarama (la rivière de), IV, 252.
Xativa (la ville de), IV, 256; V, 69, 71-74.
Ximenez (Joseph, comte de), II, *137, 208, 385, 386.
Ximenez (Geoffroy de), V, *129, 137.
Xucar (la rivière de), IV, *253.

Y

Ybek (le village d'), IV, *51.
York (Jacques Stuart, duc d'), I, 105, 131, 132, 279, 282. Voyez Jacques II.
York (Marie-Béatrice-Éléonore d'Este, duchesse d'), I, *132. Voyez Este (M.-B.-E. d'), reine d'Angleterre.
York (John Lamplugh, archevêque d'), II, 88.
York (la maison d'), II, *267.
Ypres (la ville d'). Prise par Louis XIV en 1678, I, 283; l'armée de Boufflers y campe (1692), II, 245; lignes construites par les Français, 346, 347; Catinat y rassemble son armée (1697), 406; les Alliés rasent les lignes d'Ypres (1708), V, 139; cette ville est comprise dans les stipulations du traité d'Utrecht, 209; VI, 50, 64, 96. Citée, V, 12, 173, 175, 181.
Yssel (l'), fleuve, I, 92.

Z

Zamet (Sébastien), évêque de Langres, V, *219.
Zeddes (Jean-Baptiste-Frédéric de), IV, *123.
Zeissenhausen (le village de), II, 387.
Zelo (le bourg de), III, 193.
Zero (le), fleuve, III, 156.
Zorn (la), rivière, IV, *134, 137.
Zuilestein (Conrad de), II, *297.
Zurlauben (Béat-Jacques de la Tour-Châtillon, comte de), IV, *58, 59, 83, 84, 88, 89, 96.
Zutphen (la ville de), I, 93, 97, 104.
Zwingenberg (la ville de), II, *302.
Zwoll (la ville de), I, 93.

ERRATA.

Tome I. — Page 50, note 1 : *lire* 4 septembre 1676, *et non* 1673.

Page 186, avant-dernière ligne : *lire* Guémar, *et non* Guémur.

Page 226, première ligne : *lire* Holzheim, *et non* Holsheim.

Page 261, ligne 6 : *lire* Kreuznach, *et non* Creuznach.

Page 288, ligne 13 : *lire* Rheinfelden, *et non* Rheinfels ; *de même dans la note 1 et à la page 289, ligne 14.*

Page 289, ligne 20 : *lire* Gengenbach, *et non* Gegenbach ; *de même page 290, ligne 3.*

Page 291, note 6 : le château de Lichtenberg n'est pas sur le bord du Rhin, mais dans les Vosges, cercle de Saverne.

Tome II. — Page 207, ligne 8 : *lire* Givry, *et non* Civry.

Tome III. — Page 177, ligne 16 : *lire* Moeskirch, *et non* Messkirch.

Page 305, ligne 15 : Atrianges ; *ce doit être* Hayanges.

Tome IV. — Page 337, note 1 : *lire* Jean de Vivans, dont la notice biographique est donnée dans notre tome V, page 16, *et non* Henri de Vivans de Noaillac, tome II, page 137.

Tome V. — Page 108 : Dangeau mentionne aussi les deux Césanne, en août 1708 (*Journal*, tome XII, p. 202).

Page 335 : la date de lieu de la lettre du 24 octobre 1710 est *Garges*, et non *Garches ;* c'est Garges, près Gonesse, où Saint-Hilaire avait une propriété.

SOMMAIRE

DU TOME SIXIÈME.

Troisième partie des Mémoires, 1697-1715 (suite et fin).

Année 1711. — Campagne de Flandre : Villars commande les troupes françaises, Marlborough celle des ennemis, p. 1. — Mort de l'empereur Joseph, p. 1. — Combat d'Arleux, p. 2-4. — Marlborough repasse l'Escaut, p. 4. — Il assiège et prend Bouchain ; discussion au sujet des prisonniers, p. 4-7. — Fin de la campagne, p. 7.

Campagne d'Allemagne : Harcourt et Bezons commandent les troupes françaises, p. 7. — La campagne se passe sans événements notables, p. 7-8.

Campagne de Dauphiné : premiers succès du duc de Savoie, p. 8. — Berwick se retranche autour du Fort-Barraux ; l'armée savoyarde rentre en Piémont, p. 8-9.

Campagne d'Espagne : siège et prise de Girone par le duc de Noailles, p. 9-10. — Campagne de Vendôme en Catalogne ; prise de plusieurs petits postes ; il échoue à Prats-del-Rey et à Cardone, p. 10-13. — L'Archiduc passe en Allemagne et est couronné empereur, p. 13-14.

Négociations pour la paix : intrigues contre Marlborough en Angleterre ; le ministère anglais disposé à la paix, p. 14-15. — Négociations de Mesnager ; signature des préliminaires, p. 16-18. — Retour du maréchal de Tallard ; Utrecht désigné pour les conférences, p. 19. — Résistance de l'Empereur et des Hollandais ; ces derniers cèdent enfin, p. 19-21.

Le roi d'Espagne cède les Pays-Bas espagnols à l'électeur de Bavière, p. 21. — Mort de Monseigneur et des maréchaux de Boufflers et Catinat, p. 21-22.

Année 1712. — Ouverture des conférences d'Utrecht, p. 22-23.

Campagne de Flandre : commandement du prince Eugène et du duc d'Ormond, p. 23-24. — Ils assiègent et prennent le Quesnoy, p. 24-25. — L'armée anglaise se sépare de celle des Alliés, p. 26. — Les Anglais prennent possession de Dunkerque, p. 27. — Le prince Eugène assiège Landrecies, p. 27-28. — Mouvements de Villars; victoire de Denain, p. 28-34. — Prise de Marchiennes par Villars, p. 34-35. — Il assiège Douay et s'en empare, p. 35-37. — Reprise du Quesnoy, p. 37-38. — Alègre reprend Bouchain; fin de la campagne, p. 38-39.

Mort du duc de Vendôme à Vinaroz, p. 39.

Expéditions maritimes : prise de Rio-de-Janeiro par Du Guay-Trouin, p. 40-41. — Expédition de Cassart aux îles du Cap-Vert, p. 41-42.

Mort de la duchesse de Bourgogne, du duc de Bourgogne et de leur fils le duc de Bretagne, p. 42-44. — Mort du comte de Brionne, du prince de Soubise, du premier président Harlay, etc., p. 44-45.

Congrès d'Utrecht : entente de plus en plus intime avec l'Angleterre, p. 45. — Arrivée des plénipotentiaires à Utrecht; préliminaires, p. 46-47. — Premières conférences, p. 47-49. — Explication des offres de la France, p. 49-52. — Demandes des Alliés, p. 52-58. — Suite des négociations; querelle entre les laquais de Mesnager et ceux d'un plénipotentiaire hollandais, p. 58-61.

Année 1713. — Signature du traité d'Utrecht entre la France, l'Angleterre, la Hollande, le Portugal, la Prusse et la Savoie, 11 avril, p. 61-62. — Conditions du traité avec l'Angleterre, p. 62-63; — avec la Hollande, p. 63-65; — avec le Portugal, p. 65; — avec le roi de Prusse, p. 65-66; — avec le duc de Savoie, p. 66-67. — L'Empereur n'accepte pas les offres de la France; détail de ces offres, p. 67-71. — Protestations faites par divers princes et particuliers, p. 71-73. — Signature de la paix entre l'Espagne, l'Angleterre et la Hollande, p. 73-75.

Campagne de 1713 en Allemagne : Villars commande les troupes françaises, le prince Eugène les impériales, p. 75-76. — Commencement des opérations, p. 76-77. — Le maréchal de Bezons assiège et prend Landau, p. 77-81. — Villars se dirige vers Fribourg et en force les lignes, p. 81-82. — Siège et prise de Fribourg, p. 82-88. — Émotion en Allemagne et en Suisse, p. 88-89. — Négociations de Rastadt, p. 89-92. — Signature et texte du traité, p. 92-98.

Année 1714. — Congrès de Baden et conclusion du traité définitif, p. 98-100.

Mort du duc de Berry, p. 100.

Campagne de Catalogne; siège et prise de Barcelone par Berwick, p. 100-103.

Affaires de la Constitution Unigenitus, p. 103-110.

Le Roi cherche à rétablir la paix entre les puissances du Nord, p. 110-112. — Visite du prince de Saxe en France, p. 112-113. — Édits pour la réduction des impôts, p. 113. — Déclaration qui déclare les enfants légitimés du Roi habiles à succéder à la couronne, p. 113. — Testament de Louis XIV; son dépôt au Parlement, p. 114.

Année 1715. — Réception de l'ambassadeur de Perse, p. 114-116. — Réconciliation du roi d'Espagne et du duc d'Orléans, p. 116-117. — Édit en faveur des Jésuites, p. 117. — Continuation des affaires de la Constitution Unigenitus, p. 117-120. — Commencement de la maladie du Roi, p. 120-122. — Ses dispositions dernières, p. 122-123. — Le cardinal de Noailles empêché de voir le Roi; paroles de celui-ci aux cardinaux de Rohan et de Bissy, p. 123-125. — L'état du Roi désespéré; ses paroles au petit Dauphin et à la duchesse de Ventadour, p. 125-126. — Ses paroles aux princes et aux courtisans, p. 126-128. — Derniers jours du Roi; on essaie le remède d'un empirique, p. 128-132. — Ses derniers moments; sa mort, p. 132-133. — Bref examen de son règne, p. 133-135.

Appendice. — I. L'expédition de Du Guay-Trouin à Rio-de-Janeiro en 1711, p. 136-162. — II. Correspondance de Saint-Hilaire, 1711-1712, p. 162. — III. Lettres de noblesse en faveur de Pierre de Mormès, sieur de Saint-Hilaire, p. 169. — IV. Le logement de Saint-Hilaire à l'Arsenal, p. 171. — V. Supplément à la correspondance de Saint-Hilaire, p. 176. — VI. Contrat de mariage de Saint-Hilaire, p. 181.

Table alphabétique, p. 186.

Errata, p. 279.

Nogent-le-Rotrou, imprimerie Daupeley-Gouverneur.

Ouvrages publiés par la Société de l'Histoire de France
depuis sa fondation en 1834.

In-octavo à 9 francs le volume, 7 francs pour les Membres de la Société.

Ouvrages épuisés.

L'Ystoire de li Normant. 1 vol.
Lettres de Mazarin. 1 vol.
Villehardouin. 1 vol.
Histoire des Ducs de Normandie. 1 vol.
Grégoire de Tours. Histoire ecclésiast. des Francs. 4 v.
Beaumanoir. Coutumes de Beauvoisis. 2 vol.
Mém. de Coligny-Saligny. 1 v.
Mémoires et Lettres de Marguerite de Valois. 1 vol.
Comptes de l'Argenterie des rois de France. 1 vol.
Mémoires de Cosnac. 2 vol.
Journal d'un Bourgeois de Paris sous François Ier. 1 v.
Chron. des Comtes d'Anjou. 1 v.
Lettres de Marguerite d'Angoulême. 2 vol.
Joinville. Hist. de saint Louis. 1 vol.
Chronique des quatre premiers Valois. 1 vol.
Guillaume de Nangis. 2 vol.
Mém. de P. de Fenin. 1 vol.
Œuvres de Suger. 1 vol.
Histoire de Bayart. 1 vol.
Procès de Jeanne d'Arc. 5 vol.
Chronique de Morée. 1 vol.
Introduction aux Chroniques des Comtes d'Anjou. 1 vol.

Ouvrages épuisés en partie.

Œuvres d'Éginhard. 2 vol.
Barbier. Journal du règne de Louis XV. 4 vol.
Mémoires de Ph. de Commynes. 3 vol.
Registres de l'Hôtel de Ville pendant la Fronde. 3 vol.
Choix de Mazarinades. 2 vol.
Hist. de Charles VII et de Louis XI, par Th. Basin. 4 v.
Grégoire de Tours. Œuvres diverses. 4 vol.
Chron. de Monstrelet. 6 vol.
Chron. de J. de Wavrin. 3 vol.
Journal et Mémoires du marquis d'Argenson. 9 vol.
Œuvres de Brantôme. 11 v.
Commentaires et Lettres de Blaise de Monluc. 5 vol.
Mém. de Bassompierre. 4 vol.
Bibliographie des Mazarinades. 3 vol.
Chanson de la Croisade contre les Albigeois. 2 vol.
L'Histoire de Guillaume le Maréchal. 3 vol.
Mémoires de Souvigny. 3 vol.

Ouvrages non épuisés.

Orderic Vital. 5 vol.
Corresp. de Maximilien et de Marguerite. 2 vol.
Richer. Hist. des Francs. 2 v.
Le Nain de Tillemont. Vie de saint Louis. 6 vol.
Mém. de Mathieu Molé. 4 v.
Miracles de S. Benoît. 1 vol.
Mém. de Beauvais-Nangis. 1 v.
Chronique de Mathieu d'Escouchy. 3 vol.
Pièces inédites du règne de Charles VI. 2 vol.
Comptes de l'hôtel. 1 vol.
Rouleaux des morts. 1 vol.
Mém. et corresp. de Mme du Plessis-Mornay. 2 vol.
Chron. des églises d'Anjou. 1 v.
Chroniques de J. Froissart. T. I à XI. 13 vol.
Chroniques d'Ernoul et de Bernard le Trésorier. 1 v.
Annales de S.-Bertin et de S.-Vaast d'Arras. 1 vol.
Histoire de Béarn et de Navarre. 1 vol.
Chroniques de Saint-Martial de Limoges. 1 vol.
Nouveau recueil de comptes de l'argenterie. 1 vol.
Chronique du duc Louis II de Bourbon. 1 vol.
Chronique de J. Le Fèvre de Saint-Rémy. 2 vol.
Récits d'un ménestrel de Reims au XIIIe siècle. 1 v.
Lettres d'Ant. de Bourbon et de Jeanne d'Albret. 1 vol.
Mém. de La Huguerye. 3 vol.
Anecdotes et apologues d'Étienne de Bourbon. 1 vol.
Extraits des auteurs grecs concern. les Gaules. 6 vol.
Mémoires de N. Goulas. 3 v.
Gestes des évêques de Cambrai. 1 vol.
Établissements de St Louis. 4 vol.
Chron. normande du XIVe s. 1 v.
Relation de Spanheim. 1 vol.
Œuvres de Rigord et de Guillaume le Breton. 2 v.
Mém. d'Ol. de la Marche. 4 v.
Lettres de Louis XI. 11 vol.
Mémoires de Villars. 6 vol.
Notices et documents, 1884. 1 v.
Journal de Nic. de Baye. 2 v.
La Règle du Temple. 1 vol.
Hist. univ. d'Agrippa d'Aubigné. 10 vol.
Le Jouvencel. 2 vol.
Chron. de Jean d'Auton. 4 vol.

Chron. d'A. de Richemont. 1 v.
Chronographia regum Francorum. 3 vol.
Mémoires de Du Plessis-Besançon. 1 vol.
Éphém. de La Huguerye. 1 vol.
Hist. de Gaston IV, comte de Foix. 2 vol.
Mémoires de Gourville. 2 vol.
Journal de J. de Roye. 2 vol.
Chron. de Richard Lescot. 1 v.
Brantôme, vie et écrits. 1 vol.
Journal de J. Barrillon. 2 v.
Lettres de Charles VIII. 5 v.
Mém. du Chev. de Quincy. 3 v.
Chron. de Morosini. 4 vol.
Doc. sur l'Inquisition. 2 vol.
Mém. du Vic. de Turenne. 1 vol.
Chron. de Perceval de Cagny. 1 vol.
Journal de J. Vallier. T. I et II.
Mém. de Saint-Hilaire. 6 vol.
Journal de Fauquembergue. 3 vol.
Chron. de Jean le Bel. 2 v.
Mémoriaux du Conseil. 3 vol.
Chron. de G. Le Muisit. 1 vol.
Rapports et Notices sur les Mém. de Richelieu. T. I et II.
Mém. de Richelieu. T. I à III.
Mémoires de M. et G. du Bellay. T. I à III.
Mém. du mar. de Turenne. 2 v.
Grandes Chroniques de France. T. I.
Mém. du mar. d'Estrées. 1 vol.
Corresp. de Vivonne relative à Candie. 1 vol.
Correspondance du chevalier de Sévigné. 1 vol.
Lettres du duc de Bourgogne. 2 vol.
Mém. de Beaulieu-Persac. 1 v.
Mém. de Florange. T. I.
Histoire de la Ligue. T. I.
Corr. de Vivonne relative à Messine. T. I.
Campagnes de Mercœyrol de Beaulieu. 1 vol.
Mém. de Brienne. T. I.

SOUS PRESSE :

Mém. du comte de Brienne. T. II.
Dépêches des Ambassadeurs Milanais. T. II.
Journal de J. Vallier. T. III.
Mém. du maréchal de Richelieu.

ANNUAIRES, BULLETINS ET ANNUAIRES-BULLETINS (1834-1915).

In-18 et in-8°, à 2 et 5 francs.

(Pour la liste détaillée, voir à la fin de l'Annuaire-Bulletin de chaque année.)

Nogent-le-Rotrou, imprimerie Daupeley-Gouverneur.

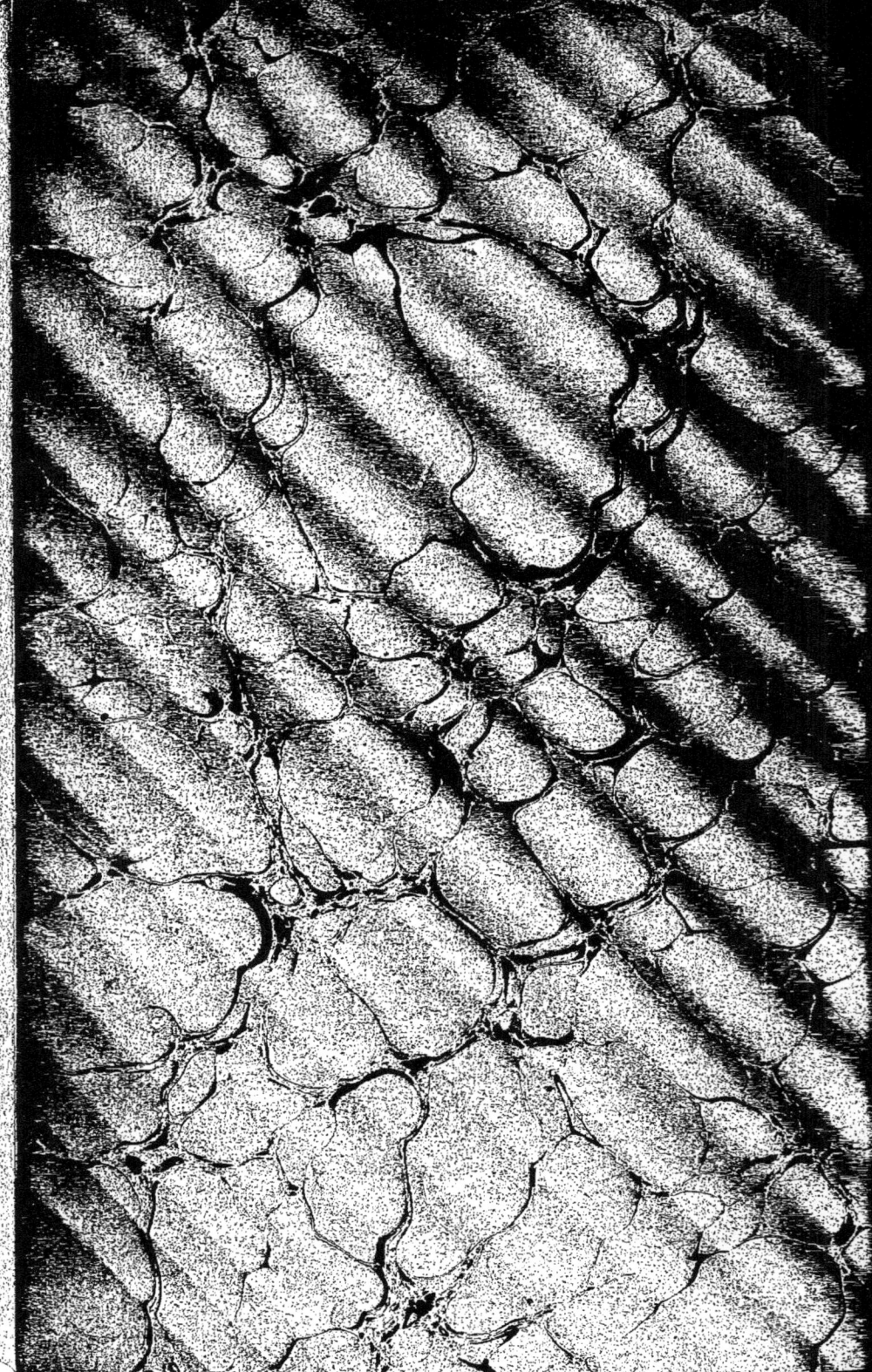

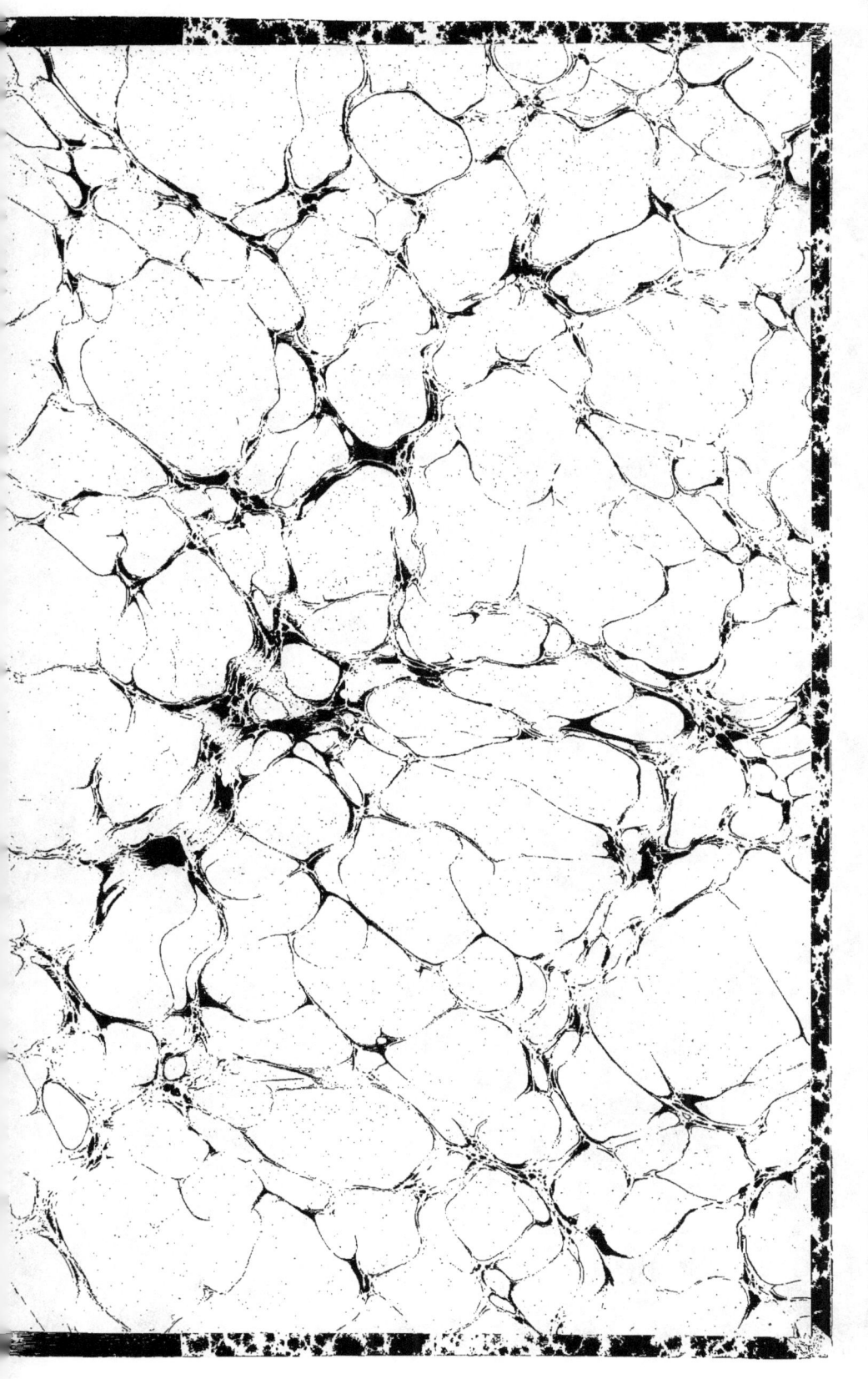

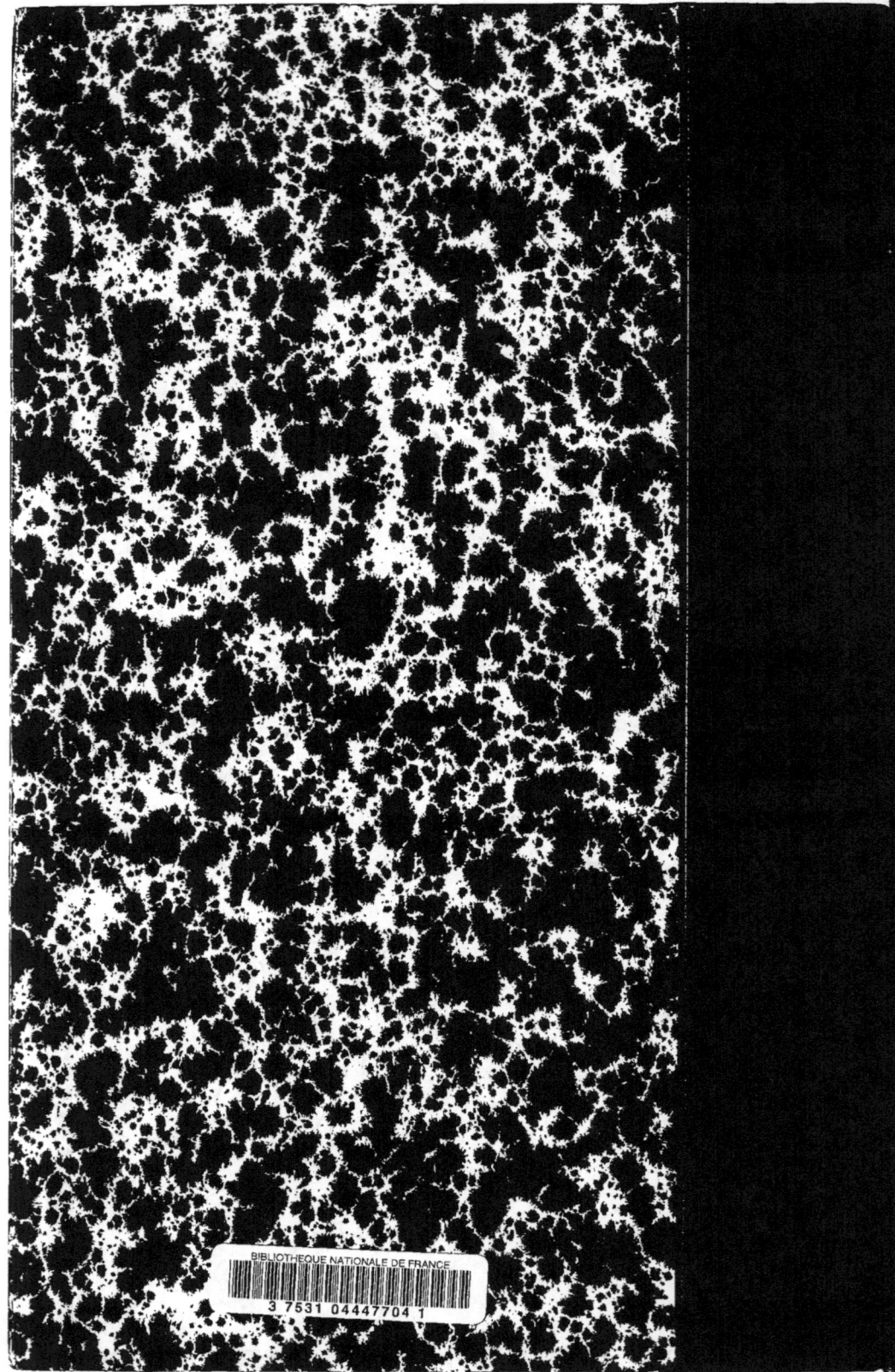

www.ingramcontent.com/pod-product-compliance
Lightning Source LLC
Chambersburg PA
CBHW071338150426
43191CB00007B/775